Binkowski, Jugend als Wegbereiter

Johannes Binkowski

Jugend als Wegbereiter

Der Quickborn von 1909 bis 1945

Konrad Theiss Verlag Stuttgart und Aalen

CIP-Kurztitelaufnahme der Deutschen Bibliothek

Binkowski, Johannes:
Jugend als Wegbereiter: Geschichte d. Quickborn von 1909–1945 /
Johannes Binkowski. – Stuttgart: Theiss, 1981.
ISBN 3-8062-0250-8

Das Bild auf dem Schutzumschlag zeigt die Burg Rothenfels
(Foto: Christof Pfau)

ISBN 3 8062 0250 8
Gesamtherstellung: Ebner Ulm
Printed in Germany

Inhalt

Vorwort 9

Das Umfeld

Die politische Situation 13
Industriegesellschaft 15
Natur als bloßes Objekt – Fortschrittsoptimismus – Der isolierte Mensch – Drei Bewegungen – Negative Folgen
Das Erbe 21
Die Kirche 22
Kirche in Welt und Gesellschaft – Bedenkliche Tendenzen – Pius IX. und Leo XIII. – Modernismus-Krise – Gewerkschaftsstreit – Zeitgemäße Frömmigkeit
Das Ergebnis 31

Der Ursprung der Jugendbewegung

Kinder einer Epoche 35
Vorläufer – Gründe für das Entstehen der Jugendbewegung – Beginn des Wandervogels – Ausbreitung
Die zwei Tendenzen 40
Fragwürdige Interpretationen – Kulturpessimismus – Ringen der Bildungsbürger um Selbstbehauptung – Neue Impulse- Der Hohe Meißner
Die Wende 45
Wille zur Eigenständigkeit, die Freischar – Wandlungen – Auswirkungen

Das Entstehen des Quickborn

Die Wurzeln 51

Allgemeine Beurteilung – Der Anfang – Die Gründung – Der Name – Die Ursprünge – Drei Ausgangspunkte

Der Ausbau 61

Die Zeitschrift – Der Heimgarten in Neisse – Der Erste Weltkrieg

Der Durchbruch 66

Die Burg – Ihr Sinn – Der erste Quickborntag – Strittige Probleme – Das Ergebnis – Der zweite Quickborntag – Erste Anzeichen eines Konflikts – Kirche im Mittelpunkt – Der Kernpunkt – Mädchen und Jungen – Zeit der Prüfungen

Die Entfaltung

Das Suchen nach Weg und Ziel (1921–1926) 85

Einheit oder Vielheit – Der dritte Quickborntag – Das Problem der Werktätigen – Politische Not – Neue Wege – Die Auseinandersetzung mit den Freideutschen – Schöpferischer Gehorsam – Der Hintergrund – Der vierte Quickborntag – Das Echo – Katholikentag München – Treffen in Grüssau – Die Krise – Ende des Aufbruchs

Das Ringen um den Bund (1927–1933) 109

Wachsende Gegensätze – Tendenzen zur Spaltung – Die Abstinenz – Fragen des Tagesgeschehens – Gegenkräfte – Der Oktoberkreis – Die Burg als Bildungsstätte – Kritik der Jüngeren – Selbständige Jungenschaft – Die Jungmannschaft

Der Kampf ums Überleben (1933–1945) 130

Angriffe der neuen Machthaber – Auflösung des Älterenbundes – Reaktionen – Getarnte Arbeit – Die letzte Zusammenkunft – Die Verfolgung – Der Widerstand – Ein neuer Versuch

Belebende Quellen

Prägende Kräfte 153

Die Persönlichkeiten – Die Landsmannschaften – Jungen und Mädchen – Bund und Burg

Inneres Leben 160

Die Organisation – Die Führerfrage – Die Gruppe – Die Fahrten – Fest und Feier – Der Gau

Die formenden Einflüsse anderer Bünde 169
Die Freideutschen – Neu-Deutschland – Die Großdeutsche Jugend – Jungborn – Hochland – Das Ausland

Auswirkungen

Die menschliche Person 179
Das zentrale Problem – Bildung – Mädchen und Frau – Ehe und Familie

Die Kirche 189
Das geistliche Zuhause – Der Priester – Neue Dynamik des Glaubens – Der Laie – Die Liturgie – Volksfrömmigkeit – Kirchenbau und Altar – Ökumene

Gesellschaft und Kultur 202
Die neue Gesellschaft – Kultur und ihre Krise – Das Wandern – Das Singen – Der Volkstanz – Das Laienspiel – Erwachsenenbildung – Pädagogik – Sozialarbeit

Staat und Politik 214
Die Ausgangslage – Ratlosigkeit – Der Staat – Demokratie – Die Parteien – Das Volk – Carl Schmitt – Verhältnis zum Nationalsozialismus – Die Distanzierung – Politische Bildung – Politische Ansatzpunkte – Völkerversöhnung – Siedlungsgedanke – Freiwilliger Arbeitsdienst

Der Ertrag 236
Aufstand ohne Revolution – Neue Vitalität – Dialogische Grundstimmung – Geprägte Menschen – Das Positive und das Negative – Fehlende Breitenwirkung – Die Früchte

Anmerkungen 255

Literatur und Quellen 281

Namenregister 293

Vorwort

Die Literatur über die Jugendbewegung ist umfangreich. Zahlreiche Untersuchungen befassen sich mit Einzelproblemen und werfen Schlaglichter auf Wesen und Entwicklung einzelner Bewegungen, die zumindest für eine bestimmte Zeit kennzeichnend gewesen sind. Und doch fehlen große zusammenhängende Darstellungen über das geschichtliche Werden verschiedener Bünde.
Für die katholische Jugendbewegung Quickborn gilt dies mit Sicherheit. Das ist um so erstaunlicher, als Quickborn dem katholischen Deutschland entscheidende Impulse gegeben und die gesamte deutsche Jugendarbeit befruchtet hat. Vielleicht hängt diese Unterlassung damit zusammen, daß das katholische Deutschland der Weimarer Zeit vielfach noch immer als zweitrangig angesehen wird, weil es sich erst langsam von den Nachwirkungen des Kulturkampfes und den Einengungen im protestantischen Kaiserreich erholt hat. Sicher ist, daß durch die Herrschaft des Nationalsozialismus ein Bruch aller Überlieferungen und Traditionen eingetreten ist, der es schwermacht, Wurzeln früherer Entwicklungen bloßzulegen. Nach 1945 sollte ein ganz neuer Anfang gemacht werden. Man wollte von der Vergangenheit nichts mehr wissen und ließ deshalb Tendenzen, die in die zwanziger Jahre zurückreichen, zunächst beiseite liegen. Es

kam eine Periode, in der Geschichtsbewußtsein und schon gar Geschichtswissen wenig Geltung hatten.
Inzwischen ist so viel Zeit vergangen, daß man sich wieder auf Geschichte besinnt und Zusammenhänge nüchterner und sachlicher zu erkennen vermag. Deshalb ist es heute möglich, die Geschichte des Quickborn zu schreiben und seinen Auswirkungen auf die verschiedenen Lebensbereiche nachzugehen. Gleichzeitig ist das gesamte geistige, geistliche und kulturelle Umfeld zu berücksichtigen, das seinerseits Einfluß auf Quickborn gehabt hat. Denn man kann geschichtliche Entfaltung nicht in sich selbst, gleichsam im luftleeren Raum, schildern, sondern muß den Kontext mitberücksichtigen, in dem sie sich vollzieht. Dazu gehört ein gewisser Abstand.
Andererseits ist es höchste Zeit, die Geschichte des Quickborn zu schreiben. Jugendbewegtes Denken, Tun und Wirken finden im Schrifttum nur bedingt einen Niederschlag. Deshalb ist der Bericht unmittelbarer Zeugen des Geschehens als Ergänzung dringend erforderlich. Solche Gewährsmänner aber werden immer seltener, weil das Alter seinen Tribut fordert. Soweit erreichbar, wurden auch mündliche Aussagen führender Quickborner und eigene Erfahrungen herangezogen. Gewiß liegen noch viele unbekannte Dokumente in Privatarchiven, die der Aufarbeitung harren und Einzelfragen in etwas verändertem Licht beantworten können. Es mußte jedoch einmal ein Anfang gemacht werden, von dem zu hoffen ist, daß er Bestand hat.
Quickborn hat sich nach 1945 neu formiert. Diese Epoche konnte allerdings nicht behandelt werden, erstens weil noch nicht erkennbar ist, wie sein Ziel beschaffen sein wird, zweitens aber – und das ist der Hauptgrund – weil er mit dem alten Quickborn kaum zu vergleichen ist. Damals, 1919, vollzog sich ein Aufbruch, der seinesgleichen sucht. Alther-

gebrachte gesellschaftliche und kirchliche Formen wurden in Frage gestellt, um dem Neuen den Weg zu bahnen. Heute geht es eher darum, sich in der sich immer stärker herausbildenden Industriegesellschaft menschlich zu behaupten.

Ein altes chinesisches Sprichwort sagt, an der Geschichte müsse man nicht die Vergangenheit studieren, sondern die Gegenwart. Die Geschichte des Quickborn wird nicht nur deshalb geschrieben, um zu zeigen, wie es gewesen ist, sondern auch um zu erkennen, was uns heute trägt. Denn was der Mensch sei, sagt ihm nur die Geschichte, hat einmal Wilhelm Dilthey erklärt. Zugleich gilt es, eine Dankesschuld jenen Persönlichkeiten gegenüber abzutragen, die das Leben Tausender junger Menschen geprägt haben. Diese sind noch in der Gegenwart erfüllt von dem, was ihnen durch den Quickborn zuteil geworden ist.

Die Arbeit wäre ohne die entscheidende Mithilfe vieler nicht möglich gewesen. Als die Absicht, die Geschichte des Quickborn zu schreiben, bekannt wurde, kamen zahlreiche Hinweise, Mitteilungen und Berichte. Sie ermöglichten es, über das gedruckte Schriftwerk hinaus typischen Einzelheiten zur Abrundung des Gesamtbildes nachzugehen. Dankbar bin ich vor allem auch für so manche Ermunterung, die das Arbeiten erleichtert hat, weil sie Hinweis darauf ist, daß die Arbeit erwartet wurde. Allen, die das Werk direkt und indirekt gefördert haben, sage ich aufrichtigen Dank.

Das Umfeld

Die politische Situation

Als die Glocken das 20. Jahrhundert einläuteten, träumten die Menschen von einer neuen Zeit, die nun beginnen würde. Die Technik schickte sich an, die Welt zu erobern, die Arbeit zu erleichtern, das Leben lebenswerter zu machen. War in den letzten Jahrzehnten nicht Unerhörtes geschehen?

Eisenbahnen hatten die Städte miteinander verbunden, die ersten Kraftwagen fuhren auf den Straßen. Es war zum erstenmal in der Weltgeschichte möglich geworden, eine Entfernung von 100 km in einer Stunde zu überwinden. Gas und Strom brachten Licht in die Wohnungen. Maschinen produzierten Massenwaren, die sich viele leisten konnten. Ging Deutschland nicht »herrlichen Zeiten« entgegen, wie Kaiser Wilhelm II. verkündete? Schien nicht selbst der endgültige Friede in Aussicht zu stehen, nachdem die Haager Friedenskonferenz noch vor der Jahrhundertwende eine Konvention über die friedliche Regelung internationaler Streitfragen verabschiedet hatte?

Und doch erfüllte tiefe Unruhe weite Kreise des deutschen Volkes. Kaum einer vermochte zu sagen, was ihn bedrückte. Dichter wie Gerhart Hauptmann, Hugo von Hoffmannsthal,

Rainer Maria Rilke und Arthur Schnitzler ließen die müde, ungesättigte Welt ahnen, die in Todeswachheit lag. Soziale Spannungen mit Streiks und Aussperrungen beeinträchtigten den Arbeitsfrieden. Der Boxeraufstand in China und das militärische Eingreifen der europäischen Mächte schürten den chinesischen Fremdenhaß als Nationalismus und offenbarten ein rassistisches Moment, dem auf der anderen Seite das Schlagwort von der »gelben Gefahr« korrespondierte. Waren diese Ereignisse letztlich Blitze eines kurzen Sommergewitters oder Vorboten eines Sturms? Deutete der russisch-japanische Krieg nicht schon auf die kommende Weltkrise hin?

In Deutschland hatte nach der Reichsgründung und der schweren Konjunkturkrise von 1873 die zweite Phase der Industrialisierung begonnen. Verspätet gestartet, drängte das Deutsche Reich stürmisch nach vorn und übernahm in der chemischen und Elektroindustrie die Führung. Dies erfüllte einen Teil des Volkes mit Stolz, ein anderer sah mit Sorge die sich ausweitenden sozialen Spannungen und den Neid der anderen Völker.

Die aus der geopolitischen Mittellage geborene Unsicherheit nach außen verband sich mit einem spezifischen Untertanengeist nach innen. Mit »Lebensraum«-Parolen und »Herrenvolk«-Thesen wurde die geheime Angst verdrängt. Der nationale Machtstaat mit entsprechender Heeres- und Flottenpolitik wurde nach Bismarcks Abgang zum populären Thema. Aber es gab keine imperiale Konzeption. Eine erweiterte Sozialpolitik suchte der Radikalisierung der Arbeiter entgegenzuwirken. Da jedoch die eigentlichen Probleme wie etwa eine Parlamentsreform und das Dreiklassenwahlrecht in Preußen ungelöst durch die Jahrzehnte geschleppt wurden, entstanden Versäumnisse, die sich immer stärker als verhängnisvolle Last erwiesen. Kabinettspolitik und klassische Geheimdiplomatie zeichneten sich schon damals als veraltete politische Instrumente ab[1].

Industriegesellschaft

Wir vermögen heute deutlicher zu erkennen als die Menschen der Jahrhundertwende, was sich in diesen Jahrzehnten tatsächlich ereignet hat. Der Übergang von der Agrar- zur Industriegesellschaft war eine Zäsur in der Menschheitsgeschichte. Die Menschen wandten sich nun der unbelebten Materie zu. Die Natur wurde nicht mehr, wie in der Agrartechnik, nachgeahmt. Die Industrietechnik löste sich vielmehr von ihr als dem Vorbild für Fortschritt ab.

Natur als bloßes Objekt

Der Prozeß der Desintegration des Menschen mit der Natur brachte eine neue Entfremdung, wenngleich die Technik Daseinserleichterungen schuf, die auf »Organentlastung, Organausschaltung und schließlich auf Arbeitsersparnis überhaupt« hinausliefen[2].
Die Mechanisierung der Gesamtwelt selbst führte zur planenden Organisierung der Natur, ohne daß jedoch eine irgendwie geartete Harmonie erkennbar wurde. Im Gegenteil, die Trennung der Menschen von der Natur wurde immer rigoroser. »Krusten, Schutt- und Geröllmassen alter vermorschter Reste früherer Verbindungen[3]« wurden jetzt geradezu kultiviert, weil man die reine Natur für überholt ansah.
Der Mensch verwendete Fleiß, Sorge und Intelligenz auf die Herstellung der Mittel, um mit ihrer Hilfe seine Wünsche zu erfüllen[4]. Die Natur wurde deshalb das Objekt, das es

auszubeuten galt. Der Mensch selbst klammerte sich aus ihr aus und wollte ein »natürliches« Leben mit künstlichen Mitteln (Höhensonne, Medikamente, Sport usw.) erreichen. Die Gesellschaft wurde sachintensiv. Die Übermacht der materiellen Dinge zeigte sich vor allem auf dem Gebiet der Produktion und des Güterverbrauchs, des Konsums[5].
Auf allen Ebenen vollzog sich die Trennung von der Natur. Was früher einmal als Ganzes angesehen wurde, wird jetzt in einzelne Teile aufgelöst: Arbeitsstätte und Familienhaushalt fallen auseinander, der Arbeitsvorgang wird in verschiedene Spezialfunktionen zerlegt, so daß der Bezug zum Ganzen verlorengeht. Diese Atomisierung hält Alexander Rüstow[6] für die schwerste Sozialkrankheit des 19. Jahrhunderts. Sie reichte bis in die Familie hinein und brach Brücken von Mensch zu Mensch ab. Primärerfahrungen weichen den Erfahrungen aus zweiter Hand, die von anderen vermittelt werden. Die Siedlungsstruktur ändert sich. Die Bevölkerung verstädtert. In den Städten, insbesondere den Großstädten, ging die Bindung zur Natur, die für den Bauern selbstverständlich war, nahezu ganz verloren. Mobilität verdrängte die Seßhaftigkeit und damit auch die Beständigkeit, die in den Agrarkulturen Maßstab für den Wert schlechthin gewesen war[7].

Fortschrittsoptimismus

Alfred Weber fragt deshalb nicht ohne Grund, ob mit dieser Entwicklung das Ende der bisherigen abendländischen Kultur und das Ende der seit 3500 v. Chr. aufgestiegenen Art der Hochkulturbildung gekommen sei[8].
Ein unerhörter Fortschrittsoptimismus erfüllte die Menschen, zumal das Tempo der technologischen Entwicklung ständig zunahm und neue und bessere Güter versprach.

Fortschrittsglaube macht leicht blind. So sahen die Menschen nicht, daß dieser Optimismus im Grunde vulgärer Eudämonismus war oder von der Überzeugung getragen wurde, der Mensch sei von Natur aus gut[9]. Nach Rousseau kann die Natur die Welt aus sich regieren, weil alles, sich selbst überlassen, gut ist. Die Menschen und die Natur sind nicht nur als gut zu denken, sondern auch zu fühlen[10].

Die naive Gläubigkeit und Zuversichtlichkeit konnte freilich einer ernsthaften Belastung nicht standhalten. Sie stand auf tönernen Füßen, was gerade kritische Geister mutmaßten. Indessen ahnte das Bürgertum nicht, wie gesellschaftsrevolutionär die Lehre Rousseaus war. Ebensowenig begriff es, daß die Idee der Restauration gescheitert war und daß mit dem Kommune-Aufstand in Paris (1848) die Geschichte der antibürgerlichen Revolution angebrochen war[11].

Obwohl die Schleusen schon geöffnet waren, wiegte es sich in dem Glauben, Schmied seines eigenen Glücks zu sein und sorgte sich vornehmlich um die eigene Gemütsruhe. Es sah zunächst nur den höheren Lebensstandard für alle, bemaß den Wert des Menschen nach seinem Vermögen und Einkommen und war blind für das Gefühl der Leere, das durch die Mechanisierung der Kultur entstand. Es fehlte die Einheit des Stils und weitgehend auch des Sinngehaltes[12].

Es ist in unserem Zusammenhang nicht notwendig, auf weitere Entwicklungen im einzelnen einzugehen, etwa auf die Machbarkeit der Dinge, die progressive Beschleunigung der technologischen Entwicklung, die die biologische Gangart weit überholt hatte, das Wegschieben der Anschaulichkeit durch Formalismen und logische Kalküle[13], das erkennbare Zusammenwachsen von Gesellschaft und Staat, die sekundären soziologischen Systeme.

Der isolierte Mensch

Mit diesen soziologischen und technologischen Entfaltungen verbanden sich anthropologisch-psychologische Akzentuierungen, die den Menschen, obwohl er in einer Massengesellschaft lebte, immer tiefer in die Vereinzelung trieben, womit die »Affinität zum Nebenmenschen«[14] verlorenging. Die Isolierung löste ihn nicht nur aus den gewachsenen Ordnungen wie Familie, Berufsstand, Nachbarschaft. Sie erschwerte zugleich die Sinnerfüllung des eigenen Lebens, weil formale Eigenschaften wie Disziplin, Präzision, Einordnung in den ferngesteuerten Arbeitsprozeß den Vorrang vor personaler Erfüllung forderten. So wurde die Berufstätigkeit von personalen Werten entleert, personale Verantwortung durch systemgesteuerte Funktionen ersetzt, zumal alles abhängig von den großen, nicht mehr zu durchschauenden Kreisläufen wurde[15].

Drei Bewegungen

Drei Bewegungen schienen am Ende des 19. Jahrhunderts vor den Konsequenzen dieser Entwicklung zu schützen:
1. Die sozialistische, Karl Marx folgend, suchte eine radikale Änderung der bestehenden Ordnung zu schaffen, fand aber nach dem Beginn der sozialen Gesetzgebung zunächst keine konkreten Ansatzpunkte.
2. Die Fin-de-Siècle-Stimmung erschöpfte sich in selbstbewußten Geistreicheleien und dem dekadenten Bemühen, übersättigt und unnatürlich zu erscheinen[16]. Gesellschaftliche Oberflächlichkeit, Verlogenheit, konventioneller Zwang, verklemmte Moral, Flucht in den äußeren Schein und Blenden mit angeblichen Werten griffen gerade in den oberen und großbürgerlichen Schichten immer weiter um

sich. Erst durch das ehrliche Bekenntnis Nietzsches wurden sie entlarvt, weil das Feuer der alten Ideen ausgebrannt und ihre wirksame Lebendigkeit erloschen war[17].

3. Ein Irrationalismus kam hoch, der immer dann floriert, wenn der Rationalismus seine Triumphe feiert. Der Pietismus etwa strebte nach Konzentration und Vereinfachung des Glaubens. Er widersetzte sich der theologischen Gelehrsamkeit, suchte die religiöse Erbauung und Verinnerlichung. Die Dogmatik mußte der Phantasie und dem Gefühl Platz machen. Rousseau kündigte eine Krise der Sicherheiten an und unterminierte das übertriebene Vertrauen in die Kraft des Intellekts. Nach Herder wurzelt jede wahre Kultur in der Ursprünglichkeit der Volksseele. Die Romantik geht von der Einsamkeit des allein mit Gott ringenden Individuums aus und versucht, Einzelwesen und Unendlichkeit im Universum, Individualität und Ganzheit im Diesseits in Einklang zu bringen und mündet schließlich in der Wiederentdeckung des geschichtlich Einmaligen als des irrational Gewordenen[18]. Der Irrationalismus war schließlich in die ironisch-pessimistische Lebenserfassung der Spätromantik ausgelaufen[19].

Negative Folgen

Allein Rationalismus und Irrationalismus stießen bald an ihre Grenzen, sie scheiterten an der Realität. Der deutsche Idealismus hatte zu einer arroganten Selbstüberschätzung des Menschen und zu einem Verkennen seiner realen Möglichkeiten geführt. Die Verstofflichung der Welt hatte den Menschen orientierungslos gemacht. Die irrationale Selbsterschaffung hatte einen betonten Aktivismus zur Folge. Mit der Degradierung des Todes zu einer natürlichen Notwendigkeit verwässerte der traditionelle Sündenbegriff[20].

Die Ethik, in der es darum geht, wie man seinem Nächsten gerecht wird, verliert ihren Inhalt, weil nur das, was man selbst hervorbringt, von Interesse ist[21]. Hieß es früher einmal, »verum quia factum«, so lautet die Parole seit Karl Marx »verum quia faciendum«, wahr ist nur, was der Mensch selbst gemacht hat, also die Machbarkeit, die Weltveränderung, die Weltgestaltung[22].

Konnte dies alles so weitergehen? Der Erste Weltkrieg griff die Frage auf, beantwortete sie jedoch nicht. Er war zwar ein Symptom tiefer historisch-soziologischer und ideeller Umwälzungen und machte aller Welt offenkundig, daß die aus der optimistischen Periode der Vergangenheit stammende Ideenwelt unterhöhlt war und nicht mehr trug[23]. Er zerstörte oder schwächte alte Ordnungen, hat aber keine neuen geschaffen[24].

Die Erschütterung, die von dem Zusammenbrechen bisheriger Strukturen ausging, erfaßte insbesondere die Jugend bis in die Schule hinein. Aber waren frische Ideale und Ziele erkennbar? Die Revolution von 1918 hatte lediglich die politischen Strukturen verändert, nicht jedoch die Gesellschaft. Alt blieben die gesellschaftlichen Klassen, alt in seiner Leitung war das Heer, alt waren auch die politischen Parteien[25].

Der Staat erfüllte, wie das alte Kaiserreich, auch während der Weimarer Republik schlecht und recht seine Funktionen. Diese waren nach dem Zusammenwirken von Staat und Gesellschaft in den zwanziger Jahren des Jahrhunderts angewachsen zur weitgehenden Alleinverantwortung des Staates für Wirtschaft und Kultur[26].

Das Erbe

Die Jugend stand vor einem schweren Erbe. Dem Leben und der Zukunft zugewandt, war sie durch die Tradition, die geistige Verwirrung und den blinden Fortschrittsglauben behindert, das Wagnis des Neuen auf sich zu nehmen. Sie stand vor vielen Alternativen, die sie aus eigener Kraft kaum zutreffend zu beurteilen und in ihren Möglichkeiten zu entschlüsseln vermochte. Sollte die Natur Gegenstand der Ausbildung und Quelle der Lebenskraft sein? Konnte die Vereinzelung und Vereinsamung des Individuums nur künstlich durch sekundäre Systeme überwunden werden, oder gab es doch noch die Möglichkeit, lebendige Gemeinschaften zu bilden? Waren Orientierungslosigkeit, scheinbare Sinnlosigkeit und das Gefühl der Leere schicksalhafte Hinterlassenschaft, oder taten sich neue Tore auf, die in einer veränderten Welt auf neues Selbstverständnis hindeuteten?

Dies ist wohl das entscheidende Problem jeder jungen Generation, ein eigenes Selbstwertgefühl zu entwickeln. Daß sie in einer geschichtlichen Tradition steht, kann sie ebensowenig abstreifen wie das kulturelle und soziologische Erbe.

In Zeiten radikaler Änderungen aller Lebensverhältnisse hat es die Jugend besonders schwer. Man denke an die Jahrhundertwende mit ihren unterschwelligen Strömungen wie Rationalismus, Irrationalismus, Marxismus, Optimismus, Lust am Untergang, Verzweiflung, Weltherrschaftsgelüste. Richtige und falsche Deuter der Zeit rangen um die Oberhand. Wem sollte man folgen? Ratlosigkeit befiel nicht nur die Jugend, sondern auch viele Erwachsene. Die Welt schien aus den Fugen zu geraten. Gab es jemanden, der sie wieder in Ordnung bringen konnte? Wäre dies die Aufgabe der

Jugend? Mußte die Ordnung restaurativ oder progressiv sein? Dies zu entscheiden, ging wohl über die Kraft einer einzigen Generation.
Dennoch versuchte die Jugend, diese Herkulesarbeit auf sich zu nehmen. Ob sie mit Erfolg gewirkt hat, konnte sie selbst nicht beurteilen. Dazu sind erst spätere Zeiten berufen.

Die Kirche

Die Zeichen der Zeit richtig zu verstehen, war auch den Männern der Kirche kaum vergönnt. Sie beharrten zu lange auf überholten Strukturen, priesen zu einseitig das Alte und suchten es festzuschreiben. Rebellische Aufbrüche sollten niedergehalten und deren Folgen beseitigt werden. Das Vorhaben mußte scheitern, weil die Idee der Restauration gescheitert war. Die bürgerliche Revolution war nicht mehr rückgängig zu machen, sie war sogar schon an ihr Ende gekommen. Mit der Besetzung Roms 1848 hatte sie ihren letzten Sieg errungen, auch wenn Rom vom Risorgimento erst 1870 endgültig eingenommen wurde[27]. Zeichen einer neuen revolutionären Bewegung des Proletariats leuchteten auf. Die Oktoberrevolution 1917 in Rußland war für die Arbeiterbewegung ein Alarmsignal.

Kirche in Welt und Gesellschaft

Diese Ereignisse entpuppten sich später als epochale Einschnitte in die Geschichte der katholischen Kirche. Zunächst schien nur eine fundamentale Veränderung ihres Verhältnisses »zur Welt« eingetreten zu sein, die durch die selbstgewählte »Gefangenschaft im Vatikan« des Papstes (1870) symbolischen Ausdruck fand. Tiefer gesehen, berührten die Vorgänge die Kirche in ihrem inneren Wesen und Selbstverständnis. Die Zeit seit Konstantin war zu Ende, die Kirche nicht mehr Imago Imperii (Abbild des römischen Reiches). Sie war sozial standortlos geworden; ohne Rückhalt in weltlicher Herrschaft, war sie nur noch geistig-religiöse Macht[28]. Die institutionelle Präsenz der Kirche in der Gesellschaft ging verloren, eine personale hatte sich noch nicht herausgebildet[29].

Konnte sich die Kirche in diese Entfremdung finden angesichts einer Verflachung ungeheuren Ausmaßes, der immer stärker werdenden sozialen Spannungen und der wachsenden Polarisierung der politischen Kräfte? Der Mensch erlebte seine Abhängigkeit von Gott und von der Natur nicht mehr so unmittelbar wie früher. So manche Katastrophen, auch viele Seuchen, Epidemien und andere Schicksalsschläge wurden durch zweckdienliche Künste vermieden oder geheilt, während die neuen Abhängigkeiten nicht leicht zu erkennen waren[30].

Der Mensch fühlte sich als Herr der Welt und hatte Gott verdrängt. Zumindest hatte sich sein Aktionsradius vergrößert und derjenige Gottes scheinbar verengt[31]. Was sollte da noch die Kirche?

Bedenkliche Tendenzen

Dies wurde an drei Ansatzpunkten besonders deutlich: 1. Die Zulässigkeit katholischen Denkens und Handelns wurde in zunehmendem Maße von der Philosophie der Freiheit bestritten. Ein weithin und allseits herrschender Liberalismus verkündete subjektivistische Schrankenlosigkeit und brachte kein Verständnis auf für eine Freiheit innerhalb einer vorgegebenen Ordnung und für eine frei sich an eine Autorität bindende Überzeugung. Daß die kirchliche Hierarchie den religiösen Gehorsam einmal aus Tradition und dann auch aus der Not der Zeit heraus strapazierte und das Kirchenvolk gleichsam am Gängelband führte, trug zu der Entfremdung von Kirche und Welt wesentlich bei. War die Kirche vor allem mit ihren Geboten und Normen sittlichen Verhaltens, die zumindest äußerlich noch immer mächtig in der Gesellschaft waren, nicht zu einem Bremsklotz der Entwicklung geworden?

2. Im Protestantismus, der sich durch ein »protestantisches« Kaiserreich gestärkt fühlte, wuchs die Abneigung gegen den Katholizismus. Das Staatskirchentum brachte in den konfessionellen Gegensatz zusätzlich noch politische Motive. Der Kulturkampf Bismarcks (1870–1878) verschärfte die Leidenschaften auf beiden Seiten. Die aus ihm hervorgegangene vielfältige organisatorische Zusammenfassung der Kräfte des katholischen Volkes wurzelte in dem Bestreben, das eigene Selbstbewußtsein stärker auszubilden und sich demzufolge von den anderen Christen zu unterscheiden.

3. Generell blühte eine Antipathie der Unreligiösen gegen Religion und Kirche, die nicht selten zum Haß ausartete. Schuld an solchen Strömungen waren einerseits falsch verstandene wissenschaftliche Richtungen wie der Historismus, der unser ganzes Wissen und Empfinden, Staat, Recht, Moral und Religion in den Fluß des historischen Werdens einbezog und aufzulösen suchte, oder die Alleingültigkeit der Naturwissenschaft, die keinen Platz mehr für Gott freizulassen schien. Andererseits kapselte sich die Kirche von der modernen geistigen Entwicklung ab und erweckte mit Angst einflößenden Schreckgespenstern wie Klöster, Gelübde, Mönch den Anschein, noch immer dem Mittelalter verhaftet zu sein[32].

Weithin durchströmte den römischen Katholizismus die

Furcht, daß die Kirche von allen Sekten und Häresien der letzten 1000 Jahre überwältigt werden könnte, daß sie als letztes Bollwerk des Mittelalters von Demokraten, Schwärmern und Spiritualisten tödlich bedroht sei[33], daß sie eingekreist sei von »Neuerungen« und einem Jahrhundert, das voller Teufel ist[34]. Der »Zeitgeist« wurde als Schock erfahren, »Zeit« und »Welt« erschienen als das Böse schlechthin.

Pius IX. und Leo XIII.

Es ist deshalb verständlich, daß die römische Kurie versuchte, eine solche Entwicklung einzudämmen und das richtige Verhältnis zwischen Kirche und Welt, Glauben und Wissen, Offenbarung und Vernunft herzustellen. Aus diesem Grunde veröffentlichte Pius IX. im Jahre 1864 den »Syllabus errorum«, ein Verzeichnis der hauptsächlichsten Irrtümer jener Zeit, ausgelöst durch verschiedene, teils unvorsichtige, teils offen zweideutige Äußerungen des Liberalismus im katholischen Milieu. In ihm waren 80 Sätze zusammengestellt, die als falsch bezeichnet wurden und vom Pantheismus bis zur Ablehnung der weltlichen Herrschaft des Papstes reichten. Er erregte in der Öffentlichkeit ungeheures Aufsehen und wurde teilweise als eine eindeutige Absage an die moderne Kultur und den modernen Staat angesehen. Zugleich war er ein letztes Sichaufbäumen der Kurie gegen die allgemeine Entwicklung, ehe Leo XIII. (1878–1903) die Kirche in die aus der Revolution hervorgegangene Welt hineinführte und die Tradition mit dem modernen Geist zu versöhnen suchte[35].

Leo XIII. war es auch, der das leibliche und seelische Massenelend in der industrialisierten Welt erkannte und auf die moderne soziale Frage eine Antwort suchte. In seiner berühmten Enzyklika »Rerum novarum« 1891 behandelte er die »Arbeiterfrage« als Teil der allgemeinen Erneuerung der Gesellschaft angesichts der gesellschaftlich und politisch zerklüfteten Welt und befreite auf diese Weise das moderne Sozialproblem aus einer zu engen Sicht. Daß die Bedeutung der Enzyklika nur zögernd erkannt wurde, lag daran, daß der Katholizismus der neuen Zeit noch wenig aufgeschlossen gegenüberstand. Das größte Echo fand das Wort des Papstes in Deutschland, wo eine bedeutsame katholische Arbeiterbewegung entstanden war. Die Vorarbeiten Adolf Kolpings († 1865) mit der Begründung der Gesellenvereine und des Mainzer Bischofs Wilhelm von Ketteler († 1877), der als erster die Lage der Arbeiter erkannt hatte und von negativer Kritik zu positiver Überwindung vorgestoßen war, trugen jetzt gute Früchte. Es war nach der Enzyklika nicht mehr strittig, daß auch die Arbeiter das Recht zu Zusammenschlüssen hatten.

Allein an diesem Faktum entzündete sich unter Pius X. (1903–1914) eine neue heftige Auseinandersetzung, die mit ihrem Ergebnis einen wichtigen Schritt in die Zukunft der Kirche machte. Man bezeichnete Pius X. als einen konservativen Reformpapst, der einerseits eine Erneuerung des religiösen Lebens in die Wege leitete (häufigere Kommunion, eucharistische Kongresse, Katechismusunterricht), andererseits wieder zu der Methode der Eindämmung neuer Bewegungen zurückkehrte. Es ging dabei nicht um eine Einzelreaktion, sondern um einen wohlüberlegten und ernsthaft geplanten Feldzug.

Modernismus-Krise

Neue Tendenzen wurden erkennbar, die dem Vatikan mehr und mehr bedenklich erschienen. Sie wurden schließlich unter dem Sammelbegriff »Modernismus-Krise« zusammengefaßt. Darunter wurden ganz verschiedene, teilweise sogar verständliche Strömungen verstanden. In Deutschland war es der sog. Reformkatholizismus, der in Rom und bei den Traditionalisten Anstoß erregte. Auch dies war ein Sammelname für verschiedene Bestrebungen, etwa für die Einschränkung der autoritären Bindungen der theologischen Forschung, für ein Zwiegespräch mit modernen Gedankenbewegungen, für das Gespür evolutionärer Aspekte, für eine Liturgiereform, die den Gebrauch der deutschen Sprache ermöglichte, für größere Eigenständigkeit der Laien, speziell in sozialen, politischen und kulturellen Angelegenheiten und Entscheidungen.

Gemeinsam war diesen Kreisen die Anhänglichkeit an die katholische Kirche und die volle Respektierung der Grundstrukturen des Glaubens und der Kirche. Ziele, die später, wie J. Spörl schreibt[36], erst »durch die katholische Jugendbewegung Gemeingut der deutschen Katholiken geworden« sind. Damals freilich wurden sie noch erbittert bekämpft. Männer wie F. X. Kraus, H. Schell und A. Ehrhardt kamen mit ihren Werken z. T. auf den Index, wurden aber nicht exkommuniziert.

Ganz anders entwickelte sich die Krise in Frankreich. Alfred Loisy (1857–1940) zögerte nicht, traditionelle Lehrsätze umzustoßen, da die Apologetik angesichts der Fortschritte der Wissenschaften ihre bisherige Einstellung nicht mehr halten konnte. Dies führte zum Konflikt mit Rom, der seinen Höhepunkt in dem Dekret des Heiligen Offiziums »Lamentabili sane exitu« (1907) hatte. Dieses verurteilte 65 Thesen Loisys und wurde durch die Enzyklika »Pascendi« offiziell sanktioniert. 1910 forderte dann der Papst mit dem Motu proprio »Sacrorum antistitum« vom gesamten Klerus den sog. Antimodernisten-Eid.

Er löste große Unruhe, insbesondere unter den theologi-

schen Wissenschaftlern Deutschlands aus, die schließlich von der Eidesleistung auch entbunden wurden[37]. Die Folgen der rigoristischen Unterdrückung des Modernismus waren beträchtlich. Zwar wurde die kirchliche Disziplin gefestigt, jedoch auf Kosten der geistigen Auseinandersetzung mit der Zeit. »Der Graben zwischen der Kirche und der modernen Kultur wurde vertieft[38].« Die Kirche schnürte sich von der intellektuellen Welt des Abendlandes ab und begab sich in ein geistiges Getto, das die Anpassung an die sich vollziehende geistige Wandlung erschwerte[39].
Dies ist sicherlich aus dem Bestreben heraus geschehen, die Rechtgläubigkeit im Sinne der Tradition zu erhalten und die Gläubigen nicht zu verwirren. Der Preis für solches Unterfangen war allerdings sehr hoch. Eine Elite von Gebildeten, große Teile des Bürgertums und der Arbeiterschaft gingen verloren. Die Erneuerung, die Leo XIII. eingeleitet hatte, wurde für eine ganze Generation stark gehemmt.

Gewerkschaftsstreit

In Deutschland konnte auf einem Gebiet wenigstens ein Teilerfolg verzeichnet werden. An dem Problem, in welchem Maße Laien eine Verantwortung für ihre Tätigkeit in weltlichen Bereichen selbständig übernehmen können, entzündete sich der sog. Gewerkschaftsstreit. Pius X. war mit den Integralisten gegen jede Entklerikalisierung des weltlichen Lebens. Religion war für ihn ein Fundament der sozialen Ordnung. Nach seiner Meinung wollten die Gegner des Integralismus die politischen und sozialen Probleme außerhalb der Kontrolle der kirchlichen Autorität lösen, den traditionellen Begriff der »christlichen Zivilisation« in Frage stellen und dadurch die Gefahr des Irrtums im Bereich des Lehramtes heraufbeschwören[40]. Daraus folgerten die Inte-

gralisten, die sich überall in Westeuropa verbreitenden christlichen Gewerkschaften legten den Hauptton auf die wirtschaftlichen und sozialen Aufgaben, statt den moralischen und religiösen Endzweck in den Vordergrund zu stellen.
Die katholischen Arbeitervereine Deutschlands standen vor einem schweren Konflikt. Sollten sie eigene christliche Gewerkschaften fördern, die neben ihnen ihren Platz hatten, wie es die »Kölner Richtung« wünschte, oder sollten sie Gewerkschaften »von Katholiken für Katholiken« bilden, die der direkten Leitung der Kirche unterliegen, also selbst Gewerkschaft sein, wie es die »Berliner Richtung« forderte? Die überwiegende Mehrheit der katholischen Arbeitervereine entschied sich für die Kölner Richtung.
Dem mußte Pius X. Rechnung tragen und suchte mit seiner Enzyklika »Singulari quadam« (1912) einen Kompromiß. Er billigte vorbehaltlos die Berliner Formel und tolerierte die Kölner, um größeres Übel zu vermeiden. Entschieden war damit nur das eine, daß Laien in der Verantwortung weltlicher Angelegenheiten wenigstens geduldet wurden.
Es unterblieb jedoch die bewußte Verselbständigung der Laien auf Gebieten, für die sie voll zuständig sind. Lediglich der Mönchengladbacher »Volksverein für das katholische Deutschland« leistete Pionierarbeit. Der Klerus als Ganzes stand abwartend beiseite.

Zeitgemäße Frömmigkeit

Dies wurde nicht zuletzt in der zeitgemäßen Frömmigkeit offenkundig. Trotz der wegweisenden Schritte Pius' X. in Fragen der Liturgie blieb letztlich alles beim alten. Die Frömmigkeit wurde von den Gebildeten nicht mehr mitgetragen.

Dies prägte sich vornehmlich darin aus, daß die Kirche die religiöse Sprache kaum noch beherrschte. Die Gebetbücher dieser Zeit waren ohne Niveau, voller abgeschmackter Texte, die keinen Bezug zum Leben hatten. Das Kirchenlied wurde durchsetzt mit sentimentalen, frömmelnden und apologetischen Motiven. Die Predigten lagen außerhalb des Alltagslebens und waren zeitlos langweilig. Massenveranstaltungen ließen jeden liturgischen Gemeinschaftsgedanken vermissen und sammelten lediglich eine große Zahl von Individuen, die, ohne zur Einheit vor Gott zusammenzuwachsen, jeder nur für sich vor Gott hintraten. Das »Rette deine Seele« der Volksmission ist für diese individualistische Haltung kennzeichnend. Die Theologen redeten eine welt- und geistfremde Sprache. Der Kirchenbau, der durch das Fehlen von Gotteshäusern in den neuen Ballungsräumen vor großen Aufgaben stand, vermochte lediglich Altes nachzuahmen, konnte aber keinen eigenen Stil entwickeln. Die Seelsorge hatte es hier ohnehin schwer, da zu der geistigen Atmosphäre des Unglaubens ein häufiger Wohnungswechsel vieler Laien kam, der das Einleben in eine Pfarrei beeinträchtigte. Zaghafte Ansätze einer Besinnung zeichneten sich kurz nach der Jahrhundertwende ab, ohne jedoch zu einer Wende zu führen. 1903 war der erste Jahrgang von »Hochland« herausgekommen. Das war in der geistigen Enge des Katholizismus jener Zeit ein Ereignis, das die jungen Katholiken tief berührte.

Josef Wittigs »Erlöste« erschienen hier zuerst im »Osterheft« 1904 und verursachten in der Universität Breslau einen theologischen Sturm. Nach dem Ersten Weltkrieg erschien es 1922 als Buch, erregte wiederum großes Aufsehen und führte zu schweren Auseinandersetzungen. Wittig las im überfüllten Hörsaal am ersten Tag des neuen Semesters. Bernhard Geyer hatte zuvor in der Dogmatik auf Weisung

von Kardinal Bertram warnende Worte sagen müssen über merkwürdige literarische Erscheinungen, die sich in einer unadäquaten Weise mit dem Gehalt von Heilstatsachen befaßten. Eugen Rosenstock schrieb eine Flugschrift »Religio depopulata«, deren Titel einem der Kennworte aus der Weissagung des Malachias entnommen war. Als unfaßliches Phänomen hob er hervor, daß die römisch-katholische Kirche in Deutschland administrativ, disziplinär, finanziell, katechetisch und asketisch in Ordnung sei wie sonst kaum je und irgendwo eine Kirche, vom Volk aber verlassen würde, weil es sich nicht mehr zu Hause fühle und weil die kirchliche Hierarchie die Rechtgläubigkeit des einzigen Mannes, der das verhindern möchte, in Zweifel ziehe.
Und doch waren erste Zeichen der Erneuerung des geistlichen Lebens schon zu erkennen. Katholische Denker wie Jacques Maritain, Gabriel Marcell, Urs von Balthasar mischten sich in das innereuropäische Gespräch ein und arbeiteten an der Begegnung von Kirche, Kultur und neuem Denken. Das Ordensleben entwickelte Zentren von Spiritualität. Die Anstöße für eine liturgische Erneuerung begannen Früchte zu tragen. Sinnvolle Annäherung der Kirche an die moderne Zeit erschien jedenfalls nicht mehr ausgeschlossen[41].

Das Ergebnis

Die Kirche bleibt stets ihrer Zeit und deren Unruhe verhaftet. Es ist ihr dabei nicht immer vergönnt, die Zeichen einer Epoche richtig und vorausschauend zu deuten, vor allem dann nicht, wenn fast revolutionäre Entwicklungen alles Bisherige in Frage stellen.
Bis weit in das 19. Jahrhundert hinein glaubte sie an ihre

irdische Sendung. Die seit Konstantin als selbstverständlich hingenommene Verbindung von Kirche und Staat fand im Kirchenstaat ihren äußeren Ausdruck. Mit dem Verschwinden dieser Machtposition und der Säkularisierung zahlreichen kirchlichen Besitzes (um 1810) schien der Kirche der Boden unter den Füßen weggezogen. Sie stand an einer Wegegabelung, ohne es selbst zu merken. Konnte der Verlust weltlicher Macht und institutioneller Anwesenheit in Staat und Gesellschaft auf andere Weise wettgemacht werden? Noch rang sie darum, äußerlich mitbestimmender Faktor zu bleiben, obwohl sie in nahezu allen Ländern immer weiter aus der Öffentlichkeit zurückgedrängt wurde. Diese Entwicklung wurde also zunächst nicht als neue Chance, sondern als Verlust gewertet und als Schock empfunden. Erwies sich die Welt nicht als böse schlechthin? Versuchte sie nicht, überall der Kirche ihre gottgewollte Position streitig zu machen? Mußte deshalb nicht das Bestehende verteidigt werden? In der Grundaporie menschlichen Daseins, Fortschritt und Bewahren in fruchtbaren Einklang zu bringen, zog die Kirche allzu einseitig das Bewahren vor. Die Haltung der Abwehr kann zu gewissen Zeiten notwendig sein. Wenn sich freilich große geistige und gesellschaftspolitische Änderungen vollziehen, kann Festhalten an überkommenen Formen dazu führen, daß die Kirche den Anschluß an die neue Zeit verpaßt. Dies war ohne Zweifel die eigentliche Gefahr für sie um die Jahrhundertwende. Weil sie als institutionelle Kirche in den Ordnungen weltlicher Macht dachte, verlor sie mit dem Abbau ihrer herrscherlichen Macht auch einen Einfluß auf die gesellschaftlichen Gruppen. Drohte sie jetzt auch die Jugend einzubüßen?

Dies hing davon ab, ob ein neuer Stil religiösen Lebens sich finden ließ, ein Stil, der sich absetzte von steril gewordenen

Formen der Frömmigkeit und der glaubwürdig war. Damit verbunden waren die Fragen, ob die geistige Problematik der Moderne erkannt und aufgearbeitet werden konnte und ob die im Gewerkschaftsstreit wenigstens indirekt anerkannte relative Selbständigkeit der Laien auszubauen war. Dabei war eines der zentralen Themen das Verhältnis von Freiheit und Autorität. Nur auf diese Weise konnte die personale Präsenz der Kirche in der Gesellschaft aufgebaut werden.

Der Ursprung der Jugendbewegung

Kinder einer Epoche

Man bezeichnet als Jugendbewegung die in der deutschsprachigen Jugend um die Jahrhundertwende aufgebrochene junge Generation, die sich auf die »Natürlichkeit« berufen, sich gegen neue Formen und Verhältnisse der Industriegesellschaft erhoben und zu einem eigenen Lebensstil zusammengefunden hatte.

Vorläufer

Zwar gab es Vorläufer, die sich in ihrer Art gar nicht so sehr von der neuen Jugendbewegung unterschieden, die jedoch relativ eng begrenzt waren. Die Bewegung des »Sturm und Drang« (1760–1785) ist ein revolutionärer Ausbruch gegen den aufklärerischen Rationalismus. Geprägt von einer Art Welthaß, ist sie gekennzeichnet durch Gefühlsüberschwang in der Aussage persönlichen Empfindens, im Naturverhältnis und im Freiheitsgefühl[1].
Ein zweiter Wegbereiter war die Romantik (19. Jahrhundert). Sie ist erfüllt von Weltschmerz, sehnt sich nach dem Unendlichen und will die »blaue Blume« auffinden, von der später die Jugendbewegung schwärmte und die das Symbol

der verborgenen Weltschätze ist. Diese »Blume« ist das Ziel aller Ahnung und Sehnsucht. Religion wird zur persönlichen Erfahrung des Unendlichen und ist Anschauung und Gefühl. Fichtes Lehre von der absoluten Schöpferkraft des Ich wird auf das subjektive Ich bezogen. Die Romantik hatte ihren Stand bewußt jenseits der »Lebenswirklichkeit« und zeigte sich bei allen ihren Vertretern als eine esoterische, rein geistige Kulturbewegung, die »bei Nacht, Mond und in Stille, Liebe und Freundschaft ihren Reigen wob«[2].
Trotz aller Ähnlichkeiten tauchte der Name Jugendbewegung erst mit dem Aufkommen des Wandervogels (um 1898) auf[3]. Er ist seitdem zu einer stehenden Bezeichnung all jener Bewegungen geworden, die trotz großer Unterschiede doch gewichtige Gemeinsamkeiten aufweisen: Sezession jugendlicher Vitalität aus einer unvital gewordenen Welt[4]. Kulturkritik, Einfachheit, aber auch die immanent in ihr liegende Tendenz zu Spaltung und Sektenbildung.

Gründe für das Entstehen der Jugendbewegung

Es gab um die Jahrhundertwende Anlaß genug, den neuen Zuständen kritisch gegenüberzustehen. Man braucht gar nicht an die fundamentale Wende zu denken, die Orientierungslosigkeit, Automatisierung und Vereinsamung zur Folge hatte. Schon die äußeren Lebensumstände konnten Ekel an dem Bestehenden erregen. Verkalkte Traditionen der Oberschicht des 19. Jahrhunderts hatten unnatürliche Sitten auch für die Jugendlichen geprägt: Rauchen, Saufen, Huren, Zoten, Grölen und Randalieren sollten im Rahmen der »akademischen Freiheit« den Beweis der Männlichkeit erbringen. Da sich der Besuch des Gymnasiums gerade in dieser Zeit um drei Jahre verlängert hatte, wollten auch die oberen Klassen in den Genuß dieser »Freiheit« kommen. Die

Söhne der Oberschicht mußten sich auszeichnen »durch zur Schau getragenen sozialen Hochmut, durch Perfektion im einexerzierten Saufen auf Kommando, durch karnevalistische Ausstaffierung und durch Benutzung des Gesichts als Hackbrett[5]«.
Es ist wohl unnötig, darauf hinzuweisen, daß nicht die ganze Jugend diesem »Ideal« nachjagte. Dennoch war es weit verbreitet und beherrschte große Teile der öffentlichen Szene.

Beginn des Wandervogels

In diese Zeit fällt der Beginn des Wandervogels. Sein Vorläufer war eine Bewegung, die einen organisierten Wanderbetrieb einzuführen suchte. Der Jurastudent Hermann Hoffmann war ein begeisterter Wanderer und Naturfreund. Er gab von 1896 bis 1899 am Humanistischen Gymnasium zu Steglitz unentgeltlich Stenografieunterricht und begeisterte seine Schüler für Wanderungen unter einfachsten Bedingungen. Nach Beendigung seines Studiums hörte er mit seinem Stenografieunterricht auf, verließ das Gymnasium und bat den Primaner Karl Fischer, sein Wanderwerk weiterzuführen. Dieser jedoch hielt sich bis zu seinem Abitur 1901 merklich zurück.
Nach der Reifeprüfung ging Fischer dann mit Energie an die ihm übertragene Aufgabe. Damit begann die Gründungsphase des Wandervogels. Fischer war der geborene Führer, wenn auch ein langweiliger Redner. Er besaß aber das richtige Gespür, was zu tun war, um die Jugend mitzureißen und in seinen Bann zu ziehen. Im Jahre 1906 ging er nach Tsingtau in China, um bei einem dort stationierten deutschen Seebataillon Dienst zu tun. Als er 1921 nach Deutschland zurückkehrte, war eine neue Generation von Jugend-

führern herangewachsen, die nicht mehr die gleiche Sprache sprach wie er. Er wurde Redakteur einer Jugendzeitschrift, die aber bald einging[6].

Zwischen 1901 und 1906 hatte er es verstanden, sein Ideal, den mittelalterlichen fahrenden Schüler, den Vaganten oder Bacchanten, anderen so nahezubringen, daß sie sich dafür begeisterten. Er selbst lebte dieses Leitbild vor. Als »Oberbacchant«, wie sein Titel lautete, ging er stets mit Rucksack, kurzer Hose, grüner Mütze und Regenkotze auf Fahrt.

Er überließ die jugendlichen Wandervögel aber nicht sich selbst, sondern gründete am 4. November 1901 den »Verein Wandervogel. Ausschuß für Schülerfahrten«, sozusagen als »Aufsichtsrat«, der sich aus Eltern und geachteten Bürgern zusammensetzte. Er selbst wurde Geschäftsführer dieses Vereins.

Zwei Motive waren für diese Gründung maßgebend. Der Verein sollte erstens ein Schutz gegenüber der Schulbehörde sein, die bisher jede »Eigenmächtigkeit« von Schülern unterbunden hatte; zweitens wurde mit ihm eine Zielsetzung verbunden, die einer näheren Untersuchung wert ist, weil sie ein bestimmtes Symptom jener Zeit ist.

Der Direktor des Steglitzer Gymnasiums, Robert Lück, war sehr verständig und förderte die Bewegung nach Kräften. Er hatte in seinem Lehrerkollegium einige begeisterte Reform-Pädagogen, denen die Ziele des Wandervogels sehr gelegen kamen. Ludwig Gurlitt, der zu ihnen gehörte, gab einen sehr positiven Bericht an das Preußische Kultusministerium, was dem Wachsen des Wandervogels zugute kam. Durch ihn wurde die Beziehung des Wandervogels zur Reform-Pädagogik hergestellt.

Ausbreitung

Der Wandervogel breitete sich rasch über weite Teile Deutschlands aus. Bald jedoch trat auch die Neigung zur Spaltung offen zutage. Schon im Sommer 1904 kam es zum Streit mit Fischer, was zur Auflösung des Vereins führte. Gegner Fischers gründeten einen neuen Verein »Wandervogel, eingetragener Verein zu Steglitz bei Berlin«, dessen Ideale »sinnvolles Wandern« und »musische Bildung« waren. Fischer selbst schuf mit seinen Getreuen den Verein »Altwandervogel«. Von ihm, der rasch im ganzen Deutschen Reich wuchs, spalteten sich später »Wandervogel Deutscher Bund« und »Jungwandervogel« ab.

Bedeutsam sind 1907 zwei Anträge der Ortsgruppe Jena: In die Satzung sollte ein Alkoholverbot für alle Fahrten aufgenommen und Mädchenwandern eingeführt werden, d. h. der Wandervogel sollte Mädchengruppen erhalten. Beide Anträge lehnte die Bundeshauptversammlung ab.

Jena schied dann aus dem Altwandervogel aus und gründete den »Wandervogel Deutscher Bund für Jugendwanderungen«, der sich sehr schnell entfaltete. Alkoholverbot und zusätzliche Mädchengruppen waren für ihn kennzeichnend.

1910 kam es zur letzten großen Spaltung. Der »Jungwandervogel« entstand unter dem Rittergutsbesitzer Willi Jansen. Er war der radikalste Bund im Wandervogel und betonte besonders die Souveränität der Jugend.

Allmählich aber wurde der Wunsch nach Wiedervereinigung der einzelnen Bünde immer drängender. 1911 bildete sich der »Verband Deutscher Wandervögel«, dem jedoch nicht alle Bünde angehörten, und im Winter 1912/13 kam es zur Gründung des »Wandervogels, Bund für deutsches Jugendwandern e. V.«.

Ein zentrales Problem der ganzen Jugendbewegung ist die Älterenfrage. Jugend hört mit einem bestimmten Alter auf. Sollen die Älteren Mitglied der Jugendbewegung bleiben? Der Wandervogel löste dieses Problem mit der Gründung der »Akademischen Freischar« (1904), die das intellektuelle Moment als heilsames Gegengewicht gegen völkisches Schwärmertum betrachtete[7].
Auf die weitere Entwicklung des Wandervogels einzugehen, ist nicht notwendig. Erwähnenswert ist hier lediglich noch, daß sich 1913 auf dem Hohen Meißner bei Kassel Jugendbünde zusammenfanden, die die von der Akademischen Freischar formulierte sog. »Meißner-Formel« (s. S. 44) akzeptierten. Die dort vertretenen Älterenverbände gaben sich den Namen »Freideutsche Jugend«[8].

Die zwei Tendenzen

Viel Mühe ist aufgewendet worden, um den inneren Ursprung der Jugendbewegung um die Jahrhundertwende zu ergründen. Überblickt man die ganze Entwicklung, erweisen sich einige Thesen von vornherein als unzutreffend, weil sie jeweils einen Teilaspekt verabsolutieren oder ein späteres Stadium in die Frühzeit verlegen. So wird fast nie die Tatsache gewürdigt, daß Träger des Wandervogels ein Verein von Eltern und Freunden war. Vor allem Ulrich Aufmuth hat diese Tatsache entsprechend herausgestellt.

Fragwürdige Interpretationen

Nicht zustimmen kann man der Behauptung, der Wandervogel sei entstanden als »Aufstand der Söhne gegen die Väter«, der der Auflehnung der Frauen gegen die Männer

gefolgt sei[9]. Ebensowenig zutreffend ist die Kennzeichnung der Jugendbewegung als jugendliche Weltflucht[10] oder die Kennzeichnung als »Antithese zu den militaristischen Zügen und zu den persönlichkeitsfeindlichen Konventionen vor 1914«[11].
Zu äußerlich und damit auch zu nichtssagend sind Charakterisierungen wie diese: Der Wandervogel entspringe dem Streben nach Gemeinschaft[12] und sei aus der natürlichen Veranlagung junger Menschen zum Radikalismus, zu Umsturztat, Neuerung und Abenteuer hervorgegangen[13]. Diese Aussagen sind zu allgemein, als daß sie das Spezifische des Wandervogels in seiner Entstehungszeit ausdrükken könnten.

Kulturpessimismus

Zweifellos liegt eine Tendenz für den Ursprung des Wandervogels in dem Kulturpessimismus des Bildungsbürgertums dieser Zeit. Die Sorge galt dem Heraufkommen des technischen Zeitalters, das als unheilvoll angesehen wurde. Das unbewußte Ahnen einer Krise fand seine Konkretisierung in der modernen Großstadt, in der neben dem Proletariat die neue Schicht der Besitzbürger lebte, die an überkommenen geistigen Werten kaum interessiert war, sondern alles, auch die Natur, unter dem Gesichtspunkt der Nutzung und Auswertung sah.
So drohten die Institutionen, Urteile und Traditionen, die bisher gegolten hatten, fadenscheinig zu werden. Sollte man der modernen Gesellschaftsstruktur und Zivilisation prinzipienlos und gestaltungsunfähig nachgeben, oder galt es, an den Werten dieser vergehenden Sozialstruktur festzuhalten[14]?
Mit den Erwachsenen stand ein Teil der Jugend vor der

Entscheidung, ob sie nicht versuchen sollte, in vorindustrielle und halbagrarische Modellsituationen zurückzufliehen[15] und damit in dieser Ausdrucksform das liberale Zeitalter neu aufleben zu lassen[16], oder aber ob sie sich dem Neuen hingeben und sich dem Strom der Zeit anvertrauen solle.

Aus diesem Unbehagen an der Gegenwart floß dem Wandervogel eine Komponente seiner Zielsetzung zu. Sie prägte hauptsächlich jene Gehalte, die er dann in besonderer Weise pflegen sollte, freilich ohne damit eine zukunftsträchtige Perspektive erschließen zu können. In dieser Hinsicht war der Wandervogel das Ende einer Epoche.

Ringen der Bildungsbürger um Selbstbehauptung

Dem neu hochgekommenen Besitzbürger stand der Bildungsbürger gegenüber, der diese Gegenwart nicht als Chance, sondern als Gefahr empfand. Kulturpessimismus und Kulturkritik zeichneten ihn aus. Aus Paul Lagarde, Julius Langbehn, dem »Rembrandt-Deutschen«, Friedrich Nietzsche und später aus Henry Bergsons Lebensphilosophie zog er seine Argumente für die Ablehnung des dem volkstümlichen Denken fremden »Intellektualismus« und für die Rettung des Menschen aus nihilistischer Gefahr. Er war kulturell verunsichert, was sich auf die ihm nahestehende Jugend übertrug[17].

Zum Bildungsbürgertum rechneten vor allem Pädagogen, Schriftsteller, Wissenschaftler, akademisch und künstlerisch Gebildete, Beamte usw. Sie alle sahen sich durch die rasanten Wandlungen in Gesellschaft, Wirtschaft und Technik in die Ecke gedrückt und machten gewaltige Anstrengungen, ihren bisherigen Elitestatus zu erhalten und ihre verunsicherte kollektive Identität neu zu formen[18].

Daß die Bewegung gerade im deutschen Kaiserreich entstand, hängt mit der späten, aber stürmischen Industrialisierung nach der Reichsgründung zusammen, die anders als in dem hochindustrialisierten England und dem industriell zurückgebliebenen Frankreich die Krise erst um die Jahrhundertwende zum Ausbruch kommen ließ. Plötzlich hatten materieller Wohlstand und Gründung von Fabriken höheren Wert erhalten als Bildung und Wissen.
So wurde das Ringen des Bildungsbürgertums um Selbstbehauptung neben elementarem Verlangen der Jugend nach größerer Selbständigkeit der zweite Ausgangspunkt des Wandervogels. Er ist daher auch ein Ausfluß von sozialen Problemen der Erwachsenen[19].
Natürlich versuchte die Jugend auch, die abgelehnten Konventionen durch neue Formen zu ersetzen[20], sie trat damit aber in keinen Gegensatz zu den Erwachsenen. Der gerade in der ersten Phase des Wandervogels vorhandene romantische Einschlag war in Verbindung mit der Zeitkritik eher rückwärts als vorwärts gerichtet. Der Rückgriff auf vergangene Verhaltensmuster konnte deren erstrebte Wiedergeburt nicht erreichen[21] und erwies sich so ebenfalls als Ende einer Epoche.

Neue Impulse – Der Hohe Meißner

In ihr lagen jedoch auch Keime für eine neue Bewegung, die freilich erst nach dem Ersten Weltkrieg zum Durchbruch kam. Die Erwachsenen gewährten nun den Jugendlichen einen vergrößerten Autonomiebereich und relative Freizügigkeit bei der Ausgestaltung der Eigenatmosphäre[22]. Daneben entwickelte sich auch das Verlangen nach Emanzipation, etwa in der »Meißner Formel« deutlich erkennbar, die Jugend zu einem absoluten Wert macht.

Das Treffen auf dem Hohen Meißner am 11. und 12. Oktober 1913 vereinigte rund 2000 Jugendliche. Das gemeinsame Erleben dieser Tage war gedacht als Opposition zur patriotischen Feier der Leipziger Völkerschlacht. Die Protesthaltung ließ fundamentale Unterschiede der äußeren Lebensgestaltung und der Orientierung vergessen[23].
In der schließlich verabschiedeten Meißner Formel erklärten sie: »Die freideutsche Jugend will ihr Leben nach eigener Bestimmung, vor eigener Verantwortung, in innerer Wahrhaftigkeit gestalten. Für diese innere Freiheit tritt sie unter allen Umständen geschlossen ein. Alle Veranstaltungen der freideutschen Jugend sind alkohol- und nikotinfrei[24].«
Das Bekenntnis ist von einer schwärmerisch-individualistischen Grundhaltung geprägt[25], atmet den Geist schonungsloser Autonomie[26] und wird gerade deshalb zu einem zentralen Thema in der späteren geistigen Auseinandersetzung mit dem Quickborn. Zweifellos bäumte sich damals jugendliches Lebensgefühl gegen die Verkümmerung des vitalen Lebens auf. Gleichzeitig aber überwogen staats- und geschichtsflüchtige Tendenzen[27].
Mit Recht fragt Hans Joachim Schoeps, ob die Meißner Formel nicht als eine Art geistiges Beruhigungsmittel verwendet wurde gegenüber Fragen, die erschüttern und Fieber verursachen könnten, ob sie nicht zu einer Zauberformel der Drückebergerei gemacht und zu einer wunderbaren Rechtfertigung für Quietismus und Inaktivität gebraucht wurde[28].
Dennoch trat auf dem Hohen Meißner eine Kraft, wenn auch erst zaghaft, in Erscheinung, die dann in und nach dem Ersten Weltkrieg den Wandervogel prägen sollte. Insbesondere war der Gedanke, ein eigenes Jugendreich aufzubauen und einen eigenen Lebensstil zu entwickeln, der den Jugendlichen die Chance gab, sie selbst zu sein[29], außeror-

dentlich zukunftsträchtig. Deshalb hat Rüstow[30] sicherlich nicht recht, wenn er behauptet, das Treffen auf dem Hohen Meißner sei das Ende einer Aufstiegsperiode und der Beginn des Niedergangs. Das Umgekehrte ist wohl richtig: Die Jugendbewegung begann, sich freizuschwimmen und eigene Ziele zu verfolgen, die vielleicht eng und begrenzt waren, aber doch jugendliches Leben zu ermöglichen schienen.

Die Wende

Die Wende kam von der Generation, die mit großer Begeisterung in den Krieg gezogen war. Diese Angehörigen der Jugendbewegung machten als Soldaten eine doppelte Erfahrung. Sie erlebten einerseits, wie förderlich das Gemeinschaftserlebnis der Jugendbewegung für sie war. Dies hat zweifellos dazu beigetragen, daß die Jugendbewegung überhaupt in den Wirren des Krieges nicht zerschlagen wurde, sondern daß nach 1918 ein neuer Aufbruch kam. Andererseits wurden die jungen Frontsoldaten durch die großen Materialschlachten nüchterner. Sie, die das Bekenntnis vom Hohen Meißner getragen hatten, mußten erkennen, daß ihre schwärmerisch-individualistische Grundhaltung nicht genügte, um in der Realität des Lebens zu bestehen. Die Kriegskameradschaft hatte einen sozialisierenden Effekt und verdrängte eine bis dahin weithin geltende aristokratische Einstellung[31]. Der mit schweren Verlusten bezahlte und doch vergebliche Angriff deutscher Kriegsfreiwilliger auf Langemarck (11. 11. 1914) enthüllte die ganze Ohnmacht und Misere eines bloß idealistischen Schwunges.

Wille zur Eigenständigkeit, die Freischar

Immer deutlicher trat der Wille zur Tat und zu einer festen Gemeinschaftsbindung zutage. Die Heimkehrer suchten in endlosen Diskussionen, Klarheit zu gewinnen[32] und ein neues Reich ohne Parteihader [33] aufzubauen. Die Bereitschaft zum Handeln war auch damals verbunden mit utopischen Zielen, was für die Auseinandersetzung mit der Weimarer Republik schwerwiegende Folgen hatte.

Zwei Richtungen schälten sich heraus: eine linksradikale, die mit sozialistischen und kommunistischen Ideen sympathisierte, und eine völkische, die sich 1919 im Jungdeutschen Bund sammelte[34]. Sie bildete ein Reservoir für die Freikorps und neigte später z. T. nationalsozialistischem Gedankengut zu.

Die 1926 durch den Zusammenschluß der Neupfadfinder mit den Altwandervögeln entstandene Freischar gewann aus zwei Gründen relativ große Bedeutung. Einmal trug ihr Führer, Ernst Burkem, viel dazu bei, die Geschicke der Jugendbewegung insgesamt zu formen. Realismus, gesunder Menschenverstand und Abkehr von schwärmerischer Romantik zeichneten ihn aus. Vielleicht war es schon zu spät für die Durchführung seiner Ideen, zumal sein plötzlicher Tod 1930 jede weitere Entwicklung bremste.

Der zweite Grund lag darin, daß Persönlichkeiten der älteren Generation und Professoren der Universitäten wie Hans Freyer, Eugen Rosenstock-Huessy und Arnold Bergsträsser dem Denken der Freischar ihren Stempel aufdrückten[35].

Die Entwicklung führte zu einer immer stärkeren Betonung des eigenständigen Lebensbereichs der Jugend, der »innerhalb des seelischen Haushalts der jungen Menschen eine Geltung erwarb, die dominierend wurde«[36].

Aus der Übertragung der Menschenrechte auf die jüngere

Altersschicht ergab sich das »Recht auf Jungsein«. Es leitete sich her aus dem Wissen um die Jugend als einer Epoche in der Ganzheit des Lebens, die ihren Sinn mit Blick auf diese Ganzheit in sich selber hat und doch vom Ganzen her bestimmt wird[37]. Jugend ist mehr als Vorbereitungszeit. Sie hat ihren eigenen Wert. Gustav Wyneken hat als erster Jugend als »Selbstwert« gedeutet[38].

Jugend gewann damit ein Bewußtsein vom eigenen Wert der Jugendzeit und dem ihr korrespondierenden Eigenrecht des Jugendstandes[39].

Aus der Eigenständigkeit der Jugend leitete sie den Anspruch ab, sich ihre Führer selbst zu wählen. Einaltrigkeit verlangt den gleichaltrigen Führer im Gegensatz zur Mehraltrigkeit, für die der Lehrertyp kennzeichnend ist[40].

Charakteristisch für die neue Jugendbewegung wurde ein neues Leib- und Lebensgefühl, das sich auch in der Begegnung der Geschlechter heranbildete. Die bloße Innerlichkeit mit ihren staats- und geschichtsflüchtigen Tendenzen mündete in einen Auszug aus der Wirklichkeit, in ein traumhaftes Verlorensein an Ideen und Gegebenheiten der alten Ordnung, etwa an die »Natur« und »Idylle« der »Fahrten« oder aber auch in Siedlungsversuche, sogar kommunistische[41]. Wandern wurde jetzt zum Protest gegen diese ganze moderne Großstadt-Zivilisation[42]. Die frühere esoterische Haltung der Gruppe lockerte sich, wenn auch noch immer das Prinzip galt, daß nicht jeder ohne weiteres aufgenommen wurde.

Verbunden mit dieser Emanzipation der Jugend, die auf die Bildung der Person ausging, war die Forderung nach Einheit, Einfachheit, Wahrheit und Absolutheit der Person. Sie war auch verknüpft mit einem Ablehnen genereller und institutioneller Bindungen zugunsten neuer Bindungen der Freundschaft und lebendigen Gemeinschaft[43]. Zu dem Streben nach Freiheit kamen für manche Gruppen noch Nation und Sozialismus als wesentliche Ziele[44].

Wandlungen

Der Wandervogel als Vorhut der Jugendbewegung überhaupt hat viele Wandlungen durchgemacht. Aufgebrochen eigentlich als eine Art Avantgarde des Bildungsbürgertums, entzog er sich der Obhut und Zielsetzung der Erwachsenen und entwickelte sich zu einer Bewegung, in der Jugend allein den Ton angab. Die sich nach dem Weltkrieg bildende »Bündische Jugend« schuf sich ihre eigene Welt. Das hatte positive, aber auch negative Auswirkungen.

Die Sehnsucht nach einem Jugendreich beschränkte sich nun nicht mehr auf den Wandervogel, sondern wurde Allgemeingut der Jugend überhaupt. Sie gewann schlechthin ein neues Verhältnis zu Natur und Sport und blickte mißtrauisch auf reine Kopfbildung und Intellektualismus[45]. Das Volkstümliche im Verhalten, die Wertschätzung des Volkshaften und Musischen, das einfache und klare Leben auf Fahrt, ihr Gemeinschaftsleben verhalfen ihr zu einer relativen Verhaltenssicherheit, weil geglaubte Werte und eigene Lebensführung übereinstimmten[46].

Auswirkungen

Ihre größte Leistung ist vielleicht – wie Rüstow meint – eine neue Gestaltung der Freizeit in Formen der Schönheit. Allein gerade hier zeigen sich für ihn auch deutlich negative Merkmale. Es fehlte der »Blick für die Zwangsläufigkeiten der großen soziologischen und geschichtlichen Zusammenhänge«[47]. Der Wandervogel war nicht bereit, die eigenen

Ideale in die soziale, politische und berufliche Wirklichkeit zu übertragen. Er lebte ausschließlich in der Freizeit.
Es ist deshalb nicht verwunderlich, daß er zur Weimarer Republik kein Verhältnis fand, zumal auch Weimar vor der Aufgabe versagte, das Volk neu zu integrieren. Deshalb wurde die Jugend eine leichte Beute von Utopisten und Rattenfängern und lieferte für den Nationalsozialismus ein beachtliches Reservoir ehrlich idealistischer, junger Menschen[48].
Die Freideutschen in ihren vielen Verästelungen scheiterten schon deshalb bei dem Versuch, sich der politischen Realität zu stellen, weil sie nicht als geschlossene Gruppe auftraten. Die Ausstrahlung der Meißner Formel war auch jetzt noch zu erkennen: in der individualistischen, nonkonformistischen Gesinnungsethik, die vor der öffentlichen Verantwortung floh und unpolitisch agierte[49]. An die Stelle des personalen Individualismus war die pluralistische Individualität der Einzelgemeinschaften getreten[50]. Sie begnügten sich bei ihrem Kontrastverhalten mit der Einkapselung in das eigene Kontrastmilieu[51].
Neben vielen unmittelbar nachweisbaren Auswirkungen dieser Jugendbewegung seien zwei Erscheinungen noch eigens erwähnt, die nicht so offen zutage treten. Die deutschen Juden fanden im Wandervogel das einprägsame Modell einer enthusiastischen völkischen Bewegung. Dieses Vorbild hat sicherlich die zionistische Bewegung der Jahrhundertwende wesentlich beeinflußt[52].
Die Grundtendenz der Jugendbewegung, die sich bis in die Gegenwart hinein auf vielen Gebieten verfolgen läßt, ist schließlich selbst in der heutigen ökologischen Bewegung zu finden. Die Natur als die erweckende Kraft, die konkreten zivilisatorischen Ärgernisse, die Tendenz zu einer Reformbewegung und die Jugend als treibendes Element prägen

auch die moderne Ökologie- und Alternativbewegung. Natürlich gibt es Unterschiede, schon weil die Jugendbewegung ihre eigenen Wege ging und die Politik kaum beachtete, während sich das gegenwärtige Umweltbewußtsein politisch zu verwirklichen sucht. Nachweisbar entstammen manche Akteure und Ideologen der heutigen Ökologiebewegung dem sozialen Umfeld alter jugendbewegter Bünde, Schulen und Begegnungsstätten. Jugendbewegung und Ökologiebewegungen haben vor allem dies gemeinsam, daß sie mit der Grundaporie menschlichen Daseins nicht fertig werden, nämlich Fortschritt und Bewahren in eine lebensfördernde Harmonie zu bringen[53].

Das Entstehen des Quickborn

Die Wurzeln

Sucht man nach den Wurzeln des Quickborn, so ist es nicht verwunderlich, daß er geistesgeschichtlich eine andere Erscheinung darstellt als der Wandervogel. Seine Ausgangssituation war in gewisser Weise auch das Hochkommen der Industriegesellschaft. Er aber blickte nicht zurück, suchte nicht den Elitestatus des Bildungsbürgertums zu erhalten und begründete sein Freiheitsverlangen nicht im Sinne des Liberalismus.

Ausgangspunkt für die Gründer war vielmehr eine mit der Industriezivilisation hochgekommene soziale Not: der Alkoholismus, vor allem der Elendsalkoholismus. Ihr sollte durch persönliches Opfer und die Bereitschaft zur Hilfe begegnet werden. Abstinenz ist deshalb für den Quickborn der ersten Generation ein Wesensbestandteil seiner Gemeinschaft, nicht etwas äußerlich oder nachträglich Hinzugekommenes, das lediglich jugendbedingt ist. Ein Leben ohne Alkohol war ein Zeichen gegen verflachte Jugendsitten, sollte neue Qualitäten erschließen und war gesellschaftlich zukunftsgerichtet.

Daß der Quickborn von Anfang an einen festen Halt in der katholischen Kirche hatte, bewahrte ihn trotz aller Auseinandersetzungen mit der kirchlichen Obrigkeit vor liberalistisch-individualistischen Emanzipationsbestrebungen.

Allgemeine Beurteilung

Ist es notwendig, diese geistesgeschichtliche Überlegung an den Anfang zu stellen, um die Eigenart des Quickborn deutlich herauszustellen? Wir meinen es. Nimmt man ihn nur als Teil der allgemeinen Jugendbewegung, kommt man leicht zu Fehlurteilen oder verzerrenden Bewertungen. So zählt z. B. Harry Pross[1] unter 210 Jugendführern der Jugendbewegung vor 1945 lediglich 6 Quickborner auf. Wenn man noch hinzunimmt, daß aus Bernhard Strehler ein Berthold Strehler[2] gemacht worden ist, kann man nur auf die geringe Bedeutung schließen, die der Quickborn für den Autor hat, und auf die unzulänglichen Einsichten, die er sich verschafft hat.

Der Quickborn ist nicht plötzlich entstanden, sondern er hat seine Vorgeschichte. Sie findet sich einerseits im Wandervogel, andererseits aber auch in Gründungen jugendpflegerischer und sozialpflegerischer Art im kirchlichen Bereich[3].

Die Frage mußte sich der Quickborn bald stellen, ob er – wie die freideutsche Jugend – ein bindungsloses Jugendreich erstrebte oder den jugendlichen Freiheitsdrang in kirchlicher Bindung bejahte, d. h. den überkommenen Glauben zu einem autonomen Ja zu Gottes Anspruch, wie er in der Kirche geschichtlich gewachsen war, deuten wollte[4] oder aber, ob er auf Jugendbewegung verzichten und im üblichen kirchlichen Vereinswesen aufgehen sollte.

Der Anfang

Zunächst schien es, als würde auch in Neisse/Oberschlesien einer der üblichen abstinenten Gymnasiastenvereine gegründet, wie sie in Paderborn und anderen Städten bereits bestanden. Allein schon der Beginn wies neue Elemente auf.

Bernhard Strehler, geboren am 30. November 1872 in Lissau, Kreis Marienburg, Westpreußen, war am 18. September 1903 als Präfekt an das Bischöfliche Konvikt nach Neisse gekommen, fünfeinhalb Monate, nachdem Klemens Neumann (geb. 26. November 1873 in Tütz, Kreis Deutsch-Krone, Westpreußen) Religions- und Oberlehrer am Realgymnasium in Neisse geworden war. Beide kannten sich aus Liegnitz, wo sie sich als benachbarte Kapläne gelegentlich getroffen hatten. An dem neuen Wirkungsort bahnte sich eine Freundschaft und Zusammenarbeit an, die ungewöhnliche Auswirkungen haben sollte.

Beide waren nicht als Fertige nach Neisse gekommen, sondern als Suchende. Sie litten unter den Mängeln ihrer Ausbildung, die durch die Verhältnisse an der Breslauer Katholischen Fakultät bedingt waren[5]. Gerade deswegen waren sie nicht festgelegt, sondern offen für die Fragen der Zeit.

Beide entdeckten in diesen Jahren beglückt Hermann Schells Werk »Christus, das Evangelium in seiner heilsgeschichtlichen Bedeutung« und gewannen dadurch einen neuen Zugang zu den Tiefen des Evangeliums in einer dem kritischen Geist der Neuzeit entsprechenden Weise. Die 1898 erfolgte Indizierung von Schells bisherigen Hauptwerken schwebte noch immer über ihm und machte die Beschäftigung mit seinen späteren Schriften zu einem mutigen Wagnis.

Dennoch zogen Strehler und Neumann aus ihnen den Stoff ihrer Dissertationen. Strehler hatte nach verschiedenen Aufsätzen »Gänge durch die katholische Moral«, die in den »Friedensblättern«, einem Vorläufer des »Heliand« erschienen waren, seine Dissertation über das Thema »Das Ideal der katholischen Sittlichkeit« 1907 abgeschlossen. Neumann hatte über »Eduard von Hartmanns Erlösungslehre« gearbeitet, eine Auseinandersetzung, die Schell schon 1873 als dringend erforderlich bezeichnet hatte[6].
Strehler arbeitete am Konvikt nicht nach dem bisherigen Schema. Zu Vorträgen und – was neu war – Aussprachen sammelte er die älteren Schüler um sich. Er hatte erkannt, daß die Jugend einen eigenen Lebenswert hat, der bejaht werden will, und daß sie nicht nur als Vorbereitungszeit für die Zeit des Erwachsenseins gesehen werden darf[7].
Im Mittelpunkt der Zusammenkünfte standen nicht nur religiöse Fragen, sondern Probleme der Gegenwart überhaupt. Strehler legte den Veranstaltungen zeitgerechte Schriften zugrunde, den kulturellen Fragen z. B. den »Kunstwart« von Ferdinand Avenarius, eine betont offene christliche Zeitschrift. Pädagogik und Katechetik, die an der theologischen Fakultät in Breslau sehr stiefmütterlich behandelt worden waren, erarbeitete er sich mit Hilfe von Friedrich Wilhelm Foerster, der ein zeitkritisches, vom Heilswillen erfülltes Ethos vertrat, nicht unähnlich dem Theologen Schell[8].
Der Alkoholismus war eine Volkskrankheit, die gerade in der Gründerzeit üppig ins Kraut schoß. Strehler begegnete ihr in Neisse, das preußische Garnisonsstadt geworden war, was dem Übel besonderen Vorschub leistete. Auch für Schüler war die Alkoholgefahr sehr groß, da diese häufig den Hang hatten, studentisches Treiben nachzuahmen.
Strehler suchte zunächst 1905 durch Gründung des katholi-

schen abstinenten Vereins »Kreuzbündnis« in Neisse dem Unheil entgegenzuwirken, nicht durch bloße Ablehnung der bestehenden Verhältnisse, sondern durch eine christliche Gegenposition, die Abstinenz, die ein neues Leben in Freude und Schönheit gestalten sollte. Der Verein wuchs schnell und zählte bald 650 Mitglieder und 800 Schutzengelbund-Kinder, wie die entsprechende Kinderorganisation hieß. Er erfuhr freilich auch, daß dieser Verein, für den der Franziskanerpater Elpidius Weiergans in seiner mitreißenden Art geworben hatte, die studierende Jugend nicht anzog. Und doch sollte sie nach Strehlers Auffassung später einmal in der Gesellschaft tonangebend und wegweisend sein.

Die Gründung

Deshalb schlug Strehler einen anderen Weg ein. Er gründete 1909 innerhalb des Konvikts einen abstinenten Schülerzirkel, der von zwei Oberprimanern geleitet wurde. Das genaue Datum der Gründung läßt sich nicht mehr feststellen. Strehler selbst nannte das Jahr 1909. Wahrscheinlich handelte es sich bei dem Anfang um ein mehr informelles Beginnen, dem ein Jahr später die offizielle Gründung folgte. Redner der eigentlichen Gründungsversammlung am 24. April 1910 war der Theologiestudent Franz Fritsch, den Strehler aus Liegnitz hergebeten hatte und der in einem begeisternden Vortrag seine Zuhörer mitriß[9]. Fritsch sollte später Strehler als Präfekt nachfolgen und der neuen Bewegung wichtige Impulse geben.
Da sich Lehrer für die Mitarbeit nicht zur Verfügung stellten, mußte sich Strehler bei seiner Gründung zunächst auf das Konvikt beschränken, das zudem eine kirchliche, nicht eine staatliche Einrichtung war und keine Genehmigung der

Schulbehörde brauchte. Gymnasiasten aus der Stadt konnte er als Mitglieder aufnehmen[10].

Am 13. Oktober 1910 hat das Provinzial-Schulkollegium in Breslau die Satzungen des »Abstinenten-Zirkels Kgl. Gymnasium zu Neisse« genehmigt. Damit war ab 30. Oktober 1910 die Tür für eine weitere Verbreitung auch zum Gymnasium geöffnet.

Es war ein Glücksfall sondergleichen, daß Strehler mit Neumann befreundet war. Neumann war Erzieher zur Liebe von innen heraus, der zwei Wege ging, wie er selbst einmal gesagt hat, den über Verstand und Mitleid und den über die Hochachtung vor der Würde des Zöglings[11].

Er war aber außerdem noch Künstler und Musiker, Fähigkeiten, die er in der Schule zunächst nicht verwerten konnte. So folgte er gern der Bitte Strehlers, den Feiern im Konvikt durch seine Musik eine neue Dimension zu erschließen. Dem abstinenten Schülerzirkel stand er zunächst fern. Erst als er sich bei der Verteidigung eines abstinenten Schülers selbst zur Abstinenz entschied, wuchs er sehr schnell in die neue Bewegung hinein und brachte seine Liebe zur Musik, zur Fröhlichkeit und zum Schönen als wichtigstes Erbgut mit ein.

Das dritte Element kam in die entstehende Gemeinschaft von Hermann Hoffmann, der seit 1907 Religions- und Oberlehrer am Matthias-Gymnasium in Breslau war. Geboren am 14. Juli 1878 in Glogau, war er seit 1903 abstinent, als er in Liegnitz Kaplan war und mit der Alkoholnot unmittelbar konfrontiert wurde. Mit Strehler und Neumann war er aus dieser Zeit bekannt, hatte bald mit ihnen Freundschaft geschlossen und gab mit Strehler zusammen seit 1910 den »Heliand« heraus, der die Anfänge einer religiösen Erneuerung auf biblischer Grundlage schuf.

Er griff zunächst eine Anregung der Leipziger Gymnasialprofessoren Hartmann und Pomikau auf und gründete an seinem Gymnasium einen abstinenten Schülerverein, der bald sonntags mit Wandern begann. Einflüsse der neuen Jugendbewegung, vor allem des »Wandervogels«, schufen daraus eine Wandergruppe, den »Wanderfreund«, dessen Mitglieder sich im Gegensatz zum abstinenten Schülerverein nicht zur Abstinenz verpflichteten, für die aber Wandern und Singen Ausdruck und Symbol der Freiheit wurden[12]. Als Strehler mit der Werbung für seinen Schülerzirkel quer durch Deutschland reiste, schloß sich 1912 auch der Breslauer »Wanderfreund« dieser Abstinenzbewegung an.

Der Name

Die Organisation weitete sich durch die unermüdliche Aktivität Strehlers und die Hilfe von P. Elpidius rasch aus, hatte in Frankfurt, Paderborn und Wertheim erste Ableger und überzog schnell ganz Deutschland mit Gruppen, sogar mit Mädchengruppen, die miteinander in Verbindung standen. 1913 zählte der Bund in getrennten Gruppen 1200 Jungen und 200 Mädchen[13]. Sie schlossen sich in Gauen zusammen.

Inzwischen war auch ein attraktiver Name gefunden, der bald von der Mehrheit übernommen wurde, »Quickborn«. Der Neisser Obertertianer Zimmermann hatte ihn vorgeschlagen und Beifall gefunden, weil er sinnreich ist. Ob ihm die von Klaus Groth verfaßte mundartliche Gedichtsammlung »Quickborn« bekannt war, ist nicht festzustellen[14]. »Quick« besagt lebendig, frisch, munter, Quickborn »lebendiger Born«[15].

»Quick« hängt mit Quecke zusammen, einem Unkraut von unverwüstlicher Lebenskraft. »Sie gedeiht im wertvollsten Fruchtboden besonders gut und regeneriert sich auch bei sorgfältigster Bearbeitung des Ackers aus kleinsten Bruch-

stücken der Wurzelausläufer.« Daher der zu quick, »lebendig«, gehörige Name[16].
Das Leben im Quickborn vollzog sich vornehmlich in den Gruppen. Singen, Aussprachen, Wandern, kleine Jugendfeste bildeten seinen Inhalt. Schmerzliche Zusammenstöße mit Außenstehenden in Familie, Schule, Geselligkeit, meist ausgelöst durch die Abstinenz, blieben nicht aus[17], förderten aber den Zusammenhalt und das Selbstbewußtsein.

Die Ursprünge

Überdenkt man noch einmal die Ursprünge des Quickborn, wäre zunächst darauf hinzuweisen, daß er im deutschen Osten entstanden ist. Seine Menschen suchen in der Mystik den Urgrund der Dinge, sind mitgeprägt von der Innerlichkeit als slawischem Erbe, sie kennen Toleranz, auch im Religiösen, und besitzen als Grenzler ein waches Gefühl für geistige und politische Bewegungen. Wären später nicht das kritische und revolutionäre Erbgut des deutschen Westens und die römische Klarheit hinzugekommen, Quickborn hätte zu einer schwärmerischen Bewegung werden können.
Als geistige Urväter des Quickborn seien nur Hermann Schell und Friedrich Wilhelm Foerster genannt. In der Tradition Schells wuchs Quickborn über Strehler und Neumann hinein in das Verständnis für den persönlichen und lebendigen Aspekt und die Innerlichkeit des Katholizismus. Mit Foerster sah er das Heil in der ethischen Durchdringung aller Lebensbereiche. Voraussetzung hierfür ist die Charakterbildung. Foersters »induktive Methode« der sittlichen Belehrung ist Motivierung der einzelnen sittlichen Pflichten durch die jeweils stärksten Werte wie Wahrhaftigkeit, Zuverlässigkeit, Gewissenhaftigkeit, Opferbereitschaft[18].
Eine Motivierung, die Grundwerte ins Bewußtsein rückt,

will die freie Entscheidung des anderen fördern. Mit Autorität und Befehl ist dieses Ziel nicht zu erreichen. So liegt in dieser pädagogischen Methode bereits immanent die Anerkennung jugendlicher Selbstbestimmung.

Man kann verstehen, wie von diesen Grundgedanken her die von Ignaz Klug 1920 so bezeichneten »Heiligen Drei Könige Quickborns«, Strehler – Neumann – Hoffmann, gerade die Abstinenz begründeten. Sie war für sie keine Abwehrhaltung, sondern, wie Strehler schreibt[19], »ein erster Schritt zur Veredelung des natürlichen Lebens; sie soll uns auch den Weg bereiten hinein in das Hochland katholischer Frömmigkeit ... Willensstark in der Zurückweisung alles Gemeinen und Schlechten, gewissenhaft in der täglichen Arbeit, frisch beim Spiel und heiter beim Wandern, sind die frischen abstinenten Jünglinge und Mädchen erfreulich oft auch die ersten und eifrigsten am Tische des Herrn, tapfer und entschieden im Bekenntnis unseres Glaubens und in der treuen Anhänglichkeit an unsere Mutter, die katholische Kirche«.

Abstinenz war so »das erste Symbol der Abwendung von der Nachäffung der Erwachsenen«[20] und damit der Beginn einer selbstgestalteten Lebensführung in franziskanischer Einfachheit, eine freigewählte Armut, wie sie viel später im Zweiten Vatikanischen Konzil (1962–1965) in zahlreichen Dokumenten gefordert wurde.

Bedeutsam ist, daß Quickborn, anders als etwa »Neudeutschland«, keine kirchenamtliche Gründung war. Das trug ihm zwar von Anfang an Mißtrauen der kirchlichen Hierarchie ein, das bis zu Anfeindungen und Verdächtigungen ging, stählte andererseits aber die eigenen Kräfte und ließ zukunftsträchtige Entwicklungen zu. Die Nähe zum Kreuzbündnis ließ Quickborn nicht zu einer elitären Bewegung werden. Zwar beschränkte er sich zunächst auf Schüler höherer Schulen. Abstinenz als Aufgabe zur Beseitigung der Alkoholnot mußte aber bewußt die Arbeiter einschließen. Daß sich später der Jungborn, die Bewegung der jungen Werktätigen als eigenständiger Zweig vom Quickborn löste, bedeutet letztlich keine Trennung, weil der geistig-religiöse Zusammenhalt gewahrt blieb.

Drei Ausgangspunkte

Jeder der drei Begründer des Quickborn brachte etwas Besonderes mit. Für Bernhard Strehler war Quickborn nicht nur die Kampforganisation gegen Alkoholismus, sondern zugleich ein in sich geschlossenes »Jugendreich« im Schoße der Kirche. Er baute nicht – wie der Wandervogel – auf einem unsicheren Fundament, das zu zügelloser Freiheit verleitete, sondern hatte jederzeit eine feste Grundlage. Die ursprüngliche »Freude am Herrn« mag ein wenig gefühlsbetonte Frömmigkeit gewesen sein, die aber ganz im Sinne Hermann Schells in starkem Gegensatz zu dem vorherrschenden apologetischen Rationalismus stand. Sein pädagogischer Impetus sagte ihm, daß er der Jugend große Freiheit lassen mußte.

Klemens Neumann brachte das Musische ein. Mit ihm zogen Freude, Lied und Spiel in den Quickborn. Er entwickelte neue Formen von Festen und Feiern, verstand zu begeistern und konnte mit seinem Geigenspiel 20 oder 1000 junge und ältere Menschen dirigieren und mitreißen. Sein unsterbliches Werk »Der Spielmann« war in späteren Zeiten mit etwa einer halben Million Exemplaren verbreitet. Seine Predigten waren oft von hinreißendem Schwung und innerer Glut, die seine Zuhörer ansteckten. Der Wille zu unbedingter Wahrhaftigkeit prägte seine Züge.

Hermann Hoffmann erschloß der abstinenten Schuljugend

1. *Das bischöfliche Knabenkonvikt in Neisse – Geburtsstätte des Quickborn*
2. *Die erste Mädchengruppe, 1913, Schlettstadt im Elsaß*

3. *Burg Rothenfels, Gesamtansicht*
4. *Burg Rothenfels, Eingang in den Innenhof*

5. *Erster Deutscher Quickborntag 1919, Festzug im Burghof*

6. Erster Deutscher Quickborntag 1919, Festzug durch die Stadt

das Wandern. Er hatte wohl am ehesten Sinn für den Aufbruch der eigentlichen Jugendbewegung im Quickborn[21]. Wandern verstand er nicht als Selbstzweck, wie etwa der Wandervogel, oder als sportliche Betätigung, wie z. B. heute die vielen Volkswanderungen, sondern als Ausdruck eines neuen, unverkünstelten Lebensgefühls und Naturerlebnisses, vor allem in Verbindung mit erfahrener Geschichte und Kunst. Er war tief gläubig und doch zugleich tolerant und weltoffen. Er hat wesentlichen Anteil daran, daß Quickborn sich nicht abschloß und daß sich eine ganze Reihe von Geistlichen für den Bund begeisterten.

In dieser Gründungszeit war freilich noch nicht eindeutig festzustellen, in welcher Richtung der Quickborn sich entwickeln würde. Er war noch keine Jugendbewegung und schon gar nicht im Sinne des Wandervogels. Aber auch ein Verein wie viele andere konnte er nicht genannt werden. Würde es gelingen, Jugendbewegungen und kirchliche Ordnung so in Einklang zu bringen, daß sowohl der Freiheitsdrang der Jugend wie auch die Autorität der Kirche zu ihrem Recht kamen?

Der Ausbau

Die Frage blieb vorerst schon deshalb unbeantwortet, weil alle Kräfte aufgewendet wurden, das Entstandene zu stabilisieren und zur weiteren Entfaltung zu bringen. Noch war vieles Improvisation. Die Auseinandersetzung mit den mannigfachen Nöten der Zeit schob sich in den Vordergrund, insbesondere die Spannungen vor dem Ersten Weltkrieg, der Krieg selbst und seine Folgewirkungen, so daß die eigene Aufgabe mehr gespürt als bewußt intendiert wurde.

Die Zeitschrift

Um dem abzuhelfen, begründete Strehler 1913 die Zeitschrift »Quickborn«. Ihre Bezieherzahl stieg schnell auf 500, in den Kriegsjahren sogar auf 5000[22]. Die Zeitschrift hatte zwei Aufgaben: Sie sollte ein Bindeglied zwischen den verschiedenen Gruppen sein und zur Klärung des eigenen Weges beitragen. Am Anfang hieß es noch in Anlehnung an die Grundfrage Abstinenz, die freilich schon in einem größeren Zusammenhang gestellt wurde: »So ist die Alkoholfrage etwas, das unser ganzes Volk angeht . . . Die Antwort darauf kann nur heißen: dadurch, daß viele von uns freiwillig vollständig verzichten auf diesen ›Freudenmörder‹ und ›Elendbringer‹.«[23] Hier spricht noch der »Gymnasiale Abstinenzverband, eine löbliche Vereinigung aus sozialreformerischem Idealismus«[24].
Schon ein Jahr später hatte sich der Gesichtskreis geweitet. Die »Meißner Formel« hatte zum Nachdenken gezwungen. Quickborn blieb jetzt nicht mehr auf seinen bisherigen Innenraum beschränkt, sondern setzte sich mit einer Bewegung auseinander, die verwandt schien, deren Grundlagen aber doch einer genauen Prüfung bedurften.
So hieß es im »Quickborn«[25]: »Wir wollen freie Menschen werden. Doch wir verstehen Freiheit nicht als Zügellosigkeit, als Kampf gegen alle Überlieferung, Sitte, gottgesetzte Autorität. Wir anerkennen feste Ordnung und eiserne Manneszucht als Hilfsmittel und Stütze der inneren sittlichen Freiheit, die wir uns erkämpfen wollen. Religion ist uns eine heilige Pflicht und unentbehrliche Quelle unserer Kraft. Christus steht als erster Name auf unserer Fahne, der wir Treue schwören. Religion und Heimatliebe, Lauterkeit des Charakters, Mannesmut, wahre Freude und gesunder Sinn, das soll sich bei uns verbinden zu unzertrennbarer Einheit.«

Damit war in der Sprache der damaligen Zeit ein Lebensprogramm formuliert, das später zu einer der fundamentalen Diskussionen in der deutschen Jugendbewegung führen sollte. Inwiefern diese Gegenposition zur »Meißner Formel« mit großen Mitteln kleine Dinge bewältigen wollte[26], ist nicht ersichtlich. Denn das Verhältnis von Freiheit und Bindung, hier zum erstenmal ausgesprochen, war ein Zentralthema der Jugend überhaupt.

Der Heimgarten in Neisse

Strehler hatte inzwischen ein weiteres Werk geschaffen, das zwar zunächst nicht direkt mit dem Quickborn zusammenhing, bald aber doch für ihn von großer Bedeutung wurde. In der Erkenntnis, daß der Kampf gegen die Alkoholnot nicht nur abwehrend geführt werden kann, hatte er 1913/14 vor den Toren der Stadt Neisse ein alkoholfreies Volkshaus, den »Heimgarten« gebaut, in dem vor allem für die Mitglieder des Kreuzbündnisses, aber auch für die Jugend, ein Zentrum alkoholfreier Geselligkeit verwirklicht wurde. Der Restaurationsbetrieb sorgte für Verpflegung, der große Saal mit seiner offenen Bühne gestattete Festlichkeiten jeder Art. Im ansehnlichen Garten mit einer weiten Wiese konnte sich die Jugend austoben. Eine Freilichtbühne vor amphitheatralisch angeordneten Sitzreihen erlaubte ganz neue Möglichkeiten der Gestaltung von Festen.
In diesem Volkshaus konnte Neumann all seine Fähigkeiten entfalten. Hier erarbeitete er die Elemente einer neuen Festkultur. Strehler sammelte im »Heimgarten« Erfahrungen, die erstmals wesentliche religiöse Ziele in das Arbeitsprogramm einführten. Immer klarer wurde ihm, daß Abstinenz eine Änderung der Lebensrichtung bedeutet, ein Kampf um die Erneuerung der Volkskraft ist, die Lebensfüh-

rung veredelt, wahre Kultur fördert, kurz, daß sie der erste Schritt zur Bereicherung des natürlichen Lebens ist und zu wahrer katholischer Frömmigkeit führt[27].

So entwickelte sich allmählich ein neues Lebensprogramm, das auch äußerlich in allen Gruppen in Erscheinung trat. Kurze Hose, Schillerkragen statt Zelluloidkragen mit Einsteckschlips, Laute, wurden sichtbare Zeichen der Quickborner[28].

Der erste Quickborn-Tag am 17. Mai 1914, noch vor Beginn des Weltkrieges, versammelte in Neisse rund 250 Mitglieder aus 13 Gruppen. Er diente vor allem der persönlichen Begegnung und dem Erproben neuer Festlichkeiten. Der soeben eröffnete »Heimgarten« bot eine ideale Tagungsstätte. In Dusenbach, Elsaß, trafen sich im Juni 1914 die Elsässer Quickborner[29] und auf Burg Rothenfels am Main im August 1916 die Franken[30].

Der Erste Weltkrieg

Der Erste Weltkrieg brachte Quickborn nicht zum Verschwinden. Im Gegenteil, neue Gruppen und Gaue entstanden. Dies hängt vornehmlich damit zusammen, daß die Mitglieder des Quickborn zum größten Teil noch Schüler waren. So wuchs die Mitgliederzahl ständig. Ende 1917 betrug sie 6667, die in 157 Gruppen zusammengefaßt waren[31].

Drei Ereignisse sind aus den Kriegsjahren erwähnenswert: Viele neue Mädchengruppen bildeten sich und brachten der Öffentlichkeit, mehr als die vereinzelten Mädchenzirkel vor 1913, erst zum Bewußtsein, daß in einem katholischen Bund Jungen und Mädchen vereinigt waren, eine für die Kirche ungeheure Neuigkeit, die manchen kirchlichen Stellen den Quickborn verdächtig machte[32]. Noch war das Problem, wie das neue Verhältnis der Geschlechter zu bestimmen sei, nur pragmatisch angegangen, nicht aber grundsätzlich gelöst. Man erkannte nur, wie fade das »dunkellichtige Getue« war, welches das Verhältnis der Geschlechter damals im allgemeinen kennzeichnete[33].

Im Mai 1917 trafen sich in Pflochsbach a. M. die Quickborn-Gauleiter aus ganz Deutschland. Hier einigten sie sich endgültig auf den Namen »Quickborn«. Gleichzeitig begann die Diskussion »um unsere Grundlage«, nämlich die Abstinenz. Diese Diskussion wurde nach Kriegsende weitergeführt[34].

Bestärkt wurde diese Erörterung durch eine Versammlung von Religionslehrern, die Abstinenz als ungeeignete Form für das Zusammenleben der katholischen Jugend hielt. Sie plädierten für einen katholischen Wandervogel, ein Vorschlag, der freilich abgelehnt wurde[35].

Die Stellungnahme der Religionslehrer gegen Quickborn ist nur aus zwei Gründen zu erklären: Sie erkannten den religiösen Sinn der Abstinenz nicht und scheuten die persönliche Konsequenz, die sie hätten ziehen müssen, wenn sie ihren Schülern Führer sein wollten. Außerdem wünschten sie wohl eine Struktur, die auch organisatorisch an die kirchliche Hierarchie gebunden war.

An die Stelle der von den Religionslehrern vorgeschlagenen Wanderbewegung trat nach dem Kriege 1919 der von dem Kölner Erzbischof Kardinal Felix von Hartmann ins Leben gerufene »Neudeutschland, Verband katholischer Schüler höherer Lehranstalten«.

Der Durchbruch

Der Erste Weltkrieg hatte auch im Quickborn seine Spuren hinterlassen, und zwar in doppelter Hinsicht: Erstens mußten ältere Gruppenführer, die eingezogen wurden, durch jüngere ersetzt werden, was sicherlich auch dazu beigetragen hat, die Altersstruktur der Führungsschicht zugunsten der jüngeren zu verändern; zweitens waren viele Quickborner gefallen, so daß die ohnehin schwache Organisation auf Reichsebene weiteren Schaden litt. Die Zahl der Quickborner stieg zwar, die meisten Gaue und Gruppen aber blieben sich selbst überlassen.

Die Burg

So wuchs die Überzeugung, daß eine zentrale Verwaltung notwendig sei. Strehler konnte es allein nicht mehr schaffen, zumal er ja auch beruflich eingespannt war. Er selbst stellte fest: »Seit dem Jahre 1916 suchten wir . . . nach einem Platz für das Quickborn-Sekretariat; am Main sollte es liegen, auf der Verbindungslinie zwischen Nord- und Süddeutschland.«[36]

Das Suchen hatte zunächst keinen Erfolg. Der Helfer Strehlers, Joseph Hofmann, später Pfarrer in Rothenfels, wohnte weit weg von Neisse, was die Zusammenarbeit nicht gerade erleichterte. Er stammte aus dem 10 km von Rothenfels entfernt gelegenen Pflochsbach am Main, wo im Jahr 1917 das erste Gauleitertreffen stattgefunden hatte. Joseph Hofmann bot kurze Zeit später sein väterliches Anwesen in Pflochsbach, Grundstück, Haus und Garten, als Sitz für die Verwaltung des Quickborn an[37].

Um Geschenke anzunehmen oder ein Grundstück zu erwerben, mußte ein rechtsfähiger Verein gegründet werden. Zu

diesem Zweck trafen sich im Herbst 1916 Strehler, Neumann und Hoffmann, der als Divisionspfarrer einen kurzen Urlaub erhalten hatte, in Frankfurt/M. und bildeten den »Verein der Quickbornfreunde e. V.«. In Pflochsbach mußten sie freilich erkennen, daß das angebotene Anwesen für die Zwecke der Verwaltung nicht geeignet war.
Dabei stießen sie bei Lohr auf Mainwiesen, die dem Fürsten Alois von Löwenstein gehörten. Sie richteten ein Gesuch an ihn, dem Verein ein Stück der Mainwiesen für die Quickborn-Jugend käuflich zu überlassen. Sie hatten auch Burg Rothenfels gesehen und in Erwägung gezogen. Obwohl sie nahezu unbewohnt war, hielten sie dieses Objekt für unverkäuflich. Die Antwort vom Fürstlichen Rentamt lautete: »Das Gesuch, Wiesen zu kaufen, müsse abschlägig beschieden werden; aber Burg Rothenfels, die sich vielleicht für die Zwecke der Jugend eigne, sei zu veräußern[38].«
Neumann fuhr an den Main, besichtigte die Burg, fand sie für den vorgesehenen Zweck passend und kaufte sie. Am 23. Februar 1919 wurde der Kaufvertrag ausgefertigt[39].
Sie war zunächst nicht mehr als eine romantische, jedoch unwirtliche Stätte in schöner Lage hoch über dem Main. Und doch war etwas Entscheidendes geschehen. Die Burg war Sinnbild eines eigenen jugendgemäßen Heimes in ungestörter Landschaft[40].
Der Kauf der Burg war ein Wagnis, weil weder die notwendige Kaufsumme und schon gar nicht das Geld für den dringenden Ausbau vorhanden war. Allein Neumann hatte recht mit seiner optimistischen Prognose: »Ich bin der Meinung, wenn eine Sache sich als notwendig erweist, wird auch das Geld dazu kommen.«[41]
Überall wurde nun eifrig gesammelt. Es gab Bausteine in Form eines Holzschnittes. Große Mengen gebrauchter Briefmarken wurden nach Rothenfels geschickt. Spenden gingen

von Gruppen und Gauen ein. »Quickborn« veröffentlichte laufend Spendenlisten und regte auf diese Weise zum Wettbewerb an. Dennoch blieb die Sorge um die Finanzierung ständige Begleiterin der Burgführung. Strehler mußte wiederholt Bittbriefe schreiben, in denen er mitunter sogar auf drohende Zahlungsbefehle (z. B. am 14. Oktober 1921 über 25 000 Mark) hinwies. Das Ziel wurde schließlich auch durch selbstlose Hilfe vieler Quickborner beim Ausbau der Burg erreicht. Diese Selbstverpflichtung zum Bezahlen der Schuld hatte das Gemeinschaftsbewußtsein im Bund gestärkt und dazu beigetragen, Verantwortung für eine große, gemeinsame Aufgabe zu fühlen.
In der Burg konnte sich eine Jugend entfalten, die neue Lebenswege gehen wollte. Die Armut, die sich dort eingenistet hatte, war dieser Jugend nicht fremd. Nicht nur die Entbehrungen des Krieges, sondern auch der bewußte Verzicht auf Alkohol forderten ein einfaches Leben.

Ihr Sinn

Das neugefundene Heim wurde nicht bloß äußerlich, sondern auch innerlich in Besitz genommen. An der »Burg« entzündeten sich die Gemüter und drohten mitunter, in Schwärmerei zu verfallen. Dennoch prägte auch die hier sichtbar gewordene Tradition die geistige Haltung. Hermann Hoffmann spricht von der Burg als tragendem Sinnbild von Deutschlands Kraft und trotzig kühnem Kampfesmut, unvergeßlichem Zeugen seiner Kämpfe, seiner Not, seiner Siege[42]. Guardini sah sie als »Gralsburg« im Geisteskampf der Gegenwart[43]. Uns mögen solche Formulierungen heute als zu hoch gegriffen erscheinen. Interpretiert man sie freilich aus der damaligen Zeit heraus, erhalten sie ein ganz anderes Aussehen. Der Krieg war verloren. Die Geister

waren verwirrt. »Enttäuschung, Haß, Bosheit und Müdigkeit sich kreuzend mit vagen Hoffnungen; Rechts- und Moralbegriffe wankend, die Wirtschaft zerstört, die Staatsgrenzen unsicher; Elend an allen Enden, aber zugleich anscheinend große Möglichkeiten in der Luft, zu deren Verwirklichung es schöpferischer Kühnheit bedürfte«[44]. »Die Nation ... mußte heimkehren in den verwüsteten Alltag, mit sich selbst und mit der Welt in Ordnung kommen; Altes fortsetzen und dennoch neu anfangen.«[45]
Dies war, vielleicht anfangs noch unbewußt, das Ziel, dem die Burg dienen sollte: Hoffnung wecken, dem Menschen das wahre Bild seiner selbst zeigen, der Traditionen fortführen und Neues in die Wege leiten. Ob Quickborn dieser großen Aufgabe gewachsen war, konnte erst die Zukunft offenbaren. Der Grundstein eines Neubaues war gelegt. Quickborn hatte den Schritt aus der Verborgenheit, in der er bisher mehr oder weniger gelebt hatte, in die Öffentlichkeit gewagt. Nun mußte sich zeigen, welche Kräfte tatsächlich in der Quickborn-Jugend schlummerten.
Neumann erbat und erhielt von der Schulbehörde und seinem Bischof ein halbes Jahr Urlaub und zog für diese Zeit auf die Burg, um sie für das erste große Quickborntreffen einzurichten[46].
Er selbst, der aus dem Land des Deutschen Ritterordens stammte, hatte eine klare Vorstellung davon, was eine von der Sache getragene Burg für die Kulturentwicklung eines Landes bedeutete, und ahnte, was diese Burg für den »Quickborn« werden könnte, der die anderen Bünde der Jugendbewegung damit um Jahre überholt hatte[47].

Der erste Quickborntag

Aus der Not der Armut machte Neumann eine Tugend. Die Einladung zum ersten Quickborntag auf der Burg 1919 versah er mit folgenden Hinweisen: »Die Räume sind noch leer. Für das Nötigste wird gesorgt. Erwartet also nicht ein Prunkschloß, eine Protzenburg nach der Art der erneuerten Burgen am Rhein. Spielereien, über die man Gott sei Dank hinaus ist! Unsere Burg, eine alte Kampfburg, ist hart und rauh und soll so bleiben.«[48] Auf der Burg begann er, den ersten Quickborntag vorzubereiten. Vieles mußte getan werden. Neumann verdiente sich damals den Titel »Professor der sieben freien Künste«, Balkentragen war eine davon. Der Zustand der Burg war schlecht. Sie war verwohnt. Aus dem Elsaß 1918 ausgewiesene Deutsche, die hier zeitweilig untergekommen waren, mußten ausquartiert werden, nachdem für sie neue Häuser (auch mit Zuschüssen des Quickborn) gebaut waren. Auf der Burg selbst hatten Maurer alle Hände voll zu tun. Daneben mußten Wohn- und Schlafräume geschaffen werden, getrennt für Jungen und Mädchen. Feldküchen, Strohsäcke und sonstiges Inventar wurden besorgt, vielfach aus alten Heeresbeständen[49].

Als Datum der Burgweihe waren die Tage vom 10. bis 13. August 1919 festgesetzt worden. Nicht alle konnten teilnehmen, nur die Ältesten und die Führer kamen. Etwa 500 Menschen feierten ein wirkliches Freudenfest[50], oft zusammen mit der ganzen Bevölkerung.

Die Tage begannen mit einem Festgottesdienst in der Pfarrkirche Rothenfels. Das Ausbrechen aus einem Gettodasein trat schon in dem Festzug zur Kirche deutlich in Erscheinung. Man fürchtete die Öffentlichkeit nicht. Überraschend für die damalige Zeit und zugleich wegweisend für die Zukunft war die große Zahl der Kommunizierenden.

Im Rittersaal wurde anschließend die Arbeitstagung mit einer Festversammlung eröffnet. Nach der Weihe des Hauses wurden die Gäste begrüßt. Anwesend waren Behördenvertreter; der Bischof von Würzburg ließ sich durch Domkapitular Stahler vertreten. Die Amtskirche selbst stand noch abseits, Quickborn sollte sich erst Vertrauen erwerben. Volksfest, Diskussionen, abendliches Singen lösten einander ab.

Bedeutsam war Hermann Hoffmanns Rede »Vom dreifachen Recht der Jugend«, nämlich auf Jugend, auf Freiheit, auf Freude[51]. Durch sie wurde Hoffmann zum Motor, der den Quickborn zur Jugendbewegung trieb, weil er das Recht auf eine der Jugend gemäße Jugendbewegung besonders hervorhob[52].

Jugendbewegung ist für ihn »der Zusammenklang der drei Begriffe Jugend, Freiheit, Freude[53]«. »Die Forderung der Freiheit für die Jugend, das letzte Ziel der Jugendbewegung, führte mitten in den Widerspruch zwischen Autorität und Freiheit hinein«, ein Problem, das bald zu einem Zentralthema werden sollte. »Kein Wunder, daß die Jugendbewegung den Quickborn als verwandt erkannte und anerkannte, aber auch daß Quickborn immer wieder in den Verdacht oder Verruf revolutionärer Gesinnung kam.«[54]

Strittige Probleme

In den Diskussionen ging es vornehmlich um zwei Fragen, um Abstinenz und um das Verhältnis von Jungen und Mädchen im Quickborn. Beide Probleme wurden noch lange behandelt. Bei der Abstinenz stand zur Debatte, ob nicht durch eine direkte oder indirekte Bindung an das Kreuzbündnis die Freiheit gefährdet sei. Hoffmann fand schließlich eine Begründung, auf die sich alle einigten, die aber

bereits den Keim der Lockerung in sich barg. Mit Goethes Wort »Jugend ist Trunkenheit ohne Wein« stellte er die Beziehung von Jugend und Abstinenz her.
Strehler sah die Problematik dieser Motivierung, daß nämlich dann Abstinenz mit dem Ende der Jugendzeit aufhört, während er sie als Grundhaltung für den ganzen Menschen retten wollte. Die von ihm begründete Sicht der Abstinenz drohte damit verstellt zu werden. Konnte sie noch Prinzip einer Lebenserneuerung sein, die dem ganzen Volk, also auch den Gefährdeten und Süchtigen diente, oder bezog sie sich nur noch auf eine unbekümmerte Jugendzeit? Immerhin war zunächst eines erreicht: Die Abstinenz wurde Grundsatz für den ganzen Bund[55].
Das Verhältnis der Geschlechter zueinander wurde noch nicht grundsätzlich erörtert, sondern praktisch erprobt. Gemeinsam bereitete man die Festtage vor, half und ergänzte sich bei der Arbeit, traf sich bei den gemeinsamen Veranstaltungen und nicht zuletzt beim Volkstanz.
Daß man das Wandern, die Stellung zur Natur und die Führerfrage eigens aufgriff, zeigt auch hier, daß man zwar durchaus praktisch dachte, aber nicht einfach bestimmte Formen und Haltungen von anderen übernehmen wollte[56].

Das Ergebnis

Zieht man die Summe dieser Tage, so ist zunächst festzustellen, Quickborn hatte Öffentlichkeitsdasein erlangt. Eltern, Schule, Geistliche, Presse und Regierung sprachen von ihm. Hoffmanns Bericht »Die Tage auf Burg Rothenfels« erreichte weite Kreise. Für den Bund selbst war es das große Gemeinschaftserlebnis. »Die Bedenklichen – unter den Alten wie den Jungen – wurden überrannt. Alles schloß sich zu einem Quickborn zusammen.«[57]

Man war zusammengekommen und fand sich in gemeinsamem Glauben. Religion zählte zu dem tiefsten Erlebnis dieses ersten Burgfestes[58]. Damit war ein Fundament gelegt, auf dem sich die Freiheit des Quickborn entfalten konnte. Es bewahrte ihn davor, instabil zu werden, weil die aus bloß natürlichen und emotionalen Bedürfnissen entstandene Gemeinschaft leicht zerbrechlich ist. Hingegen gaben Kirche und Glauben eine feste Form und eine objektive Norm[59]. In diesen Tagen kündete sich zugleich, wenn auch vielen noch unbewußt, ein neues Kirchenbild an. Der »Ausbruch aus dem katholischen Verbandsgetto«[60] traf auf eine kirchliche Obrigkeit, die noch ganz gegenreformatorisch geprägt war und die vornehmlich hierarchisch und juristisch zu regieren trachtete[61]. Das führte einerseits zu Mißtrauen, andererseits zu konstruktiver Mitarbeit an der Gestaltung eines neuen Kirchenbildes[62].

Die Tage von Rothenfels zeigten ein neues Miteinander von Priestern und Laien, Volk Gottes im Gottesdienst mit innerer Teilnahme aller Anwesenden, ein Hinaustragen der Kirche in die Welt. Sichtbar wurde »eine unpathetische, aus Bibel, Liturgie und Geschichte schöpfende Gestalt des Glaubens«[63], wie sie insbesondere auch in den vor und nach den Burgtagen veranstalteten »geistigen Übungen« in Erscheinung trat.

So wurde diese Zusammenkunft in einer Zeit der »Unruhe, des Hochsinns und der Erregung«[64] zu höchster geistiger Lebendigkeit, die beispielhaft für die gesamte katholische Jugendbewegung und anregend auf vielen Gebieten des religiösen und kulturellen Lebens werden sollte[65].

Als Resultat ist festzuhalten: Quickborn hatte sich von jeder Abhängigkeit vom Kreuzbündnis und vom Vereinsbetrieb gelöst. Er war spontan zur Jugendbewegung durchgestoßen, besaß den festen Entschluß zur Abstinenz, vereinigte in seinem Bund Jungen und Mädchen und war sich der gemeinsamen Grundlage des katholischen Glaubens voll bewußt.

Die Folgezeit mußte zeigen, ob das Ergebnis der ersten Quickborntagung eine Art Strohfeuer war, oder ob es Bestand haben und weiter ausgebaut werden würde. Wohl pulsierte in den Gauen und Gruppen Leben, das von den Burgtagen zehrte, wie zahlreiche Gaublätter beweisen. Allein es bedurfte neuer Anstöße, um nicht im Hergebrachten zu versinken, sondern weiter in Neuland vorzustoßen. Die zweite Burgtagung mußte offenbar machen, wohin der Weg führen würde.

Der zweite Quickborntag

Klemens Neumann mußte in den Schuldienst nach Neisse zurück. Sein Nachfolger auf der Burg wurde zunächst Hermann Hoffmann, der ein Jahr Urlaub erhalten hatte. Ihm oblag es vor allem, den zweiten Quickborntag für 1920 vorzubereiten.

Wieder mußte vieles neu in Angriff genommen, die Burg für die Aufnahme einer großen Masse gerüstet werden. Diesmal kamen 1500 Jungen und Mädchen, Ältere und Jüngere, Besucher, Gäste, auch Neudeutsche und Mitglieder der Mainzer Juventus-Gruppe mit ihrem Kaplan Romano Guardini, den Hoffmann eigens eingeladen hatte[66].

Der Tagung ging eine Bibelwoche voraus. Sie selbst war eingebettet in eine große Reihe von Exerzitien. Je fünf Gruppen hielten sie vor und fünf nach der Tagung. Exerzitienmeister waren Welt- und Ordenspriester. Schon dies wies auf einen neuen religiösen Aufbruch hin. Ein unerwartetes Ereignis unterstrich diese Tendenz. Ein Quickborner hatte Typhus bekommen und mußte in einem abseits der

Burg liegenden Haus isoliert werden. Als Hoffmann ihm aus der Burgkapelle die Krankenkommunion brachte, formierte sich spontan eine Prozession, die das Allerheiligste begleitete und ein Sakramentslied nach dem anderen sang. Hier war Kirche in der Jugend wirklich erwacht und lebendig geworden[67].

Die Tagung stand unter dem Thema »Christus unser Führer«. Besondere Sorgfalt wurde deshalb dem Gottesdienst gewidmet. Die Pfarrkirche war für die Teilnehmer viel zu klein. Deshalb ging man auf die Reigenwiese, wo ein Altar aufgebaut war. Die ganze Festgemeinde umstand den Altar und feierte die Gottesdienste im Freien. Die Missa recitata, in der die lateinischen Texte von einem Vorbeter deutsch vorgelesen wurden und die ganze Gemeinde die Antwort gab, wurde das Ideal[68].

Ein Festzug in die Stadt und zurück und ein festliches Eröffnungsthing leiteten die Arbeitstagung ein. Zur Begrüßung sprachen Vertreter der Behörden, Gäste (aber kein Vertreter der Kirche), u. a. Professor Ignaz Klug, Fürst Löwenstein, der frühere Besitzer der Burg, und Romano Guardini[69].

Diese Tagung hatte ein anderes Aussehen als die erste. Es bildeten sich Arbeitsgruppen, die bestimmte Themen behandelten. Einzelne Gruppen wie Hochland, das 1913 in Breslau und München als eine Vereinigung abstinenter und sozialstudentischer Verbindungen gegründet worden war, hielten Sonderversammlungen ab. An den Abenden sammelten sich immer mehr Teilnehmer zu Gesprächen mit Guardini[70].

Erste Anzeichen eines Konflikts

Das Generationsproblem hatte in der ersten Nachkriegsgeneration neue Fragen aufgeworfen. Weil schon mehrere Hundert im Beruf standen, »öffnete sich ihnen der Blick in neue Lebensbereiche; die Lebensaufgabe und die Lebenshaltung wurden mannigfaltiger, als es vom Standpunkt der Jugend aus erschien«.[71] Man wollte »Ernst machen mit dem Glauben, Unbedingtheit und Natürlichkeit« und »von der Jugendbewegung zur Kulturbewegung fortschreiten«.[72]
So wurde das Thema Jungen und Mädchen im Bund neu aufgegriffen und über das rechte Verhältnis von Autorität und Freiheit ernsthaft gerungen. Die Älteren lösten sich von den Jüngeren und gründeten den Älterenbund, ohne aber die Bindung zu den Jüngeren aufzugeben.
Hitzige Diskussionen löste die Zeitschrift »Quickborn« aus. Die Älteren waren mit Stil und Inhalt nicht zufrieden, weil sie zu sehr auf die Jüngeren abgestellt sei. Strehler, soeben erst zum Bundesführer gewählt, wurde heftig angegriffen. Er verteidigte sein Konzept des »Quickborn«, das von Anfang an bewußt für die Jüngeren gedacht sei, war aber auch bereit, die Redaktion abzugeben. Schließlich erkannte man, daß Strehler als Führer des Quickborn die Zeitschrift »Quickborn« als stärkstes Mittel, den Bund zu führen, behalten mußte. Um die Wünsche der Älteren zu erfüllen, wurde für die Groß-Quickborner und Hochländer ein eigenes Organ geschaffen, die Zweimonatszeitschrift »Die Schildgenossen«[73].
Bernhard Strehler konnte das ihm angetragene Amt, Führer des Quickborn und Leiter der Burg zu sein, annehmen, weil er von seinem Bischof, Kardinal Bertram, für diese Arbeit freigestellt wurde[74].
Und doch hatte sich kurz nach der Wahl in der Auseinander-

setzung um die Zeitschrift ein Konflikt angebahnt, der Strehler nun ständig begleitete und ihn schließlich 1927 zur Resignation zwang. Jugend- oder Kulturbewegung waren die Schlagworte, die Rolf Ammann bei der Gründung des Großquickborn in die Diskussion geworfen hatte[75]. Diese Alternative durchzog die folgenden Jahre wie ein roter Faden.
Strehler selbst hatte im dritten Gauleiterbrief (5. Dezember 1921) seine Auffassung präzisiert und erklärt, Jugendreich sei für ihn nicht rein »formal« zu verstehen; er sehe darin vielmehr »Reich Gottes, soweit es für die Jugend unter möglichst großer Einsetzung ihrer eigenen schöpferischen Anlagen und Kräfte zu erringen möglich ist. Da dies ein Ziel, eine Aufgabe ist, bleibt Bewegung, das Lebendige durchaus gesichert. Aber ich versteife mich *nicht* darauf.«

Kirche im Mittelpunkt

Der zweite Quickborntag hatte dennoch nicht nur neue Akzente gesetzt, sondern war in neue Bereiche vorgestoßen. Das katholische Gesicht des Bundes war deutlich hervorgetreten. »In einer Zeit, da jeder der traditionellen Kirchlichkeit Entwachsene vor der Wahl stand, die kirchliche Bindung abzustreifen oder die Kirche anzunehmen, wie sie sich präsentierte, fand die katholische Jugendbewegung« zu einem neuen Verhältnis zur Kirche[76].
Die Kirche stand auf einmal als lebendige Gestalt vor der Jugend. Ein Aufbruch zu religiöser Erneuerung war erfolgt. Die Jugend fand im Glauben eine bestimmte anschaubare, das Ganze des Seins deutende und die Tiefe des Lebens erfassende (meisternde) Antwort[77] auf die Fragen und das Suchen nach dem Sinn des Lebens inmitten einer mechanisierten und darum fragwürdig, ja sinnlos gewordenen Zeit[78].

Die Liturgie erhielt einen neuen Stellenwert. Gerade in der Missa recitata ging es nicht mehr darum, *in* der Messe zu beten, sondern wie Pius X. gefordert hatte, *die* Messe zu beten. Eine Gemeinde hatte sich geformt, die nicht mehr aus vielen einzelnen bestand, sondern sich bewußt war, daß sie beim Eucharistischen Opfer nur gemeinsam vor Gott hintreten konnte. Der Gedanke der »betenden Kirche«[79] wurde verwirklicht, den schließlich das Zweite Vatikanische Konzil als Volk Gottes formuliert hat.
Hermann Hoffmann sah zwei Wurzeln für Quickborn-Frömmigkeit, das Volkstümliche, das in den religiösen Volksliedern in Erscheinung trat, und das Liturgische mit der Möglichkeit zur Selbstbeteiligung beim heiligsten Tun[80]. Auch dies ist ein erster Ansatz für das, was die Liturgiereform des Zweiten Vatikanischen Konzils gebracht hat. Nimmt man die Vorschläge für die künftige Feier der Liturgie auf der Burg hinzu, die der an der Tagung teilnehmende Benediktinerpater Willibrord Ballmann aus Maria Laach gemacht hat, nämlich u. a. Stellung des Priesters zum Volk und Opfergang mit Hostie[81], so ist deutlich zu erkennen, daß hier ein unwiderruflicher Anfang einer neuen Entwicklung gesetzt wurde. Zweifellos gab es Vorbilder und Vorarbeiten. P. Gregor Lang, OSB in Augsburg, hatte daran wesentlichen Anteil. Allein das aufregend Neue war, daß diese Form der Liturgie die Klostermauern gesprengt hatte und, in die große Öffentlichkeit hineingetragen, sich bei etwa 2000 Teilnehmern als ergreifend, mitreißend und überwältigend erwiesen hatte.

Der Kernpunkt

Das Problem »Autorität und Freiheit« war lebhaft behandelt, aber noch längst nicht abgeschlossen worden. Immerhin verabschiedete Quickborn einige grundlegende Thesen: »1. Es gibt in der Menschheit eine Stellvertretung Gottes; sie heißt Autorität. Ihre Träger besitzen durch sie eine Würde, die ein Strahl ist von der Herrschermacht Gottes.

2. Nach der Lehre und dem Beispiel Jesu ist der Sinn der Autorität: dienende Liebe, selbstlose Sorge für das Wohl der Gemeinschaft, der Heranwachsenden, der Untergebenen. Nicht zu beherrschen, nicht bedient zu werden, sondern zu dienen, ist die Aufgabe derer, die Gott mit seiner Macht bekleidet hat.

3. Solche Autorität in Familie, Kirche, Staat und Schule schützen wir und halten wir heilig einerlei, ob uns ihre Träger als Menschen zusagen oder nicht. Tief gegründete grundsätzliche Ehrfurcht und williger Gehorsam gegenüber den Trägern dieser Autorität ist uns Gewissenssache. Solche Gesinnung in uns und anderen zu pflegen, ist uns eine notwendige Voraussetzung für ein menschenwürdiges Gesellschaftsleben und für jede kraftvolle Erziehung.

4. Davon verschieden ist die selbstgewählte Leitung und Führung, wie sie in unserem Gruppenleben hervortritt. Sie ist Sache der Freiwilligkeit auf beiden Seiten und gilt nur für Fragen des Gemeinschaftslebens in der Gruppe und für beschränkte Zeit. Sie beruht mehr als die vorher genannte Autorität auf seelischer Verwandtschaft, auf gegenseitigem Sich-Verstehen und Sich-Anziehen, auf der Gleichheit der Auffassung und des Strebens – aber auch diese Art der Führung und Leitung darf nicht zu Spielerei und Flatterhaftigkeit verleiten. Auch der Führer muß fordern können, muß fest und entschieden für das Gute, Rechte und Notwendige eintreten. Eigensinn und Trotz dürfen sich gegen ihn nicht erheben.

5. Der Priester ist für die Gruppenmitglieder Vertreter der Kirche, Seelsorger, vielleicht Religionslehrer und besitzt

dadurch eine unverlierbare Autorität den einzelnen gegenüber in Sachen des Seelenheils. Der katholische Sinn fordert, daß wir das gerne anerkennen und in unserem Verhalten zum Ausdruck bringen. Davon verschieden ist die Tätigkeit in einer Quickborn-Gruppe. Das Verhältnis zwischen Quickborn-Gruppe und priesterlichem Berater muß immer auf Freiwilligkeit und Vertrauen beruhen.

...

8. Unsere Zeit krankt an Freiheitstaumel. Wir wollen ihr zeigen, daß Autorität und Freiheit sich für uns in der gottgebundenen, fröhlichen Freiheit der Gotteskinder zur lebensvollen Einheit verbinden.«[82]

Zusammenfassend kann man mit Hermann Platz sagen: Autorität wird zum steten Begleiter »in dem großen Formungsprozeß, den der Christ durchmachen muß und bei dem jedenfalls soviel sicher ist, daß ein Sich-Versteifen auf den individuellen Typ, auf die Naturform in beliebigem Wildwuchs und Formgewirr, in beliebiger Stimmungs- und Haltungslosigkeit unmöglich ist«.[83]

Damit war ein weiterer Ansatzpunkt angepeilt, der später vor allem von Guardini entwickelt werden sollte, der christliche Personalismus. Er ist im Gegensatz zur allzu schulmäßigen und ungeschichtlichen, aber weithin herrschenden Neuscholastik und zur institutionellen Sicht der Kirche jene Denkrichtung, »die in der konkreten gemeinschaftsgebundenen Person und ihrem Angesprochensein vom personalen Gott eine zentrale Wirklichkeit« erkennt[84].

Mädchen und Jungen

Die Frage des Verhältnisses der Geschlechter wurde in einigen Punkten zusammengefaßt:

»1. Wie das ganze Leben, so muß auch das Verhältnis von

Buben und Mädchen nach dem Willen Gottes geregelt sein, damit es zum Segen gereiche und zum Heile für das irdische und ewige Leben.

2. Die Freideutsche Jugend lehnt solche Bindungen durch das Gesetz Gottes ab.... Deshalb muß zwischen Quickborn und Freideutsch ein Unterschied sein wie zwischen Katholik und Ungläubigem.

...

4. Die geschlechtliche Reife vollzieht sich zwischen 14 und 24 (bei Mädchen 22) Jahren. In dieser Zeit soll dem Körper und der Seele Zeit und Kraft gegönnt werden, sich ungestört zum Vollmenschen zu entwickeln. Der Junge soll erst ein ganzer junger Mann werden, das Mädchen eine edle Frauenseele sich erringen, das Mittel dazu heißt Selbstbesinnen und Selbstzucht...

5. Aus diesen Gesichtspunkten ergibt sich für Quickborn als katholische Jugendbewegung die Forderung, daß die Gruppen getrennt sind ... Sollte einmal ein gemeinsames Fest in Gegenwart Erwachsener gefeiert werden, so ist das als Ausnahme zulässig.«[85]

Man spürt diesen Formulierungen das Bestreben an, Widerstände und Mißdeutungen, vor allem von kirchlichen Stellen, auszuräumen, was freilich zunächst nicht gelingen wollte, zumal vereinzelt die Grundsätze auch durchbrochen wurden. Es dauerte einige Zeit, bis bei allen das geregelte Miteinander zur Selbstverständlichkeit wurde.

Der Quickborntag befaßte sich aber auch mit aktuellen Fragen und nahm eine Entschließung zur Schulfrage an. Quickborn, so heißt es, will tätigen Anteil an der Schulerneuerung nehmen. Im Geist Friedrich Wilhelm Foersters wird eine Schulreform gefordert, die Lehrer und Schüler zu gemeinsamer Verantwortung führen will[86].

Angesichts der Bedeutung des zweiten Quickborntages

nimmt es nicht wunder, daß die Wirkung nach innen und außen außerordentlich war[87]. Hermann Hoffmanns Buch »Wehender Geist« fand weite Verbreitung. Man interessierte sich für den Quickborn. Die Presse brachte Berichte von den Burgtagen. Hoffmann besuchte Gruppen, Tagungen und wichtige Persönlichkeiten des öffentlichen und kirchlichen Lebens. Dabei fand er, wie er schreibt, bei den meisten deutschen Bischöfen günstige, gütige und freundliche Aufnahme.

Zeit der Prüfungen

Allein diese Darstellung ist sicherlich etwas zu wohlwollend. Denn eine Zeit der Prüfungen und Auseinandersetzungen begann ab 1920. Doch während die Kontroverse mit Wandervogel und Freideutschen über das Problem der Freiheit den eigenen Standpunkt klären half, war die reservierte Haltung kirchlicher Stellen schmerzlich.
Hatten schon die neue Form der Liturgie und die ungezwungenen Beziehungen der Priester zu den Laien und umgekehrt Bedenken hervorgerufen, so hatte insbesondere die Gemeinsamkeit von Jungen und Mädchen in einem Bund und auf einer Burg ein weiteres Tabu durchstoßen.
Die Erziehung der Geschlechter war auch bei den Katholiken sehr konservativ und von Angst geprägt. Nur durch Trennung der Geschlechter glaubte man, die Gefahr zu bannen. Selbst ein Mann wie Carl Mosterts, der Generalpräses des katholischen Jungmännerverbandes, äußerte sich abfällig über die Art, wie im Quickborn »Jungen und Mädchen sich in weichem Sing-Sang und zartem Geflüster ohne Unterlaß ihr Herz eröffneten«.[88] In einem Antrag an die Fuldaer Bischofskonferenz war sogar gefordert worden, Quickborn als unsittlich zu verbieten[89].

Allein auch diesen Anfeindungen hielt Quickborn stand. Das hing einmal damit zusammen, daß trotz des gemeinsamen Bundes, der gemeinsamen Burg und gemeinsamer Feste sich das Leben in Gruppen, Gauen und auf Fahrten getrennt vollzog[90].

Andererseits war die ganze Atmosphäre völlig verändert. Die Geschlechter waren dem »Giftbrodem des Tanzbodens und zweifelhafter Geselligkeit entrückt«, atmeten die »reine Luft der Gottesnatur, der Geistesspannung und der Religiosität«.[91]

Letztlich bestanden wurde die Spannung dadurch, daß ein Prinzip vorweggenommen wurde, das »schließlich auch die positive Auseinandersetzung in der schulischen Koedukationsfrage möglich gemacht hat, in dem die Forderung nach Koedukation nicht mehr gleichgesetzt wurde mit dem Abbau der Geschlechtsdifferenz«.[92]

Getragen wurde das Verhältnis der Geschlechter letztlich von kulturellen, sittlichen und religiösen Kräften. Daß aus der Begegnung von Jungen und Mädchen später viele gute Ehen hervorgegangen sind, ist ein Beweis für den fruchtbaren Ansatz. Klemens Neumann hat einmal gesagt, wenn der Quickborn nur ein paar glückliche Ehen zustande brächte, wäre er persönlich voll zufrieden, weil sich dann seine Arbeit gelohnt hätte.

Die Entfaltung

Das Suchen nach Weg und Ziel (1921–1926)

Niemand kann ständig in Zeiten des Hochgefühls leben, auch Quickborn nicht. Die Burgtage 1919 und 1920 hatten einen Aufbruch sondergleichen gebracht, waren in Neuland vorgestoßen und hatten bisher als selbstverständlich angesehene Gewohnheiten in Frage gestellt. Die einzelnen Gruppen, in denen sich das normale Quickborn-Dasein vollzog, lebten von dem Schwung der Begeisterung und der Zielsetzung der wegweisenden Veranstaltungen.

Einheit oder Vielheit

Führer einzelner Gaue und geistig besonders Wache machten sich freilich schon damals Sorgen, wie es weitergehen sollte. Sie wollten auf jeden Fall vermeiden, daß die Burgtage nur einen Rausch erzeugt hatten, von dem vielleicht die Jüngeren noch eine Zeitlang lebten, der jedoch von den Älteren nicht in den Alltag übertragen werden konnte. Zwar wollte man unter allen Umständen die Einheit des Bundes wahren. Aber mußte es nicht Differenzierungen geben? So kamen jetzt die Jahre, in denen um Weg und Ziel des Quickborn gerungen wurde.

Was sollte Quickborn sein, ewig jung und jugendbewegt bleiben oder sich dem Gesetz des Weiterreifens und Weiterwachsens öffnen? Strehler hatte die Vorstellung, die Jugend werde mit zunehmendem Alter Quickborn verlassen und Jahrgang für Jahrgang der nachwachsenden jüngeren Generation Platz machen[1].

Andere, die nicht mehr dem Jugendalter zuzurechnen waren, strebten danach, als reife Menschen mit dem Erbe der Jugendbewegung in eine neue Zeit oder Kultur hineinzuwachsen. So entstand die Alternative: Jugendbewegung oder Kulturbewegung, personifiziert durch die Namen Strehler und Guardini. Beiden freilich erschienen jene Kreise, die im Protest gegen das Bisherige steckenblieben und sich der romantischen Ideologie von Burg, Lagerfeuer und Schillerkragen ergaben, als Außenseiter, die das Gesetz des Quickborn nicht formulieren konnten[2].

Mit dem Auftauchen Guardinis auf Rothenfels 1920 war die Auseinandersetzung mit Strehler bereits eingeleitet. Hinzu kamen unterschiedliche Interessen, die einzelne oder ganze Gruppen vertraten, etwa die Frage der Aufnahme Werktätiger. Schließlich waren Gegensätze zwischen dem Westen einerseits und dem Süden und Schlesien andererseits nicht zu übersehen. Schlesier, Sudetendeutsche, Österreicher und Bayern fühlten sich in der Art der Auffassung, im Werten, in den Zielen, in der Darstellung verwandt. Die »westlerische« Richtung betonte dagegen die Notwendigkeit, sich von Gefühlshemmungen freizumachen, mit nüchterner Sachlichkeit durch die Nöte des Tages hindurchzuschreiten[3].

Daraus ergab sich schließlich auch die Alternative: Sollte jugendbewegter Individualismus in seiner Vielfalt erhalten bleiben oder straffer organisiert werden? Der spätere Versuch, eine Bundesordnung zu erlassen, ist für diesen Streitpunkt kennzeichnend.

Der dritte Quickborntag

Der dritte Quickborntag August 1921 knüpfte an seine Vorgänger an und wurde ebenso wie diese getragen von religiöser Leidenschaft und jugendbewegtem Schwung. »Feste feiern können die Quickborner ... die Liturgie bindet sie wunderbar fest an die Kirche«, stellte der Gelehrte und Pädagoge Stanislaus von Dunin-Borkowski S. J. fest[4], und Josef Pieper erinnert sich: »Das uns im tiefsten Bewegende und Formende waren zu Anfang der zwanziger Jahre die Wochen auf der unterfränkischen Burg Rothenfels«[5]. »Alles schmeckte nach Zukunft und Freiheit[6].«
Allein deutlicher als früher traten bereits die inneren Spannungen zutage, die für die kommenden Jahre kennzeichnend werden sollten. Sie sind im Grunde nicht nur negativ zu bewerten, weil Quickborn nicht bei dem Erreichten stehenbleiben wollte, sondern seinen Standort in Gesellschaft und Kirche neu zu bestimmen versuchte.
Zu dem Quickborntag 1921 waren wiederum nur Gruppenführer zugelassen. Etwa 500 erschienen. Thema der Tagung war Gemeinschaft in Gruppe, Familie, Schule und Kirche. Den Tagungsbericht gab zum letztenmal Hermann Hoffmann heraus unter dem Titel »Des Königs Banner. Der dritte Quickborntag«[7]. Romano Guardini faßt das Ergebnis der Tagung in dem Satz zusammen, es sei ein Ringen der Jugendbewegung um die Wirklichkeit gewesen, um das Maß, die Einheit und den Zusammenhang mit der Wirklichkeit[8].

Das Problem der Werktätigen

Zentrales Problem der Auseinandersetzung war die Frage, ob auch Werktätige Mitglieder des Quickborn werden könn-

ten. Der Streit dauerte schon einige Zeit und hatte die Gemüter seit 1920 bewegt. Er war wohl dadurch ausgelöst worden, daß in Westfalen einige Gruppen des Jungborn, der damals noch als »Johannesbund« die Jugendabteilung des Kreuzbündnisses war, diesen Weg nicht weiter mitgehen wollten und Anschluß an den Quickborn suchten.
Es kam damals bereits zu Auseinandersetzungen mit dem soeben zum Bundesführer gewählten Strehler. Er hatte in einem Brief an den Gauleiter des Schwabengaues Anton Weber (13. März 1921) erklärt: »Wir brauchen zunächst junge Leute, die die heiße Sehnsucht nach innerer Volksgemeinschaft mit ins Alter hinübertragen und die dann eine neue Jugend- und Volksbildung ohne die bisherigen Bildungsunterschiede herbeiführen.«
Victor Schamoni hatte in einem Flugblatt[9] die Stellungnahme der Westfalen dargelegt und betont: »Wir wollen nicht den neuen Schüler, sondern den neuen Menschen, wir sind Volksjugend.« Die Westfalen standen damit erneut gegen Strehler, der die Alternative aufgestellt hatte, entweder Quickborn sei für die studierende Jugend da oder er gehe; denn man habe ihn zum Führer der studierenden Jugend gewählt. Für die werktätige Jugend könne er nicht einstehen. Das Flugblatt schließt mit dem Vorschlag, der dann grundsätzlich auf der dritten Burgtagung angenommen wurde, daß Quickborn verfassungsgemäß ein Bund der studierenden Jugend sei, sich seinem Wesen und Ziel nach zusammengehörig mit der katholischen Jugend aller Stände fühle, und daß deshalb für das Verhältnis zu den Werktätigen Lösungen entsprechend den örtlichen Verhältnissen gefunden werden sollten.
Strehler wurde in seiner Auffassung von den schlesischen Jungbornern unterstützt. Der Gauleiter des Jungborn-Jungengaues Schlesiens schrieb unter Hinweis auf das Flugblatt

von Schamoni (20. Juli 1921) an Strehler, der Gautag habe eine Verschmelzung mit Quickborn einstimmig abgelehnt. Schamonis Brief habe das praktische Leben nicht beachtet. »Ist die heutige Quickborn-Jugend schon durchweg so weit, daß sie sich in die seelischen Bedürfnisse eines Lehrlings oder jugendlichen Fabrikarbeiters hineindenken kann? Ich glaube es nicht.«

Auf dem dritten Quickborntag wurde heiß gerungen. Anton Weber stellte das Problem in den größeren Zusammenhang, Dienst am Volke. Er meinte damit nicht irgendein »Herabsteigen«. Volkstum lasse sich nur verwirklichen durch das Leben in der Gemeinschaft mit dem ganzen Volk[10].

Walter Dirks forderte schließlich, die Beschränkung auf Schüler höherer Lehranstalten und Studenten aufzugeben. Ihm war Strehlers Vorstellung zu »statisch«, mehr dem Jugendreich zugewandt als der Jugendwirklichkeit[11].

Erich Reisch vertrat ihm gegenüber die schlesische Gegenposition: je eigene Gruppen mit enger und freundschaftlicher Zusammenarbeit als Gleiche und Gleichberechtigte im Volk. Dirks sah die Notwendigkeit, nicht getrennte Wege zu gehen, sondern zu einer neuen Volksgemeinschaft zusammenzuwachsen, die heute so gründlich zerstört sei. Gerade Jugendbewegung als allgemeine elementare Tatsache sei in der Lage, die ständig bedingten Besonderheiten innerhalb der Jugend als bloße Färbungsunterschiede zu sehen[12].

Als Ergebnis hielt er fest: »Als 1921 die Freunde aus den Industriegebieten Oberschlesiens, Berlins, Westfalens und des Niederrheins in leidenschaftlichen Redeschlachten durchsetzten, daß der Bund Quickborn sich auch der werktätigen Jugend öffne, war nicht nur ein neues soziales Element und eine moderne Farbe gewonnen, sondern der Bund hatte sich damit auch aus den Mauern befreit, welche die brav nach alt und jung, studierend und werktätig unterscheidende katholische Abstinenzbewegung errichtet hatte.«[13]

Zweifellos hat Dirks recht, wenn er die oft bitteren und leidenschaftlichen Diskussionen »einen Kurs in politischer Propädeutik« nennt[14], weil man sich trotz aller tiefen Gegensätze immer wieder zusammenfinde. Beipflichten muß man ihm ebenfalls, wenn er darauf hinweist, daß Quickborn mit dem sozialen Problem, wie es die bloße Sicht auf die Werktätigen mit sich brachte, konfrontiert wurde. Sein Motiv wurde damals durchaus anerkannt, in der »von Mißtrauen und Haß zerklüfteten Industriegesellschaft« müsse es Kreise geben, die »der Welt vorlebten, daß engste Gemeinschaft zwischen Stand und Stand möglich« sei[15].

Allein sein eigentliches Ziel konnte Dirks nicht erreichen. Strehler und mit ihm Fritsch, der später Bundespriester des Jungborn wurde, sahen durchaus die Not der sozial Benachteiligten. Sie suchten gerade durch die Forderung der Abstinenz die Jugend den Notleidenden nahezubringen, Menschen, die im Schatten sind[16]. Aber sie betonten auch, daß der junge Mensch, der durch bewußte Askese im Interesse der wenig Besitzenden auf manche Bequemlichkeit verzichtet, in seinen Entwicklungsjahren den ihm gemäßen Boden braucht, um sich zu entfalten. Denn zwischen 12 und 18 Jahren hätten die Jüngeren noch nicht das Bedürfnis und die Fähigkeit, sich in die Lebenslage und Geisteshaltung des anderen so hineinzudenken, daß die Verschiedenheit der Anschauung und Beschäftigung nicht mehr als trennend empfunden werde. »Wir wollen«, erklärte später der Jungborn, »bewußt die Bewegung sein, die dem einfachen Buben und Mädel aus der Werkstatt und den Fabriken am nächsten steht. Uns verbindet gemeinsame äußere und innere Not.«[17]

Man einigte sich auf einen Kompromiß. Quickborn bleibt für die studierende Jugend, Jungborn für die Werktätigen.

Aber keiner Gruppe sollte es verwehrt sein, ein Glied aus der anderen Schicht aufzunehmen. Die Übereinkunft war freilich nicht ganz überzeugend[18]. Sie war gerade im Blick auf die Jüngeren getroffen, die der Pädagoge Strehler im Auge hatte. Daß sie problematisch blieb, zeigen die nachfolgenden Kontroversen. Das Bild, das Fritsch von Guardini übernommen hatte, um zu einer Lösung zu kommen, zeigte zugleich die Zwiespältigkeit des Ergebnisses auf: zwei Ströme nebeneinander und Rinnsale, die von einem Strombett zum anderen fließen[19].

Eben dies konnte auf die Dauer nicht genug sein. Rinnsale brachten zuwenig Wasser auf beide Seiten, um die ganze Zeitströmung zu tragen. Quickborn als Bund erschwerte sich damit auf die Dauer die Öffnung für die soziale Tat. Wohl dachte er viel und tief über das »Volk« nach, aber doch hauptsächlich im theologischen Sinn als »Gedanken Gottes[20]«. Die soziologische oder zeitgeschichtlich-politische Sicht jedoch öffnete sich ihm nur schwer, weil er von seinem Ursprung her die Barriere des Bürgerlichen nicht leicht überspringen konnte; bürgerlich verstanden als Sphäre gepflegter geistiger Kultur[21].

Dies ist nicht nur eine Folge der Idee des Jugendreiches, sondern auch der sich andeutenden Kulturbewegung des Quickborn. Wohl wußten sich Quickborn und Jungborn eng verbunden. Es gab viele persönliche Begegnungen, Freundschaften und gemeinsame Feste. Dort, wo rege Kontakte gepflegt wurden, kam es auch in sozialen Fragen zu gemeinsamen Diskussionen und Aktionen. Sie aber waren Ausnahmen. Grundsätzlich blieb die Sicht des jeweils anderen verhangen. Daß die Jüngeren beider Bünde ihren Weg gingen, worauf die Burgtagung 1921 ja hinausgelaufen war, ist verständlich. Insofern hatten Strehler und Fritsch recht. Daß die Älteren, wie es Dirks gefordert hatte, nicht zusam-

menfanden, ist aus heutiger Sicht ein Fehler, der viele Konsequenzen hatte.
Der Ansatz, Dienst am Volk, blieb letztlich Episode und wurde nicht systematisch weiterverfolgt. Dazu fehlte bei den Jüngeren eine grundsätzliche Öffnung zur politisch-gesellschaftlichen Wirklichkeit, bei den Älteren hatten zunächst berufsbezogene Fragen Vorrang. Ein halbes Jahrzehnt später war manches teilweise anders. Bei der Kommunalwahl in Neisse z. B. bestimmten Jungborner und Quickborner zusammen mit den Handwerkern die erfolgreiche Liste der Stadtverordneten. Allein diese Aktion blieb letztlich Ausnahme.

Politische Not

Auf dieser dritten Quickborntagung trat der politische Gesichtspunkt angesichts der Not, in der sich das deutsche Volk befand, allerdings mehrfach hervor. Der Bund stemmte sich gegen die nationalen Leidenschaften, die allenthalben aufbrachen. Die Verunglimpfung des Reichskanzlers Marx als sog. Erfüllungspolitiker, die Ermordung Erzbergers und das erste Auftreten der nationalsozialistischen Sturmabteilung (SA) warfen ihre Schatten voraus. Die Kämpfe zwischen deutschen Freikorps und Polen in Oberschlesien und die Volksabstimmung in dieser Provinz hatten schon jetzt das Klima angeheizt. Franz Fritsch predigte deshalb beim Bittopfer für Oberschlesien über das Thema »Oberschlesien und unsere Seele«. Er wies darauf hin, daß die oberschlesische Not eine religiös-sittliche Not sei, die nicht mit Gewalt, sondern nur mit Liebe zu lösen sei. Erst wenn wieder Gottesfurcht zurückkehre, könne der Frieden einziehen[22].
Dieser Aufruf zur friedlichen Begegnung hat damals ein großes Echo ausgelöst. Gerade die Schlesier sind später

Hermann Hoffmann bei seinen Versuchen gefolgt, mit Polen zu einer Versöhnung zu gelangen[23].
In diesen Zusammenhang ist auch Strehlers Rede zur Abstinenz einzuordnen. Die Liebe zum Volk ist nach ihm eine der Triebfedern für die Abstinenz. Es gelte, die Trinksitten zu durchbrechen, die dazu beitragen, gesundheitlich, wirtschaftlich und sittlich das Volk in ein großes Unglück zu bringen, mit Kindernot, Frauenknechtschaft, Familienzerrüttung, sittlicher Verrohung und religiöser Abstumpfung. Dadurch gewinne der junge Mensch selbst Willensstärke und Selbstbehauptung[24]. Strehler griff mit dieser Rede die Grundsatzdebatten von 1919 erneut auf und versuchte, in der ganzen Abstinenzdiskussion die soziale Komponente in den Mittelpunkt zu rücken.

Neue Wege

Daß die Quickborn-Mädchen vornehmlich um ihr eigenes Selbstverständnis rangen, ist in einer Zeit verständlich, in der durch soziale Voreingenommenheit, Traditionsverhaftetsein und Behütetwerden das weibliche Geschlecht in einer freien Entfaltung seiner Persönlichkeit gehindert war. Jetzt wurde ein neues, zeitgerechtes Bild des Mädchens gesucht, das Offenheit zur Gesellschaft und zu den Jungen mit Charakterstärke und Ernsthaftigkeit verbindet[25].
Man einigte sich für die Anrede auf das »Ihr«, weil das »Du« verdient und nicht wahllos angeboten werden sollte, wollte also zwischen plumper Vertraulichkeit und konventioneller Förmlichkeit die Mitte suchen. Der Vorschlag stammte von den Mädchen, die, wie Guardini in der Aussprache der anschließenden Gemeinschaftstage sagte, auf einer geistigen Entdeckungsfahrt gelernt hatten, Altes mit neuen Augen zu sehen und es neu zu erleben[26].

In der Liturgie wagte man weitere Schritte. Der Altar wurde dem Volke zugewendet[27]. Die lateinische Meß-Mitfeier wurde zur deutschen Gemeinschaftsmesse entwickelt[28]. Grundlage hierfür war Guardinis »Gemeinschaftliche Andacht zur Feier der heiligen Messe«, die sich weit verbreitete und eine Ausstrahlung auf das ganze katholische Volk besaß.

Um nicht nur von Lebenserneuerung zu sprechen, sondern sie auch praktisch anzugehen, wurden auf der Burg besondere Einrichtungen geschaffen: ein Betrieb für gärungslose Früchteverwertung, eine Wirtschaftshilfe, um die Burg und ihre Betriebe zu unterstützen, eine Stellenvermittlung für arbeitslose Quickborner, der Verlag Deutsches Quickbornhaus mit Buchhandlung und das Zeugamt.

Die Auseinandersetzung mit den Freideutschen

Aus dem auf den Quickborntagen gewonnenen Selbstverständnis heraus wagte sich Quickborn in die geistige Auseinandersetzung mit anderen Richtungen. Wortführer des Quickborn wurde dabei Guardini. Seine Schrift »Quickborn. Tatsachen und Grundsätze«[29] war der Versuch, über Geschichte, Einrichtungen und Prinzipien des Bundes sachlich zu berichten, um vor allem auch Gegner und Mißtrauische, die oft aus Unkenntnis falsch urteilten, zu einer gerechten Einstellung zu bringen. Wie notwendig dies war, zeigt zwei Jahre später die heftige Kontroverse mit dem Historiker und Geschichtsphilosophen Albert Mirgeler.

Vordringlich erschien zunächst die Auseinandersetzung mit den Freideutschen und ihrer »Meißner Formel«. Guardini knüpfte an die grundlegenden Thesen über »Autorität und Freiheit« der Bundestagung 1920 an und führte sie weiter. Die Kontroverse hatte er mit seiner Broschüre »Neue

Jugend und katholischer Geist«[30] eröffnet. Er wandte sich entschieden gegen die Autonomie des Jungseins; denn Jungsein heiße vor allem, ein Werdender sein, der nichts als endgültig nehmen könne[31]. Katholischer Geist stelle das Sein vor das Werden, die Wahrheit vor die Tat[32].

Der Hintergrund dieser Auseinandersetzung ist für Guardinis Menschenbild von fundamentaler Bedeutung. Jugend ist ebensowenig lebendige, ursprüngliche Weise des Menschseins, wie Altsein ein erstarrter, mechanisierter, von Nutzrücksichten verdorbener Zustand ist[33]. Man darf die Ideen des Jungseins und Altseins nicht übersteigern, sonst geht die Ganzheit des Lebens verloren, ja wird zerstört. Deshalb kann es auch nur relative Autonomie geben. Guardini bejahte das Ganze des Lebens und gab in diesem Ganzen den Mächten den Vorrang, denen er den innersten Gesetzen des Seins gemäß zukommt, also Gott. Er kritisierte deshalb den Autonomiegedanken und die autonome Jugendlichkeit[34].

In seinem Aufsatz »Vom Sinn des Gehorchens«[35] ging Guardini noch einen Schritt weiter. Er warf der »Meißner Formel« vor, nur in den Vorhof der Freiheit zu führen, weil sie das, was Freiheit erst ausmacht, ablehne, den Gehorsam[36].

Mit dieser These ist das entscheidende Problem genannt: Bedarf Freiheit einer ordnenden Grenze, um sich voll zu entfalten, oder ist sie absolute Autonomie? Wilhelm Kelber suchte mit der These zu antworten, vertrauender, großmütiger Gehorsam, der die Grenze der Freiheit respektiert, sei schwächlicher, verantwortungsloser Leichtsinn[37], während Guardini präzisiert, katholische Wahrhaftigkeit lebe, denke und urteile aus dem Ganzen[38] und habe nichts mit kritikloser Autoritätsgläubigkeit zu tun.

Damit waren jene Fragen aufgeworfen, die in der Auseinandersetzung mit Harald Schultz-Hancke[39]und vor allem mit

Max Bondy[40] breit behandelt wurden. Es ging dabei vornehmlich um das Verhältnis von objektiver Wahrheit und innerer Wahrhaftigkeit, um das Verständnis des Ganzen (Gott, Welt, Du), um Volksverbundenheit und aristokratische Auslese, wie sie die Gründer des Wandervogels für sich reklamiert hatten, damit der bisherigen geistigen Elite ihr Führungsanspruch erhalten blieb.

Die Freideutschen argumentierten vor allem mit Kants Autonomie- bzw. Heteronomiebegriff, verlangten die eigene Gesetzgebung des vernünftigen Willens und lehnten jede fremde Gesetzgebung ab, die nicht aus dem eigenen Willen stamme. Da sie Gott, soweit sie ihn überhaupt anerkannten, als den der Welt und dem Du Gegenüberstehenden betrachteten, gehörte er für sie nicht zum Ganzen des menschlichen Seins. So kamen sie zu der Gegenüberstellung von Objektivem, was außerhalb der menschlichen Person liege, und Subjektivem. Daraus erklärte sich ihr Entweder–Oder: objektive Wahrheit – innere Wahrhaftigkeit.

Guardini stellte klar[41], Autorität enthalte eine von besonderen Zwecken unabhängige Geltung, die in sich selbst bestehe[42]. Das Gegenständliche und das Subjektive, die objektive Wahrheit und die innere Wahrhaftigkeit seien keine Gegensätze, sie bedingten einander[43]. Der Freideutsche stelle sich ganz auf den persönlich-subjektiven Pol und belasse Gott auf dem anderen, der Katholik lebe von den beiden Polen des Lebens her, für ihn gehöre Gott in sein Dasein hinein[44]. Deswegen sei z. B. Volksfrömmigkeit nichts, was dem einzelnen die volle Urteilskraft nimmt, wie Bondy behauptet hatte[45], sondern für das Volk – und dazu gehört auch der Aristokrat – sei Religion das, was sie ihrem Wesen nach sei, Verbindung des ganzen Menschen mit dem ganzen Gott[46].

Schöpferischer Gehorsam

Die Auseinandersetzung mit Albert Mirgeler[47] und Guardinis Antwort[48] hatte eine andere Dimension. Hier kam Kritik aus dem Inneren der Kirche. Pate stand bei Mirgeler nicht Kant, sondern Sören Kierkegard mit seinem besonderen Verhältnis zu Religion und Kirche. Obwohl Guardini sich mit dem dänischen Religionsphilosophen bis in sein Spätwerk auseinandergesetzt hat[49], konnte er doch nicht umhin, mit Mirgeler scharf abzurechnen. Mirgeler wandte sich gegen die These vom »schöpferischen Gehorsam«, den Guardini forderte, d. h. den Dienst an der Autorität, gerade weil sie notwendig unzulänglich sei. Guardini glaube, auf dem Wege dieses Dienstes eine Wiedergeburt der Gemeinschaft, die auf sachlichen Ordnungen basiert, zu erreichen. Dies aber sei gefährliche Ideologie[50].

Auch von der Gründung relativer Autorität in der absoluten Autorität Gottes her lasse sich nach Mirgeler das Prinzip des schöpferischen Gehorsams nicht durchhalten. Wahre Gemeinschaft sei immer Liebesgemeinschaft und wachse primär durch Bejahung der zentralen Personsphäre. Guardinis These leide an einer Zweideutigkeit: Die Spannung zur bestehenden Ordnung solle in der grundsätzlichen Anerkennung dieser »Ordnung« beseitigt werden, und die Lebenstendenzen verlören sich in einem fiktiven »Gemeinschafts«-Betrieb. So bleibe letztlich alles beim alten, weil man sich den Forderungen der Realitäten nicht stelle[51].

Wieder wies Guardini darauf hin, daß Autorität und Eigenständigkeit zueinander stehen und nicht getrennt werden dürfen. Beides sei da, die objektive, in Gott ruhende Autorität und die Eigenständigkeit der Person. Nicht jede Gemeinschaft sei Liebesgemeinschaft (z. B. Familie, Staat)[52].

Der Bund sei Gemeinschaft, aber offen, nicht geschlossen.

Jugendbewegung sei etwas anderes als Jugendlichkeit, nämlich etwas Wesenhaftes. In ihr offenbare sich eine bestimmte Weise zu empfinden, zu sehen, sich dieser Welt zu stellen[53]. Weil sie ihr Wollen noch nicht definieren könne, vermöge sie auch keine Rezepte für die Lösung der Aufgaben des Tages zu geben.
Das Echo dieser Auseinandersetzungen im Bund war groß. Auf Tagungen, in Arbeitskreisen und Aufsätzen wurden Thesen und Gegenthesen immer wieder – oft in abgewandelter Form – erörtert. Die ersten Jahrgänge der »Schildgenossen« legen davon ein eindeutiges Zeugnis ab.
Aber auch über Quickborn hinaus reichte die Wirkung des Disputes. Was Freiheit wirklich ist, wurde klargestellt: einerseits gegen den Liberalismus und den Kantschen Autonomiegedanken, andererseits gegen kirchliche Auffassungen, die Autorität über Freiheit stellten. Das Zweite Vatikanische Konzil hat hier für die Kirche Klarheit geschaffen. Freiheit ist ein Grundwert, den die Kirche voll anzuerkennen hat[54]. Dem offenbarenden Gott aber ist der »Gehorsam des Glaubens« zu leisten[55], der Freiheit erst zur Vollendung führe. Hier wird genau das formuliert, was Guardini in der Auseinandersetzung mit den Freideutschen klargestellt hatte.

Der Hintergrund

Mit seinen Beiträgen zu Freiheit und Gehorsam hat Guardini gleichzeitig geholfen, das Getto zu durchstoßen, in das sich die Kirche mit ihrer distanzierten Haltung zu den geistigen Strömungen der Zeit, zu denen auch das Verlangen nach Freiheit gehörte, selbst begeben hatte. Guardini sah diese Aufgabe deutlich, insbesondere seit er 1923 als

ordentlicher Professor für Religionsphilosophie und katholische Weltanschauung an der Universität Berlin lehrte.
Eine psychologische Motivierung für diese Arbeit mag mit dem Schicksal seines Tübinger Lehrers, Wilhelm Koch, zusammenhängen. Einige dessen Arbeiten, darunter eine über »Autorität und Freiheit«, waren 1915 auf den Index gekommen, und er selbst war von seinem Tübinger Lehramt entfernt worden. Dabei ging es nicht um Häresie oder Unglauben, ja nicht einmal um Lehrirrtümer, sondern um das Problem des Gesinnungskonformismus in einem relativ peripheren soziologischen Sinn[56], mit anderen Worten um die wissenschaftliche Freiheit. Wie sehr Guardini Koch schätzte, macht die Widmung seines Pascal-Buches erkennbar. In seiner »Existenz des Christen« würdigte er ihn eingehend.
Es ist freilich nicht zu verkennen, daß Guardini selbst sich zu einem prinzipiell autoritären Erziehungsstil bekannte[57]. Nach seiner Wahl zum Bundesführer des Quickborn (1927) hatte er erklärt: »Auf der Burg herrscht Demokratie, so ehrlich und echt als irgendwo. Allein nur dort, wo sie hingehört ... Im Werk aber gibt es keine Demokratie. Da redet keiner herein, der nicht dazu befugt ist[58].« Er hielt diese Forderung deshalb für gerechtfertigt, weil für ihn jede menschliche Autorität durch die freie Bindung an das Gute normiert ist[59]. Menschliche Autorität ist demzufolge ein Abbild göttlicher Autorität.

Der vierte Quickborntag

Es ist verständlich, daß der vierte Quickborntag 1922 diese Thematik weiterzuführen suchte. Er stand deshalb unter dem Thema Lebensreifung. Es ging jetzt nicht um das Ziel, sondern um die Wege zur Verwirklichung des Gewollten[60].

Jungen und Mädchen behandelten das Thema zunächst in getrennten Arbeitskreisen. Später trafen sich elf Kreise mit je 35 Teilnehmern, die unter der Leitung von Hermann Hoffmann, Franz Fritsch, Vikar Westphal, Josef Außem, Robert Steidle, Toni Thill, Romano Guardini, Seraphie Schaneng, Ludwig Neundörfer, Heinrich Bachmann, Alfons Mittnacht tagten. Man ging das Thema von den verschiedenen Seiten aus an. »Entschließungen« gab es nicht, schon weil Lebensreifung nicht verordnet werden kann.
Der Gottesdienst fand im Rittersaal statt. Auf dem Podium diente ein einfacher Tisch mit Kreuz und Leuchten als Altar. Der opfernde Priester stand dem Volke zugewandt, ringsum im Halbkreis die übrigen Priester. Es war der erste Schritt zur Konzelebration, wie sie das Zweite Vatikanische Konzil eingeführt hat. Fast jeden Tag war die Messe anders gestaltet: deutsche Singmesse, Feldgottesdienst, Choralamt, Missa recitata, einmal sogar Opfergang, bei dem alle Anwesenden das Brot in den Kelch des Priesters legten[61], auch dies ein Wagnis, das erst durch das Zweite Vatikanum seine offizielle Sanktion erfuhr.
Bedeutsam für die Zukunft waren weniger die geistigen Ergebnisse der Arbeitskreise als Atmosphäre und organisatorische Lösungen. Guardini rückte unverkennbar in den Mittelpunkt. Kennzeichnend dafür ist seine Parzifal-Ansprache im Festthing[62].
Guardini hatte bereits auf der Arbeitswoche, die für die Älteren Ostern 1922 durchgeführt wurde, mit seiner umfassenden Bildungsarbeit in einer bis dahin unbekannten Form auf der Burg begonnen. Die Älteren machten sich als Älterenbund unter Josef Außem selbständig, der auf Wunsch Strehlers als Burgkaplan nach Rothenfels kam. Die Einheit des Bundes schien auf diese Weise gewahrt. Gleichzeitig sollten die Schwierigkeiten innerhalb der Burggemeinde

7. Zweiter Deutscher Quickborntag 1920, Festversammlung im Burghof

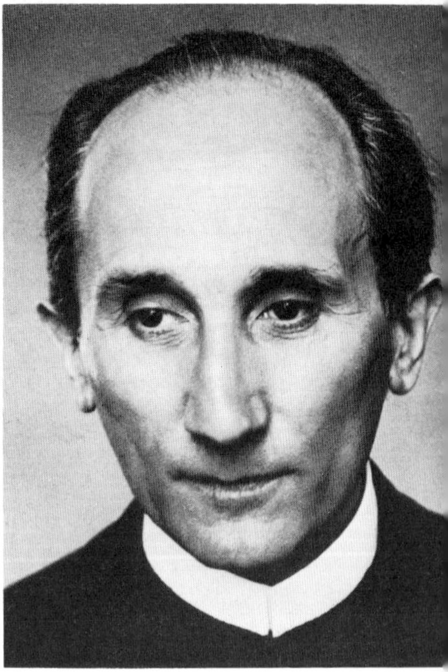

8. *Bernhard Strehler*
9. *Klemens Neumann*
10. *Hermann Hoffmann*
11. *Romano Guardini*

behoben werden[63]. Schließlich wurde ein Wirtschaftsausschuß gebildet, der das Wirtschaftsgebaren der Burg sachkundig zu begleiten und zu prüfen hatte.
Die Not der Diaspora, die zur Sprache kam, führte dazu, daß Quickborn das Laienapostolat entdeckte. Hilfe wurde gefordert für die vereinzelten Quickborner, für die Gruppen, für die Pfarreien[64]. Damit war ein Thema aufgegriffen, das Pius XI. mit der Proklamierung der Katholischen Aktion 1922 in die Öffentlichkeit geworfen hatte.

Das Echo

Das Echo der Tagung war zwiespältig. Viel Kritik aus den eigenen Reihen wurde laut. Zweifellos war dieser Quickborntag anders als die früheren. Die jugendliche Begeisterung wich ernster geistiger Arbeit, die freilich nicht so leicht zu messen ist wie die Zahl der Teilnehmer. Das hat selbst bei Strehler ein gewisses Unbehagen ausgelöst[65].
Andererseits war ein Anfang für das gesetzt, was Guardini als Leitmotiv für die erste Arbeitswoche formuliert hatte, die Burg, eine Stätte menschlicher Bildung: »Da soll wieder ein Bild vom wesenhaften Menschen entstehen, der ist, wie Gott ihn gedacht hat, und vom Volk, das wirklich Volk ist und nicht Masse. Ein Bild der lebensgemäßen Gemeinschaft in Leben und Schaffen, der Gesellschaft und des Berufes, ein lebendiges Bild von der Welt und den Menschen in ihr. Das alles aber einbezogen in die tief und voll gesehene Wahrheit des Glaubens«[66]. Damit war bereits ein Signal gegeben für das, was die späteren Werkwochen insbesondere seit 1924 sein wollten, das Suchen nach einer neuen Form der Erwachsenenbildung.
Es ist verständlich, daß diese Zielsetzung die Jüngeren nicht im Auge hatten, was auch von hier aus zu neuen Spannun-

gen zwischen Jüngeren und Älteren führte. Sie hatten bereits die Vergangenheit belastet und sollten in Zukunft noch schwerwiegender werden. Bitter beklagten sich die Jüngeren unmittelbar nach der Tagung darüber, daß die Älteren zwar Ansprüche stellten, aber die Gemeinschaft mit den Jüngeren vermissen ließen[67].

Katholikentag München

Quickborn und die anderen Jugendbewegungen hatten in der katholischen Öffentlichkeit soviel Aufmerksamkeit gefunden, daß sie auf dem Münchner Katholikentag (27.–30. August 1922) zu Wort kamen. Am ersten Abend hatten sich in München etwa 1000 Jugendliche aus Quickborn, Neudeutschland und Jungmännerverband zum Feiern und Planen getroffen. Am nächsten Tag sprach in der zweiten geschlossenen Versammlung Studienprofessor Leinpacher über die katholische Jugendbewegung in Deutschland[68].
Anschließend trug Robert Steidle die am Vorabend verabschiedete Resolution vor. In ihr hieß es: »Wir jungen Christen aller Stände bekennen uns freudig zur heiligen katholischen Kirche, der wir in Gehorsam, treuer Liebe und in Gemeinschaft mit dem ganzen deutschen Volke dienen wollen. Durch ungebrochene Wahrhaftigkeit, opferfreudige Einfachheit und liebevolle Gemeinschaft wollen wir tätig mitwirken am geistigen und sittlichen Wiederaufbau unseres Volkes. Helft uns alle, soweit ihr nicht in unseren Reihen steht, durch tätige Mitarbeit an unseren Bestrebungen in euren Lebenskreisen.«[69]
Mit dieser Aktion, die von Münchner Quickbornern vorbereitet war, fand die katholische Jugendbewegung zum erstenmal Anerkennung vor einem solchen Forum. Die Resolution, die später »Münchner Formel« genannt wurde,

brachte ihr gemeinsames Wollen überzeugend zum Ausdruck, sie war, wie es im Bericht heißt, eine »von hohem sittlichem Ernst getragene Kundgebung«.[70]
Nur Eingeweihte wußten, daß die Erklärung im bewußten Gegensatz zur »Meißner Formel« der Freideutschen Jugend verfaßt war. Gehorsam und Autorität sind für Quickborn zu korrespondierenden Größen geworden. Was Guardini in seiner Auseinandersetzung mit den Freideutschen geschrieben hatte, wurde jetzt in aller Öffentlichkeit verkündet. Damals hieß es: »Wir lernen wieder die königliche Haltung des Sichschenkens, Sichwagens und vertrauen, daß jene, denen wir solchen Gehorsam schenken, ihre Gewalt in dem Geiste erfassen und üben werden, der dieser neuen Willigkeit entspricht: als ehrfürchtiges Befehlen und schöpferische Einführung.«[71] Die »Münchner Formel« war sichtbare Frucht der Auseinandersetzung um die »Meißner Formel«.

Treffen in Grüssau

Im Jahr 1923 fand keine Bundestagung auf der Burg statt, dafür ein Bundesthing in dem schlesischen Benediktinerkloster Grüssau, an dem 1200 Quickborner, vornehmlich ältere, teilnahmen. Die Zusammenkunft war insofern bedeutsam, als die Spannung zwischen Jüngeren und Älteren eine neue Wendung erhielt – die sich in den folgenden Jahren auswirken sollte –, politische Leidenschaft aufflammte und für die verschiedenen Wirtschaftswerke der Burg eine Gemeinwirtschaftsstelle unter Lorenz Fischer geschaffen wurde.
Was das Generationsproblem anging, traten einerseits die unterschiedlichen Interessen deutlich zutage, andererseits forderten die Jüngeren die Einheit des Bundes. Gerade wegen der Zersplitterung und der Gemeinschaftslosigkeit in

der Welt sei es notwendig, die innere Lebenskraft der Quickborn-Gemeinschaft in *einem* Bunde Gestalt werden zu lassen[72].
Das innere politische Engagement wurde nach Guardinis Rede über »Volk und Europa« deutlich. Politik, so wurde erkennbar, sei kein eigener Bezirk für sich, genausowenig, wie es Volk als abgeschlossene Welt gebe. Aufgabe sei es, eine Verknüpfung zwischen der Wirklichkeit des Volkes und der großen übergreifenden Gemeinschaft zu finden[73]. Hier war ein Thema aufgeworfen, das die Enge der nationalen Grenzen sprengte und die Jugend in seinen Bann ziehen konnte. Es ist bedauerlich, daß die politische Öffentlichkeit daraus keinen Nutzen zog. Lediglich einige Quickborner versuchten später, die Grenzen des Nationalstaates zu überschreiten, angeleitet insbesondere von Hermann Hoffmann. Die Gemeinwirtschaftsstelle, die sich zu einer Art Quickborn-Bank zu entwickeln schien, sollte sich zu einer Keimzelle neuer Wirtschaftsauffassung und -führung entwikkeln[74]. Angesichts der Inflation wollte sie zwischen Geldgebern und Verlag das Bindeglied sein und dem Verlag gegenüber die Rechte und Ansprüche der Geldgeber vertreten. Es war ein Versuch, die Ziele der Gemeinschaft mit den Privatinteressen einzelner zu einer sinnvollen Einheit zu verbinden, wobei der Erfolg durchaus offen blieb. Wichtig war, daß man vom Theoretisieren zur Praxis schritt und einen neuen Weg zu begehen versuchte.
Der Nachhall dieser Tagung war wiederum nicht einhellig. Während die einen Formlosigkeit und mangelnde Organisation kritisierten, war sie für andere ein neues Erlebnis der inneren Kraft des Bundes. Die Begegnung mit der östlichen Landschaft und mit schlesischer Art war für viele Teilnehmer neu[75]. Es zeigte sich, daß auch außerhalb der Burg Rothenfels Quickborn-Gemeinschaft wachsen konnte.

Die Krise

Dennoch freilich schien es, als habe Quickborn seine innere Kraft, seine Spontaneität und seine jugendliche Frische erschöpft. In einem grundsätzlichen Artikel betonten Josef Außem und Romano Guardini, die Jugendbewegung stehe in der tiefsten Krise seit ihrem Aufbruch. Es müsse ihr jetzt darum gehen, in die Sachordnung des Gesamtlebens, der Berufe, der Gesellschaft, des geistigen Schaffens einzutreten, aber die Wesenhaftigkeit ihrer Kraft und ihrer Haltung zu bewahren. Die Jugendbewegung müsse in die inneren Zusammenhänge einer ihr wesensgemäßen Welt einziehen, brauche aber die schützende, nährende Umgebung besonderer geistiger Heimat[76]. Es fragte sich nur, ob Quickborn diese neue Zielsetzung ohne Schäden überstehen und ob die Aufgabe den Kräften entsprechen würde.

Angesichts der sich wandelnden Grundtendenz wurde es besonders wichtig, bei aller Betonung der Einheit die Differenzierung der verschiedenen Gruppen stärker zu berücksichtigen. Zwar löste sich der Älterenbund als eigene Organisation 1924 wieder auf, weil man die vorhandene Gliederung in zwei Bünde als unorganisch empfand, wie das Neujahrsthing 1924 beschlossen hatte[77].

Gleichzeitig aber legte man Wert auf spezifisches Schrifttum. Die Zeitschrift »Quickborn« unter Josef Emonds blieb das alle verbindende Blatt, richtete sich jedoch vornehmlich an die mittlere Generation. Für die jüngsten Jungen gab Adolf Wortmann den »Pfad« heraus. Die Mädchen erhielten den »Ring«. Lorenz Fischer mühte sich um die »Werkblätter für die Berufstätigen im Quickborn«. »Die Schildgenossen«, die ab 1925 eine verselbständigte Kulturzeitschrift ohne organisatorische Verbindung zum Quickborn wurden, hatten einen starken erzieherischen Impuls.

Ende des Aufbruchs

Wie schon üblich, wurde auch 1924 auf Burg Rothenfels eine Werkwoche veranstaltet, die zu einem Markstein wurde. Romano Guardini und Josef Außem hatten sie vorbereitet und den symbolischen Durchbruch vom geschlossenen Jugendreich Strehlers ins Allgemeine des kulturellen Lebens veranlaßt. Es war der Beginn einer neuen Erwachsenenbildung, die universal auf dem Fundament des christlichen Glaubens gründete. Referenten waren viele bedeutende Persönlichkeiten. Die Werkwoche fand in der Öffentlichkeit große Beachtung. Dr. Ernst Michel würdigte sie am 3. September 1924 ausführlich in der Rhein-Mainischen Volkszeitung.

Das Osterthing 1925 brachte auch äußerlich das Ende des Aufbruchs, was Guardini offen aussprach. Der unmittelbaren Lebendigkeit des Aufbruchs folgte ein Abschnitt der Ratlosigkeit, die nun in die nüchterne Kraft des reifen Alters übergehen sollte[78].

Um zu einer Klarheit zu kommen, wurde eine »Bundesordnung« verabschiedet, auf die jeder Quickborner verpflichtet sein sollte. In ihr hieß es u. a., »Quickborn sei wesensgemäß katholische Jugendbewegung, fordere die Enthaltsamkeit von Alkohol und Nikotin, deren Ablehnung Bruch mit dem Bund bedeute, habe keine Werkaufgaben und dürfe nicht für politische, wirtschaftliche, pädagogische, soziale, lebensreformerische Bestrebungen einzelner oder Gruppen eingesetzt werden«[79].

An diesem Grundgesetz ist die Bejahung der Abstinenz, die freilich stark umstritten war, und die Absage an die Vielfalt eines jugendbewegten Individualismus[80] kennzeichnend. Die Burgbetriebe wurden selbständig und von der Burg gelöst. Die gärungslose Früchteverwertung wurde in eine

GmbH umgewandelt, der Verlag ging über an den Matthias Grünewald Verlag in Mainz. Es hatte sich herausgestellt, daß mit bloßem Idealismus kein Wirtschaftsunternehmen zu führen sei, daß hierzu Sachverstand und persönliche Verantwortung gehören. Eine neue Bundesleitung wurde gewählt, in der Bernhard Strehler nur noch einer unter fünfen war, neben Helene Helming, Seraphine Schaneng, Josef Emonds und Ludwig Eggers[81]. Josef Außem verließ wegen seiner angeschlagenen Gesundheit die Burg und war auch nicht mehr in Führungsgremien tätig.

Die Frage war, ob mit der Bundesordnung die innere Einheit des Quickborn wiederhergestellt werden konnte. Was war eigentlich der bindende Faktor? Katholische Grundlage und Abstinenzgesetz genügten nicht, um im engen Raum eines konkreten Bundes mit sichtbarer, verpflichtender Ordnung leben zu können[82].

Genügte der Gedanke, daß es dem Geist der Jugendbewegung entspreche, »im Leibe von Menscheneinheiten in wirklicher Geschichte und konkreter Öffentlichkeit zu leben und geformt zu sein«[83]? Oder handelte es sich hier lediglich um den Versuch, eine gedankliche Rechtfertigung für eine Organisation zu finden, die selbst nicht wußte, was zu tun sei? Abstinenz, die früher ein bestimmender Faktor gewesen war, blieb zwar verpflichtend, ihre Rechtfertigung aber war offen und jedem einzelnen überlassen.

Hier zeigte sich, daß die geistige Einheit verlorengegangen war. Abstinenz, die eigentlich einer neuen, der Zeit entsprechenden Begründung bedurfte, verlor ihre zentrale Bedeutung und wurde zu einem bloßen Erkennungs- bzw. Zugehörigkeitszeichen. Zwar schien es damals, man habe die Abstinenz von den »geistigen Untiefen bürgerlicher Gewässer« befreit und sie in die nüchterne Entscheidung des einzelnen verlegt[84]. Allein die Folge sollte zeigen, daß damit ein entscheidendes Element des Bundes in Frage gestellt war.

Der Bund verlor etwa 2000 Mitglieder. Die Jungenschaft löste sich protestierend auf. Das Osterthing 1926 setzte die Bundesordnung wieder außer Kraft. Angesichts der zentrifugalen Kräfte im Bund, die sich gegenwärtig als nicht bundesfähig erwiesen, brach sich die Erkenntnis Bahn, daß man im Augenblick darauf verzichten müsse, die Bewegung zum Bunde zu organisieren. Für eine neue Bundesordnung stand lediglich fest, daß sie auf der Grundlage der verschiedenen Kräfte zu erfolgen habe.

Quickborn löste sich praktisch auf. An die Stelle der Bundesleitung trat eine Verweserschaft, die die Einheit der Bewegung darstellen und von außen her ansprechbar sein sollte. Sie bestand aus Bernhard Strehler, Grete Ammann, Ludwig Neundörfer und Ludwig Eggers. Sie sollte die zutage getretene provisorische Ordnung des Bundes, die in der Verschiedenartigkeit der Interessen und Altersschichten, insbesondere der Jungenschaft, erkennbar geworden war, zu einer neuen Bundesordnung vorbereiten, die von dem nächsten Vertretertag zu beschließen war[85]. Man hoffte, daß bis dahin ein Teil der Kräfte wieder bundesfähig geworden sei. In einzelnen Gauen, insbesondere solchen, die einen geistigen Mittel- und Sammelpunkt hatten, war die Lage anders. Der schlesische starke Quickborn besaß im Heimgarten Neisse ein Zentrum, von dem nach wie vor wichtige Anregungen ausgingen. Das Zusammengehörigkeitsgefühl der Älteren und Jüngeren war ungebrochen. Quickborner und Jungborner feierten im Heimgarten arteigene Hochzeiten, was Ausstrahlungen auf das ganze Land hatte: Herbert Scholtissek und Maria, Erich Reisch und Meta, Erwin Rosner und Maria, usw. Auch Primizfeste für Quickborn-Neupriester wurden zur Regel.

Das Ringen um den Bund (1927–1933)

Die Jahre 1927 bis 1933 waren geprägt von inneren Auseinandersetzungen, die in die Fragen mündeten: Brauchen wir einen Bund? Was kann sein Inhalt sein? Sollen die Jungen, die sich zur Jungenschaft formierten, im Bund verbleiben? Wird die Burg weiterhin allen offenstehen und einigendes Band aller Gruppierungen bleiben? Unabhängig von diesen Fragen ging die Arbeit in den Gauen und auf der Burg zunächst wie bisher weiter. Dennoch gärte es allenthalben. Es entstanden neue Formierungen, die eine Sprengkraft für den Bund in sich bargen. Auch die Weiterführung bisheriger Tätigkeiten, z. B. der Werkwochen auf Rothenfels, führten zu einer Scheidung der Geister. Politische Entwicklungen wirkten auf das Leben des Bundes direkt und indirekt ein.

Wachsende Gegensätze

Auf der Sitzung des Bundesrates vom 10./11. Oktober 1926 kündigte Strehler an, daß er die Burg verlassen werde, weil der Kardinal von Breslau seinen Urlaub nicht verlängert habe[86].

Es war klar, daß damit eine Epoche im Leben Quickborns zu Ende ging. Der Vorschlag, Romano Guardini die geistige Leitung der Burg zu übertragen[87], machte die Gegensätze deutlich, die nun offen ausbrachen. Man kann sie wieder auf die alte Formel bringen: Soll Quickborn Jugendbewegung oder Kulturbewegung sein? Strehler war vornehmlich Pädagoge und Jugendseelsorger. Er wollte ein eigenes Jugendreich schaffen, das der Jugend in der Burg Heimat und Mittelpunkt ihres bündischen Lebens sein sollte[88]. Abstinenz war für ihn das innere geistige Band der zum Bund

Gehörigen, die in ihr den Willen zur sozialen Tat bekundeten. Guardini, seit 1923 ordentlicher Professor in Berlin, richtete sein Augenmerk vornehmlich auf Lebensphilosophie und Wissenschaft. Als Lehrer »katholischer Weltanschauungslehre« wollte er den Blick Christi auf die Welt wissenschaftlich darstellen[89]. Er fühlte sich den Älteren, die er für seine Vorträge und Werkwochen brauchte, mehr verbunden als den Jüngeren. Aus der Burg wollte er eine katholische Akademie der Wissenschaften machen. Für die Abstinenz hatte er nicht das volle Verständnis. Ihm genügte die Haltung der Einfachheit und des Verzichtes[90].

Der Zwist war hart und nicht nur in den Personen begründet. Strehler kapitulierte schließlich und kehrte fast zu jenem Zeitpunkt nach Schlesien zurück, als im Heimgarten Neisse-Neuland ein Neubau ihm zu Ehren den Namen »Bernhard-Strehler-Haus« erhielt. Er verließ die Burg mit einer gewissen Bitterkeit, die sich auch auf andere, wie Klemens Neumann und Gregor Lang, übertrug. Sie fühlten sich alle auf der Burg nicht mehr heimisch[91].

Diese Tragik, die in Personen und in der geschichtlichen Entwicklung begründet liegt, ist zugleich die Tragik des Quickborn, der aus dieser Frontstellung nie mehr zu einer klaren und einheitlichen Zielsetzung seiner Aufgaben gefunden hat. Vielleicht aber ist es auch die Unbekümmertheit der Jugend, die ihren Führern unbarmherzig Gefolgschaft aufkündigt, wenn sie glaubt, sie seien verschlissen.

Tendenzen zur Spaltung

Das Bundesthing des Bundesrates vom Oktober 1926 brachte die ganze Palette der Probleme, vor die sich Quickborn gestellt sah. Wieder ging es um das Verhältnis zwischen Älteren und Jüngeren. Dabei erwies es sich, daß die

meisten Schwierigkeiten bei den Älteren lagen. Bei den Jüngeren zeichnete sich eine Spaltung ab.
Daraus ergab sich von selbst die Frage, ob ein Bund notwendig sei. Wenn er auch mit Überzeugung bejaht wurde, so war man zunächst ratlos über Form und Inhalt. Wie mußte eine Organisation für die Älteren aussehen, die Bindung und Freiheit vereint? Konnten Mädchen und Frauen ähnlich straff organisiert werden wie Jungen? Müssen sie nicht ihren eigenen Bereich des Lebens und der Aufgaben haben, ohne sich jedoch von den anderen abzuschließen?
Noch schwieriger war der Inhalt des Bundeslebens zu bestimmen. Zwar galten nach wie vor die drei Grundgedanken, Quickborn sei katholisch, deutsch und abstinent. Was aber war mit diesen allgemeinen Begriffen in der gewandelten Zeit konkret gemeint[92]?
Die Fragen blieben zunächst unbeantwortet und sollten von dem nächsten Bundestag entschieden werden. Man hatte also lediglich eine Diagnose erarbeitet und die Therapie verschoben.
Der Bundestag Ostern 1927 brachte äußere Klarheit, ohne aber die inneren Gegensätze ausräumen zu können. Romano Guardini wurde erwartungsgemäß zum Bundesleiter gewählt. Ihm zur Seite standen Grete Ammann und Josef Sommer, der die Bundesgeschäftsführung wahrnahm. Eine neue Bundesordnung wurde verabschiedet, die an sich genauso umstritten war wie die von 1926.
Das Grundproblem blieb das alte: genaue Ordnung einer Gemeinschaft oder freie Einfügung der einzelnen Persönlichkeit in eine offene Gemeinschaft? Die Bundesordnung suchte die beiden Standpunkte zu verbinden und zu vermeiden, daß Formalismus und Einebnung der einzelnen Persönlichkeit auf der einen, Subjektivismus und willkürliches Zerflattern auf der anderen Seite vorherrschten[93]. Daß

dies nicht wirklich geglückt ist, wurde schon während des Bundestages offenkundig und blieb für die nächsten Jahre der eigentliche Sprengstoff.
Es ist auch Guardini nicht gelungen, die auseinanderstrebenden Generationen und Interessen innerlich wieder zusammenzuführen[94]. Das war wohl auch unmöglich, weil die beiden Grundhaltungen zu verschieden waren und die gesellschaftlichen, geistigen und politischen Veränderungen noch nicht erkennen ließen, welcher Weg einzuschlagen sei. Guardini prägte in dieser Zeit das Bild des Quickborn und der in ihm Tätigen durch seine umfassende Bildungsarbeit und seine volksliturgischen Wegweisungen. Es war ein neuer Quickborn, den er schuf und der mit dem alten Quickborn als reiner Jugendbewegung in ständigem Konflikt stand.
In einem Gespräch einiger Studenten mit Guardini und Kahlefeld sagte Guardini, er sehe die Situation der Jugend sehr genau, könne aber nicht helfen. Er müsse sich entscheiden zwischen Jugendarbeit und seiner Aufgabe als Philosoph und Theologe. Seine Berufung zur philosophischen Arbeit sei ihm wichtiger[95].

Die Abstinenz

In der auf dem Osterthing verabschiedeten neuen Bundesordnung wurden Fragen der Organisation, des Verfahrens und der inhaltlichen Aufgabenstellung festgelegt. Quickborn wurde als Bund definiert, »dessen Mitglieder sich zum katholischen Glauben bekennen, gegenüber dem Alkohol und Nikotin in der Haltung des Verzichts stehen, eine Aufgeschlossenheit und Lebendigkeit von sich verlangen, die mit jugendbewegter Art bezeichnet wird«.[96]
Entscheidender Diskussionspunkt war wie so oft die Absti-

nenz. Strehler schlug in Anbetracht der unterschiedlichen Auffassungen vor, je nach der Stellung zur Abstinenz zwei Vereinigungen zu bilden, von denen die streng abstinente den Namen Quickborn tragen, die zweite sich anders nennen, aber mit Quickborn in engster Verbindung stehen solle. Der Vorschlag wurde abgelehnt.

In der Diskussion schälten sich drei Standpunkte heraus: Abstinenz im objektiven Sinn der vollkommenen Enthaltung von Alkohol; Abstinenz als Symbol und Weg, um zur inneren Freiheit zu gelangen; Abstinenz als christliche Nüchternheit den Lebensgütern gegenüber. Die Jüngeren verlangten die objektive Abstinenz, die Älteren die Möglichkeit der freien Entscheidung.

Der schließlich zustande gekommene Kompromiß ersetzte Abstinenz durch »Haltung des Verzichts dem Alkohol gegenüber«. Die Jüngeren machten die strengere Abstinenz zum Gesetz, die anderen, vor allem die Schlesier, wollten das kommende Jahr abwarten, um zu sehen, ob sie zur Haltung des Bundes Vertrauen gewinnen könnten[97].

Das Bundestreffen 1927 hatte insofern ein anderes Aussehen als frühere, weil im Mittelpunkt die Feier der Kartage und des Osterfestes stand und das Thing in den Hintergrund gedrängt wurde. Es war die erste gemeinsame Feier der Osterliturgie, die für Jahre vorbildlich sein sollte. Form und Ausdruck der Liturgie hatten eine Gemeinde geschaffen, die als Handelnde, Betende und Singende eins wurde[98].

Die Bundestagung im August 1927 war mit einer Werkwoche verbunden. Die Jungen waren zunächst drei Tage in einem Spessartlager und kamen nur zum Thing auf die Burg. Hier erklärten sie, ihre Erwartungen seien erfüllt, da – wie Guardini erklärt hatte – an eine Aufgabe der Abstinenz nicht gedacht worden sei. Dabei hatte Guardini vorsichtig gesagt, die Abstinenzformel des Osterthings sei von zwei Seiten mißverstanden worden: von den Laxen und den allzu Strengen; notwendig sei eine tiefere Beschäftigung mit der Abstinenz, die vielleicht im Laufe des Jahres abgeschlossen sein könnte[99].

Weil die Frage der Abstinenz auch in den kommenden Jahren nicht zu einer befriedigenden Antwort kam, ist es angebracht, auf dieses offensichtlich zentrale Problem noch einmal kurz einzugehen. Ausgangspunkt war zu Beginn der Bewegung die Alkoholnot, also ein soziales Thema. Im Laufe der Zeit wurde es vielfach unter religiös-ethischem Gesichtspunkt gesehen als Einübung in den Verzicht, als christliche Nüchternheit. Zugleich galt sie als ein wesentliches bindendes Element der Quickborner und als das Bestreben, neue, gesunde Gesellschaftssitten einzuführen. Es wurde nie bestritten, daß Abstinenz eine nüchterne Entscheidung verlangt, eine geistige, christliche Haltung und eine ganz gereifte Form des persönlichen Lebens ist[100]. Sie ist dem Menschen nicht wesensfremd. Im Gegenteil, die Ablehnung ihrer sozial-ethischen Begründung ist zugleich ein Sichverschließen gegenüber einem bedeutsamen Stück des wirklichen Lebens[101]. Als bewußtes Opfer und als Askese stählt sie den Willen und kann Gefahren für Seele und Charakter beseitigen[102].

Es bedeutet eine Verkennung innerer sozialer Lebensgesetze, wenn man den gewachsenen Bund nach dem jeweiligen Willen einiger umstellen will. Gesetze sollen nicht das Gewissen ersetzen, sondern es wecken[103]. Gerade die Jüngeren brauchen für ihre Arbeit klare Abgrenzungen, wie sie mit der strengen Abstinenz gegeben sind[104].

Diese Grundsätze waren im allgemeinen unbestritten. Und doch blieben zwei Punkte offen: 1. Wie müssen sich die Älteren verhalten? Hat für sie ebenfalls die strenge Abstinenz zu gelten, die für die Jüngeren schon des Reifeprozes-

ses wegen unerläßlich ist? 2. Ist die ewige Abstinenzdebatte nicht ein Zeichen der Unfähigkeit, sich den lebenswichtigen aktuellen Fragen zu stellen[105]?
Dies ist zweifellos eine entscheidende Frage, ob sich Zeit und Gesellschaft durch Weltwirtschaftskrise, Arbeitslosigkeit und den heranwachsenden Nationalsozialismus so gewandelt haben, daß sich andere Aufgaben in den Vordergrund drängen. Dann bliebe Abstinenz zwar eine personalethische Forderung, für einen Bund aber, der in die Gesellschaft seiner Zeit hineinwirken will, könnte sie nicht mehr der bestimmende Faktor sein, es sei denn, man fände für sie eine neue Begründung. Die Jahre bis 1933 reichten nicht aus, hier zu einer Klärung zu kommen.
So zog sich das Abstinenzproblem nahezu durch alle folgenden Tagungen. Schon bei dem Gauleiterthing, Weihnachten 1927, traten die alten Spannungen wieder auf. Hinzu kam jetzt noch das Verhältnis zur Burg, das von seiten der Jüngeren der Kritik ausgesetzt war. Auf der Bundestagung Ostern 1928 sollte endgültige Klarheit geschaffen werden. Insbesondere sollte auf Antrag der Jüngeren Abstinenz wieder als Bundesverpflichtung gelten[106].
Die Bundestagung Ostern 1928 entsprach im Verlauf der des vergangenen Jahres. In tätiger Anteilnahme und in wirklicher Mitarbeit wurde die Liturgie gefeiert. Die Anwesenden empfanden das Besondere als etwas Ereignishaftes für lange Zeiten[107].
Auf dem Bundesthing befaßte man sich mit den Vorschlägen des Gauleiterthings von Weihnachten. Die Formulierung »Abstinenz als Haltung des Verzichts« wurde wieder aufgegeben. Nun hieß es: »Wir fordern als Bundesverpflichtung die Abstinenz, das heißt die Enthaltung von Alkohol und Nikotin. Wir erwarten vom einzelnen, daß er entstehende Konflikte aus dem Ernst des verpflichteten Gewissens löst.

Diese Forderung ist die Aufforderung zur Entscheidung dem Bunde gegenüber. Die Abstinenz, wie sie Quickborn versteht, findet ihren Sinn und ihre Erfüllung in der christlichen, durch den Geist der Jugendbewegung wachen Persönlichkeit. So ist die Abstinenz nur ein Anfang.« Dieser grundsätzliche Maßstab ließ, wie damals bereits erklärt wurde, Platz für andere Entscheidungen der Älteren, zumindest als Ausnahme. Die Jüngeren wollten mit der neuen Formel ausschließlich gegen die schlaffe Auffassung der Abstinenz angehen[108].

Fragen des Tagesgeschehens

Auf der Bundestagung Ostern 1929 trat insofern ein neues Element in Erscheinung, als Kaufleute, Angestellte und Arbeiter eine Wirtschaftsgilde gründeten. Ihnen schienen die praktischen Fragen der Wirtschaft, die doch die meisten Quickborner entscheidend bestimmen, zu sehr in den Hintergrund gedrängt zu sein. Nun sollten durch die neue Gilde kleinere Arbeitsgemeinschaften gebildet werden, die Ansatzpunkte zur Umgestaltung der Wirtschaft aufgrund der Berufserfahrung einzelner aufzuzeigen hatten[109]. Es war ein Auftakt, ein Versuch, in das praktische Leben hineinzuwirken. Der später gegründete Oktoberkreis des Jahres 1930 führte diese Linie weiter.

Ein Jahr später hielt die Wirtschaftsgilde auf Burg Rothenfels ihre erste Werkwoche ab. Etwa 35 katholische Unternehmer, Kaufleute, Angestellte, Arbeiter und Sozialbeamte diskutierten aktuelle Wirtschaftsfragen. In dem Schlußbericht wird herausgestellt, Sinn der Wirtschaft sei nicht die Rentabilität schlechthin oder die Macht des Staates oder der Profit einzelner, sondern der Dienst am Nächsten, die Verwirklichung des Reiches Gottes auf Erden. Nur die christliche

Wertordnung vermöge dem Wahnsinn des heutigen Chaos Einhalt zu gebieten, den Verzweifelnden wieder Richtung und Hoffnung zu geben und die Wirtschaft ihrer eigentlichen Bestimmng und höchsten Produktivität zuzuführen. Die Kooperation zwischen Unternehmer, Kapitalgeber und Arbeiter habe am Platze der Arbeit selbst zu beginnen[110]. Entsprechend der Herkunft wurde auf die Gefahren hingewiesen, die von übermäßigem Konsum von Tabakwaren und Alkoholgetränken ausgehen. Diese Wirtschaftsgilde ist zweifellos eine Vorform des 1949 gegründeten »Bundes Katholischer Unternehmer«, wenn auch die Zielsetzung breiter war und z. B. Arbeitnehmer mitumfaßte.
Im August 1929 wurde der zehnjährige Besitz der Burg festlich begangen. Verbunden mit einer Werkwoche der Älteren, waren es Tage der inneren Besinnung und erhebende Freude. Es schien, daß die Jahre der Müdigkeit vergangen waren. Schon die Teilnahme der über 1000 jungen Menschen war ein Zeichen der Aufgeschlossenheit für das Geistige der Jugendbewegung[111]. Allein es regte sich auch Kritik, weil die frühere Spontaneität verlorengegangen war und durch planendes Anordnen ersetzt wurde[112].

Gegenkräfte

Quickborn wollte als Bund gerade auch unter Guardini eine Neuordnung des Volkes aus Religion und Kultur in die Wege leiten. Dabei stieß er aber mit dem Ende der zwanziger Jahre an eine Grenze, die er nicht überwinden konnte. Denn plötzlich kam eine Bewegung von einer ganz anderen Seite, die als Pseudo-Religion mit dem Anspruch des »auserwählten Volkes« und eines »Heilsbringers« auftrat, in Wahrheit aber purer Machtwille war. Der Weimarer Republik war eine Integration des Volkes mißglückt. Der politische Pluralis-

mus als Gegenbewegung entfachte einen Heißhunger nach Zusammenführung und militärischer Subordination unter einen Führer.
Quickborn konnte gegen diese Tendenz nicht angehen, zumal er auch zu selbstbezogen war, den Bund nicht bloß als Ausnahme- und Übergangserscheinung betrachtete und übersah, daß er gegenüber der organischen, vitalen Sozialstruktur der gewachsenen Ordnungen nur eine subsidiäre Funktion hatte[113]. Im Grund unpolitisch erzogen, wurde ihm Politik nicht zu einer zentralen Zielvorstellung. Religion und personale Bindung blieben seine Angelpunkte.
Nun aber trat immer drohender eine neue revolutionäre Garde, die Nationalsozialisten, in die gesellschaftliche Arena, die ihre Pseudo-Religion mit einer Total-Politisierung verband. Damit erwiesen sich die Ansatzpunkte des Quickborn für innere Erneuerung des Volkes als unwirksam. Die Jugend spürte dies und zog einen Trennungsstrich. Sie sah die Problematik freilich nicht, sondern ahnte nur unbewußt, daß sie Kräften gegenüberstand, denen mit bisherigen Mitteln nicht beizukommen war. Personalismus wurde durch Institutionen erstickt. Der sozial-revolutionäre Nationalismus wußte nichts mit Herzensbildung anzufangen. Der christliche Glaube hatte seine zentrale Stellung verloren, ja er wurde als Feind der neuen Bewegung angesehen.
So wurden die Nöte der Zeit immer drängender. Wie konnte sich Quickborn den Fragen stellen, die alle Welt bewegten? Darum ging es auf dem Bundesthing während der Ostertagung 1930 vor allem den Älteren. Formal war klar, daß die Älteren sich neue Formen schaffen müssen, um Anschluß an die Umwelt zu finden. Dabei war überbündische Zusammenarbeit durchaus möglich[114].
Was den Inhalt der Arbeit angeht, so wurden neue Aufgaben

gesehen. Nicht mehr vordringlich seien die Fragen der ersten Zeit: Autorität und Freiheit, Verhältnis der Geschlechter, Idee der Natürlichkeit usw. Jetzt gehe es um die Grundfragen der Wirtschaft und Politik, wie überhaupt des ganzen menschlichen und kulturellen Bereiches. Weil noch andere Standpunkte vertreten wurden, bildete man ein Gremium, das sich mit den aufgeworfenen Problemen wie Stellung der Älteren im Bund, Klärung von beruflichen und politischen Grundsätzen und Grundhaltungen näher beschäftigen sollte[115].

Damit war zum erstenmal offiziell der Versuch gemacht, sich mitten in das bedrohliche Tagesgeschehen hineinzustellen. Die Gründung des Oktoberkreises 1930 war eine direkte Folgerung der Ostertagung.

Freilich gab es auch früher bereits Ansätze zu politischer Aktivität wie etwa die von Kurt Döbler in Frankfurt/M. 1925/26 ins Leben gerufene und von Quickbornern getragene »Arbeitsgemeinschaft katholisch-republikanischer Studenten«.[116] Aber sie blieb ohne nachhaltige Wirkung. Deshalb bewegte viele die Sorge, es könnte bereits zu spät sein. Quickborn habe »viel zuviel ästhetische Kultur gepflegt, sogar noch zu einer Zeit, wo das Elend der Arbeitslosigkeit, die Not wirtschaftlicher und politischer Verworrenheit schon von allen Gassen schrie«.[117] Daß bei den Mädchen und den Jungen eine andere Situation vorlag, ist nicht verwunderlich. Sie arbeiteten wie bisher. Bei den Jungen trat allerdings die Neigung zu festerem Zusammenschluß, straffer Führung und guter Leibesübung deutlich hervor[118].

Der Oktoberkreis

Im Oktober 1930 trafen sich in Leipzig die Älteren. Bei dieser Gelegenheit wurde der Oktoberkreis gebildet. Er war ein

Zusammenschluß aufgrund einer neuen Situation. Bewegungen und Richtungen, denen das öffentliche Leben anvertraut war, seien nicht mehr in der Lage, die Not zu bannen, hieß es. So sei eine echte Krise, wirkliche Ratlosigkeit ohne Lösung entstanden. Deshalb seien die Weg- und Arbeitsgenossen der letzten Jahre aufgerufen, wieder tiefer zu graben, wieder neu zu prüfen, wieder persönlich öffentliche Verantwortung zu übernehmen. Als vorläufige Leiter des Kreises wurden gewählt: Walter Dirks, Ida Coudenhove, Ludwig Neundörfer[119].
Die Organisation war also geschaffen. Ehe es jedoch zur sachlichen Arbeit kam, suchte man des Verhältnis zum Bund zu klären. Der Älterenbund, der nur Quickborner umfaßte, sollte sich Bildungsaufgaben zuwenden, der Oktoberkreis, zu dem auch Nichtquickborner gehörten, wollte politisch und wirtschaftliche Themen aufarbeiten[120]. Quickborner, erfüllt von dem im Religiösen wurzelnden Verantwortungsbewußtsein für Staat und Volk, hatten ein Organ geschaffen, das in die Öffentlichkeit hineinwirken wollte, das aber doch nur lose mit dem Bund zusammenhing und seine Grundrichtung kaum entscheidend beeinflussen konnte. Es gab viele Zweifel, manche Ablehnung. So erklärte das erweiterte schlesische Gauführerthing, man erkenne den Oktoberkreis nicht als organisatorische Fortsetzung des Bundes an, sei jedoch damit einverstanden, daß Ältere im Älterenbund an den Aufgaben des Oktoberkreises mitarbeiteten[121].
In den folgenden zwei Jahren wurden im »Quickborn« und im »Werkblatt der Älteren im Quickborn« viele aktuelle Themen behandelt. Dennoch bleibt der Eindruck, daß die Wendung zum Politisch-Gesellschaftlichen zu spät erfolgte und nicht vom Bund als solchem getragen war. Zudem gab es keine gesellschaftliche Organisation von Einfluß, die Ansätze einer Neubegründung des Politischen, wie sie vom

12. *P. Gregor Lang*

13. *Walter Dirks*

14. *Ida Görres*
15. *Bernhard Hanssler, Ida Görres, Josefa Fischer*
16. *Lorenz Fischer, Bernhard Strehler, Walter Wilhelmi in Grüssau 1934*

17. *Der Heimgarten, Neisse*

18. *Bernhard-Strehler-Haus mit Kapelle des Heimgartens*

19. *Kapelle der Burg Rothenfels, Architekt Rudolf Schwarz*
20. *Rittersaal der Burg Rothenfels*

21. *Madonna von Maria Eulenbruch in der Burgkapelle*

Oktoberkreis ausgingen, hätte auffangen wollen. Dies lag z. T. auch an den zwar von hohem Idealismus getragenen, aber eher einer Ideologie als der Wirklichkeit entsprechenden Stellungnahmen.

Die Burg als Bildungsstätte

Unabhängig von diesem Versuch des Oktoberkreises, Neuland zu betreten, ging die eigentliche Bildungsarbeit auf der Burg weiter. Die geistige Form der Werkwochen führte auf das Jahr 1922 zurück. Ihr Ziel war es, die Teilnehmer aus ihrer täglichen Umgebung heraus in eine andere geistige Luft zu holen, ihnen geistige Anregungen zu vermitteln, die ins Leben wirken, alte Verbindungen wiederherzustellen, um neue Fühlung und neue Kraft zu gewinnen. Die Gefahren des Intellektualismus und des Dilettantismus wurden klar gesehen[122].

Vornehmlich in Arbeitskreisen wurden Sachfragen erörtert. Bedeutende Referenten, Arbeitskreisleiter und Teilnehmer waren gewonnen worden, die die Werkwochen zu einem Lebens- und Energiezentrum machten. Nur einige Namen seien genannt: Hermann Platz, der beste Kenner abendländischen Denkens und unentwegter Brückenbauer nach Frankreich; die Dichter Franz-Johannes Weinrich und Leo Weißmantel; Dr. Nikolaus Ehlen und P. Matthäus Schneiderwirth (Neu-Deutscher), P. Willibrord Verkade O.S.B.; P. Josef Kramp SJ und P. Erich Przywara SJ, Pfarrer Robert Grosche; der Laientheologe Ludwig A. Winterswyl; die Philosophen Theodor Steinbüchel, Ernst Michel, Siegfried Behn; Wirtschaftler und Politiker wie Adolf Damaschke und Josef Joos, die Frauenführerin Gerta Krabbel, der Musiker Eugen Jochum und der Architekt Dominikus Böhm[123]. Eine tief christliche, religiöse, stark ethisch und pädagogisch bestimmte Haltung gab dem Quickborn ein besonderes Schwergewicht[124].

Mit Guardini als Bundesleiter wurden die Werkwochen weiter ausgebaut. Insbesondere die Feier der Kar- und Osterliturgie kam als neues Element hinzu. So wurde Burg Rothenfels eine katholische Akademie, eine Vorläuferin der heutigen Diözesanbildungsstätten. Von den Heimvolkshochschulen unterschied sie sich vornehmlich dadurch, daß sie nicht Ergebnisse geistiger Arbeit allgemeinverständlich darbot, sondern die Teilnehmer selbst in den geistigen Prozeß der Antwort auf Grundfragen einbezog. Es gab vielleicht nur eine andere vergleichbare Einrichtung, die Ostdeutschen Hochschulwochen im Heimgarten, Neisse.

Der neue Aufgabenbereich der Burg als Bildungsstätte machte ihren Ausbau erforderlich. Man brauchte Räume für Werkwochen, Tagungen, Bildungskurse aller Art, ausreichend Übernachtungmöglichkeiten für Ältere und eine Kapelle, die den liturgischen Anforderungen entsprach. Den architektonischen Ausbau übernahm der bekannte Kirchenbaumeister Rudolf Schwarz, der 1927 Mitherausgeber der »Schildgenossen« wurde[125].

Kritik der Jüngeren

Da die Werkwochen vornehmlich für die Älteren gedacht waren, regte sich bei den Jüngeren Kritik. Sie reichte von Äußerlichkeiten wie der angeblich einseitigen Bestimmung der Wirtschaftsführung, der Gestaltung der Burg, der künstlerischen Dinge und der allgemeinen menschlichen Haltung auf Rothenfels[126]bis zu dem Einwand des Intellektualismus[127].

Er mündete schließlich in den Vorwurf, die Burg sei nicht

mehr für die Jüngeren[128], aus der Jugendburg sei eine Akademie geworden.

Es ist nicht eindeutig auszumachen, ob die Bildungsarbeit der Burg die Jugendlichen dem Bund entfremdet hat oder aber ob die Wandlung der Zeit die Jüngeren verändert hat und sie sich deshalb von Bund und Burg distanziert haben. Als Tatsache ist jedenfalls festzustellen, daß die Jungenschaft immer größere Selbständigkeit verlangte, bis sie sich schließlich zu großen Teilen vom Bund löste.

Schon für August 1925 war zu einem Lager im Spessart aufgerufen. Dabei wurde Jungenschaft definiert als der lebendig-bewegt-tätigste Teil, der den Bund will, also nichts organisatorisch Selbständiges ist, der aber durch sein Leben in die Älteren und Jüngsten hineinwirken will[129].

Bereits im nächsten Jahr wandte sich die Jungenschaft gegen den Traditions-Quickborn ebenso wie gegen die vermeintliche Eingebildetheit der Älteren. Sie rief nach dem Führer, nach straffer Zucht, Form und Ordnung[130], wollte Vorletztes (Fahrt, Zeltlager) mit ganzem Einsatz tun, in kleinen Dingen etwas zustande bringen, nicht aber bloß reden können[131].

Das bedeutete bereits das Verlangen nach mehr Unabhängigkeit. Auf einem Treffen in Lobeda kam es zu einer ersten Scheidung. Die Mehrzahl der Jüngeren hatte sich unter Ludwig Eggers zu einem straffen, in sich geschlossenen Bund gesammelt, der strenge Führung und Gefolgschaft suchte und dem sich auch die Älteren unterwerfen sollten. Demgegenüber vertrat Josef Emonds die Auffassung, daß für die Älteren ein freier Eigenraum notwendig sei[132].

Auf dem Bundesthing in der Karwoche 1926 stellte die Gefolgschaft zu Josef Emonds eine feste Einheit dar. Das Verhältnis beider Gruppierungen konnte nicht geklärt werden. Eine autonome Jungenschaft als Bund mit anderen Kräften, stellte Emonds fest, sei im Augenblick nicht mög-

lich. Daher müsse sie den Anspruch erheben, mit dem Bund identisch zu sein. Dennoch gab es eine starke Minderheit, die sich nicht zur Jungenschaft zählte[133].
Die Bildung des »Oktoberkreises« 1930 veranlaßte die Jüngeren zu grundsätzlichen Überlegungen über die Struktur des Bundes. Neben den Älteren stand die Mittelschicht, die »Jungmannschaft«, die sich noch nicht richtig formiert hatte. Die Jungenschaft hatte bereits eine relative Selbständigkeit erlangt und empfand sich als »ein bedeutendes Element des Bundes«. Die Älteren bestimmten jedoch das Gesicht des Quickborn. Deshalb erschien eine Trennung der Jüngeren von den Älteren unerläßlich. Die Form der Älteren sei nicht ohne weiteres auf die nachfolgende Generation zu übertragen. Die Burg sei der Ort der vorigen Generation, die von den Jüngeren als ein »heiliger Ort« angesehen werde. Der Auszug aus der Burg sei ein Zeichen neuen Lebens[134].
Diese Diskussionen und Gruppierungen waren freilich erst ein Vorspiel. Die entscheidende Auseinandersetzung stand noch bevor. Sie führte schließlich 1931 zur Bildung der autonomen Jungenschaft, die nur noch ganz lose Verbindung zum Quickborn hatte.
Die als Grund für diese Entwicklung angegebene Entfremdung der Älteren von den Jüngeren[135] ist zweifellos richtig, nur muß man sie in der richtigen Dimension sehen. Es handelte sich nicht nur um das typische Generationsproblem, dahinter verbargen sich ganz verschiedene Einstellungen zur gesellschaftlichen und politischen Situation. Der Wechsel des »Zeitgeistes«, der politischen und weltanschaulichen Situation schlug in den Bünden selbst bei den Jüngeren seine Wellen.
Man könnte meinen, daß diese Tendenzen gerade eine katholische Jugendbewegung zu entschiedenen Reaktionen veranlaßt hätte. Allein die Gesamthaltung der Jüngeren

hatte sich geändert, was die Bildung neuer überbündischer Gruppen beweist. Hinzu kam eine weitverbreitete Sehnsucht nach Lenkung und Hingabe. Schließlich hat das Gewissen in seinem aktuellen Inhalt auch immer eine soziale Komponente[136].

Selbständige Jungenschaft

Zwei gegenläufige Strömungen sind bei den Quickborn-Jungen der damaligen Zeit zu erkennen: erstens das Verlangen nach Selbständigkeit im Bund, zweitens der Wunsch nach Bildung einer möglichst großen Jungenschaft über alle bestehenden Bünde hinweg.
Neue Gruppierungen schienen für einen Zusammenschluß frische Ansätze geschaffen zu haben. Die Herrschaft des Nationalsozialismus beschleunigte die Entwicklung und brach sie gleichzeitig früh wieder ab. Die Geschichte der selbständigen Quickborn-Jungenschaft ist zwar kurz, aber doch symptomatisch für den gesamten Bund.
Die Anstöße für eine autonome Jungenschaft kamen von außen. Als wichtiger Kristallisationspunkt wirkte die schon genannte Freischar. Ihr Führer, Ernst Buske, hat die Geschichte der Freischar und der ganzen Jugendbewegung wesentlich geformt[137]. Die Idee des Bundes als Lebensgemeinschaft hatte sich als unrealistisch erwiesen, jedoch den Anstoß für die Sammlung der verschiedenen Altersgruppen gegeben: der Jungenschaft bis zu 17 Jahren, der Jungmannschaft für die 17- bis 25jährigen und der Mannschaft für Mitglieder über 25[138].
Aus der Freischar entwickelte sich die »Deutsche Jungenschaft« (dj 1.11.), die von dem Stuttgarter Eberhard Köbel, der sich nach einer Lapplandfahrt Tusk nannte, am 1. 11. 1929 gegründet wurde. Köbel war ein begnadeter Jugend-

führer, der das ganze Zeitschriftenwesen der Jugendbewegung revolutionierte und neue Impulse in die Jungen aller Bünde hineintrug. Tracht, Lieder und gesamtes Verhalten wurden in ganz Deutschland und darüber hinaus kopiert[139]. Köbels Ziel war es, alle deutschen Jungen unabhängig von ihrer bündischen Herkunft zu vereinen. Seine politischen Seitensprünge – er war 1932 für einige Monate Mitglied der KPD – ließen die organisatorische Bedeutung seines Bundes schwinden.

Erste Ablösungserscheinungen der Quickborn-Jungenschaft vom Bund traten auf dem Spessartlager im Sommer 1927 in Erscheinung. Treibende Kraft war vor allem Theo Dengler, der Gaugraf des Alemannengaues[140].

Das besondere Gemeinschaftsbewußtsein als selbständige Quickborn-Generation bildete sich immer stärker heran. Straffe Führung und Disziplin rückten in den Vordergrund. 1931 schlossen sich die südwestdeutschen Gaue, Alemannen, Schwaben, Nordbaden, Pfalz und Mittelrhein zusammen, zunächst ohne »konstituierende« Folgen innerhalb des Quickborn-Jüngerenbundes. Sie nannten sich Südwest (SW). Später sind noch andere Gaue hinzugestoßen.

Reichsführer der Jungenschaft wurde Theo Jung, sein Nachfolger wurde im Herbst 1932 Hans Jörg Oeschger, zunächst kommissarisch und auf dem sog. Ost-West-Lager bei Liegnitz Ostern 1933 endgültig gewählt. Pfingsten 1933 erfolgte der Zusammenschluß mit den Normannsteinern zum Bund der Deutschmeister mit dem Untertitel: »Bund der Quickborn-Jungenschaft und der Normannsteiner«. Man hoffte freilich vergeblich, den Mitgliederschwund auf diese Weise aufzuhalten. Das war kein Wunder in einer Zeit totaler Umwälzung, höchstens ein Zeichen dafür, daß die Grundsätze der Jungenschaft viele nicht geprägt hatten bzw. daß sie nicht ausreichten, dem revolutionären Neuen standzuhalten.

Vielleicht trifft hier ein Wort Guardinis zu, das er 1939/40 geäußert hatte: Die Quickborn-Jungen seien keine Gemeinde mehr im früheren Sinn, weil sie nicht Formen weitergeben, sondern sie von anderen übernehmen und sich deshalb durch keine typische Lebensform von anderen unterscheiden. Nachdenklich fügte er hinzu, vielleicht sei die Abstinenz dafür doch gut gewesen[141].
Das Verhältnis der Jungenschaft zum Quickborn-Bund war von beiden Seiten her seit langem gespannt. Schon nach dem Spessartlager 1927 war es zu heftigen Diskussionen gekommen, die eine der Ursachen der späteren Entfremdung waren. Die neuen Aktivitäten, die sich mehr oder weniger in Äußerlichkeiten manifestierten, brachten den Jungen den Vorwurf ein, nicht mehr den geistigen Spuren des Quickborn und Guardinis zu folgen.
Einige Führer, wie etwa der Gaugraf vom Mittelrhein, Paul Haubrich, pflegten elitäre Übersteigerung von Rang und Blut, verehrten Stefan George als den Propheten der Jugend und forderten bereits 1931 zum Verbrennen veralteter Literatur auf. Haubrich gestaltete die »blaue Stunde« Ostern 1932 auf Burg Rothenfels, eine äußerlich disziplinierte Veranstaltung, die auf die Älteren freilich schockierend wirkte und ihre ablehnende Einstellung zur Jungenschaft verstärkte. »Der Abend im Rittersaal mit dem Schuß an die Decke war zwar ein eindeutiger Protest gegen Geist und Stil der Jugend«, heißt es in einem Brief Messerschmids an Oeschger (4. Oktober 1979). Es liege ihm fern, daraus weitgehende politische Folgerungen zu ziehen. »Immerhin zeigte der Abend, daß es in der katholischen Jugend damals keine durchgängige Immunität gegen den NS gab.« Auch dieser Brief zeigt, daß bei allen Spannungen das Auftreten an diesem Abend nicht charakteristisch für die gesamte Jungenschaft und für alle ihre Führer war.

Andererseits muß man sehen, daß insbesondere die bevorzugten Zeltlager von paramilitärischen Formen geprägt waren, die Tracht einer Uniform glich, neues Liedgut, Songs, die alten Volkslieder verdrängt hatten und Grundsätze des Quickborn nicht mehr bedingungslos akzeptiert wurden. So hatte man auf dem Herbstlager 1932 beschlossen, Abstinenz von Alkohol und Nikotin als Bundesgesetz aufzugeben. Damit wurde der bisherige Leitsatz »Lebenserneuerung durch Verzicht« aus seiner Bezogenheit zum Lebens- und Volksganzen gelöst und besaß egozentrisch höchstens noch für die Jugend Gültigkeit. Was Strehler 1919 befürchtet hatte, war jetzt eingetreten.

Wenn auch die Abstinenz im Bunde längst nicht mehr unumstritten war, so hatte bisher doch niemand an dem Prinzip gerüttelt. Jetzt war der Grundsatz gefallen. Die Burg selbst wurde nurmehr als Werk und Stätte des Älterenbundes angesehen, die man achtete und anerkannte, aber nicht liebte[142]. Das einzige Bindeglied zum Quickborn war der Jungenschaftsführer, der zur sog. Bundesleitung gehörte.

Gerade in diesen Punkten wird die veränderte Zeitsituation deutlich. Man war nüchterner geworden. Das Problem der Jungenschaft war, daß sie das Neue ahnte, aber wie die Erwachsenen kein Ziel sah[143]. So war schließlich der Mißerfolg schon vorprogrammiert.

Die Stellung der Jungenschaft zur Kirche war eindeutig. Sie betrachtete sich als katholischen Bund und suchte durch »Feldkapläne«, Theologiestudenten und junge Geistliche der Bedeutung des Religiösen gerecht zu werden. Allerdings war man zurückhaltender geworden und behandelte Fragen rein religiöser Art nur in Beilagen zu Gauleiter- bzw. Führerbriefen. Das Jungenblatt selbst wollte vornehmlich Berichte »aus ursprünglich-sorglosem Jugendleben« bringen[144]. Das hatte zweifellos zur Folge, daß das Religiöse für diese

selbständige Jungenschaft nicht mehr das eigentliche Bindeglied war.
Es gab erbitterte Gegnerschaft gegen diese Entwicklung der Jungenschaft, vor allem in Oberschlesien und Berlin. Die Gegenströmung setzte erkennbar 1932 ein. Gaue und Gruppen, die am alten Quickborn-Ideal festhielten und den neuen Kurs nicht mitmachen wollten, wurden aus dem Bund ausgeschlossen, weil sie »nicht jungenschaftlich genug« seien. Auf dem Ost-West-Lager wurde die Einheit der Jungenschaft äußerlich wiederhergestellt[145].
Die Gründe für die Sonderstellung der Schlesier lagen vornehmlich in der isolierten Stellung am Rande des Reiches, was den Kontakt zwischen Ost und West erschwerte. Die Führer der Jungenschaft kümmerten sich in erster Linie um den Westen. Hans Jörg Oeschger war 1933 der erste Jungenschaftsführer, der nach Schlesien kam[146].
Treibende Kraft gegen die Entwicklung der Jungenschaft war Walter Wilhelmi, der von dem bisherigen Quickborn nicht lassen wollte. Er sah in ihm die einzige Möglichkeit, bündische Substanz in einem katholischen Jungenbund zu bewahren[147].

Die Jungmannschaft

Parallel zu der Jungenschaft formte sich vor allem in Niederschlesien, wie bereits 1930 zu erkennen gewesen war, im Herbst 1931 dic Jungmannschaft unter Hans Assmann. Sie löste sich organisatorisch von der Jungenschaft und bildete eine selbständige Schicht. Sie ging zusammen mit den Normannsteinern. Wieder handelte es sich um eine Generationsfrage. Man wollte ein neues Weltbild finden, nicht aufgrund dessen, was bisher als Quickborn bezeichnet wurde, sondern aufgrund des eigenen Gewissens. Die drei

Bundesprinzipien sollten nicht mehr ausschlaggebend sein. Die Jungmannschaft fühlte sich nicht als Ort des Übergangs in den Älterenbund.
Die Jungmannschaft existierte freilich nicht lange. Schon im Juli 1932 sagte Assmann ein Lagertreffen kurzfristig ab und sah die Jungmannschaft als erledigt an.
Stark beeinflußt war diese Jungmannschaft von der deutschen Freischar und ihrem »Boberhaus«, einem Zentrum für Erwachsenenbildung, das die schlesische Gruppe in Löwenberg geschaffen hatte[148]. Die schlesische Jungmannschaft wollte sich zwar nicht auf eine parteipolitische Richtung festlegen. Andererseits war Gedankengut des Boberhauses in sie eingedrungen. Moeller van den Brucks Ideen wurden ebenso aufgegriffen wie Vorstellungen des »Tat«-Kreises, Ernst Jüngers, Martin Heideggers und Ferdinand Frieds. Aber auch Widerstandskämpfer wie der linksradikale Ernst Niekisch gewannen Einfluß.
Diese unterschiedliche politische Einstellung war der eigentliche Grund für die Absage der Jungmannschaft. Einige suchten sich später anzupassen, andere unterstützten in Form von Kristallisationspunkten Jungengruppen[149].

Der Kampf ums Überleben (1933–1945)

Am 30. Januar 1933 wurde Hitler zum Reichskanzler berufen. Damit brach für das deutsche Volk, die Kirche, die Welt und auch für Quickborn eine neue drangvolle Zeit an. Was würde geschehen? Würde das alte Laster des deutschen Geistes, den Erfolg bejahend hinzunehmen[150], auch jetzt wieder weiterwuchern?
Gewiß, die katholische Kirche war tief im Volk der Gläubigen verwurzelt. Sie daraus zu vertreiben, war ein nahezu

unmögliches Unterfangen. Die Gefahr lag nur darin, daß sich der innere Widerstand gegen den Nationalsozialismus auf einer falschen Ebene bewegte. Man kämpfte gegen die nationalsozialistische Weltanschauung und erkannte nicht, daß diese Ideologie nur die Verbrämung eines puren totalitären Machtwillens war, der bei den Mitläufern zum Opportunismus wurde[151].

Angriffe der neuen Machthaber

Die Kirche hatte zunächst noch Hoffnung, schlimmste Gefahren abwenden zu können. Das Reichskonkordat vom 20. Juli 1933 schien sogar ein befriedigendes Weiterarbeiten zu ermöglichen. Die Hoffnung aber trog. Sehr schnell mußten die deutschen Katholiken erkennen, daß der Vertrag kaum das Papier wert war, auf dem er geschrieben war. Die Zerstörung der katholischen Organisationen ging planmäßig vor sich, die Verfolgung mißliebiger Gläubiger, Priester und Laien ließ nicht lange auf sich warten.

Einsichtigen war bald klar, daß gegen die nackte Gewalt eines Unrechtsstaates, gegen die gesetzliche Rechtlosigkeit äußere Formen katholischen Lebens nicht zu halten waren. Dies hing vor allem damit zusammen, daß Totalitarismus den einzelnen Menschen und die Gesellschaft in ihrer Ganzheit, also in allen personalen und sozialen Lebensbereichen erfassen will, daß es für ihn keinen staatsfreien Raum gibt und keine institutionell gesicherten Grundrechte. Der unbedingte Machtwille glaubt sich nur dann gesichert, wenn alle Bereiche menschlichen Daseins ihr Eigensein aufgeben und nur noch das denken und tun, was von oben verordnet wird. Hier mußte es also zu einer Auseinandersetzung mit katholischem Geist, also auch den Quickbornern kommen.

Noch von einer anderen Seite war zwischen Quickborn und Nationalsozialismus eine Konfrontation zu erwarten. Das Totalitäre ist, wie Hans Freyer zeigt[152], die spezifische Gefahr sekundärer Systeme, die vor allem auf dem Boden der dem Staat zur Verfügung stehenden Technisierung wuchern. Sekundäre Systeme rechnen nicht mit Menschen, die, innerlich gefestigt, sich letzten Entscheidungen entziehen und ihrem Gewissen folgen, deren Handlungen und Stellungnahmen also nicht voll kalkulierbar sind, weil die in ihnen verankerte Menschlichkeit rationaler Berechenbarkeit unzulänglich bleibt. »Hier wird vielmehr mit einem Menschen gerechnet, der gar nicht anders kann, als auf das System ansprechen . . . Der Mensch wird auf das Minimum, das von ihm erwartet wird, wirklich reduziert.«[153]
Vergegenwärtigt man sich diese Zusammenhänge, dann ging es für Quickborn wie für viele katholische Organisationen um zweierlei: einmal, ob sie in der Lage und bereit war, inneren, vielleicht sogar äußeren Widerstand zu leisten, nicht als Bund, sondern einzeln als Glieder eines Bundes, und zweitens, ob Quickborn als katholische Jugendbewegung etwas Gewachsenes und nicht als bis zum Grund Entworfenes geworden war, das seinen Gliedern einen Fonds vermittelt, der auch durch das »sekundäre System« des Totalitarismus nicht verwandelt oder gar ausgemerzt werden kann.

Auflösung des Älterenbundes

Im Juli 1933 rief Guardini die Bundesleitung, also Josepha Fischer und Rolf Ammann, in Frankfurt zusammen, um die neue Lage zu beraten. Josepha Fischer ahnte, wie sie in einem Brief (10. 7. 1980) schrieb, von ihrem Mann gewarnt, daß Guardini ausschließlich an der Burg und weniger am

Bund interessiert und deshalb bereit sei, den Bund der Burg zu opfern. Entsprechend schlug er auch vor, den Älterenbund aufzulösen, um die Burg zu retten.

Die anderen leisteten zunächst heftigen Widerstand. Schließlich stimmten sie zu, einmal, weil sie voraussahen, daß Quickborn auf die Dauer nicht zu halten sei, und zweitens, weil eine äußere Auflösung des Bundes die innere Gemeinschaft nicht zerstören könne; denn Quickborn sei eben doch eine gewachsene Ordnung.

So heißt es im Burgbrief[154], »daß die Älteren im Quickborn jeglichen formellen Bundescharakter ... ausdrücklich aufgeben. Wir haben uns deshalb als verantwortliche Leitung des Bundes entschlossen, die Organisation des Älterenbundes aufzulösen« und »auf jeden organisatorischen Zusammenhang im Sinne einer politischen Machtgruppe (zu) verzichten«. Um die Trennung von Bund und Burg auch äußerlich zu dokumentieren, wurde in einer Generalversammlung am 17. August 1933 durch Abstimmung der anwesenden Vereinsmitglieder der »Verein der Quickbornfreunde e. V.«, der Rechtsträger der Burg, umgewandelt in »Vereinigung der Freunde von Burg Rothenfels e. V.«.

Auslösendes Moment dieser Entscheidung war wohl die Tatsache, daß der damals noch freiwillige Arbeitsdienst, aber bereits von der NSDAP beherrscht, zunächst in kleineren Gruppen anrückte und schließlich im Frühjahr 1933 mit 400 Mann Quartier in der Burg (Zehntscheuer) bezog[155]. Die eigentliche Burgarbeit wurde dadurch erheblich gestört.

Reaktionen

In der Folgezeit wurden verschiedene Tendenzen sichtbar. Einige waren über die Auflösung froh, weil sie Quickborn als Belastung für ihr weiteres Fortkommen betrachteten.

Andere wollten insbesondere die Jungenschaft geschlossen in die Hitlerjugend überführen, was allerdings am Widerstand der meisten scheiterte. Die autonome Jungenschaft unter Hans Jörg Oeschger suchte Anschluß an den katholischen Jungmännerbund, der durch das Reichskonkordat geschützt schien. Ein Gespräch mit Generalpräses Ludwig Wolker führte zum Erfolg. Die Deutschmeister arbeiteten nun eng zusammen mit der Sturmschar und der deutschen Pfadfinderschaft St. Georg. Ostern 1934 wagten sie sogar noch ein gemeinsames Lager, das kurzfristig auf einen »neutralen Rheindampfer« verlegt werden mußte, weil in den Regierungsbezirken beiderseits des Rheins die öffentliche Betätigung bereits verboten war. Ein Bericht über dieses Treffen schließt mit dem Satz: »Der Tag reift heran, wo sich unsere Bereitschaft bewähren muß.«[156]

Hier bildete sich der »Graue Orden«, der den Zusammenschluß aller geeigneten Kräfte fördern sollte. Er war von Fritz Leicht angeregt worden und entfaltete im Verborgenen ein reges Leben. Noch 1935 ging man auf Auslandsfahrt, traf sich auf getrennten Wegen in Venedig und machte sich auf den Weg nach Montenegro. Da der Gestapo diese Aktivität nicht verborgen blieb, kam es nachher zu Verhaftungen, Gerichtsverhandlungen und teilweise zu Verurteilungen[157].

Eine andere Gruppe schließlich unter Kaplan Karl Rogier, Thea Trimborn und Walter Wilhelmi rief in einem Flugblatt »An alle im Quickborn« dazu auf, den »alten Quickborn mit seinen ungeschmälerten Grundsätzen« zu erhalten und sich neu zu sammeln. Kardinal Bertram habe auf Anfrage erklärt, daß Quickborn von den deutschen Bischöfen unter die katholischen Organisationen gezählt werde, die im Sinne des Konkordates erhalten und geschützt werden sollten[158]. Bernhard Strehler hatte sich bereit erklärt, als Bundesführer tätig zu sein.

Der Aufruf löste ein beachtliches Echo aus. Aus ganz Deutschland meldeten sich einzelne, Gruppen und Gaue. Augsburg, Schwäbisch Gmünd, Würzburg, Krefeld waren die ersten. Ein Führertreffen am 18. März 1934 in Berlin regelte die Organisation, die bisher Lorenz Fischer mit dem Berliner Kreis übernommen hatte.
Guardini lehnte für diese Neuorganisation jede Verantwortung und jede Beziehung zu ihr ab. Die Burg sei durch die Generalversammlung des ehemaligen »Vereins der Quickbornfreunde« vom 27. August 1933 aus allen Bundeszusammenhängen gelöst und frei in sich gestellt. [159]
Bernhard Strehler, inzwischen von Kardinal Bertram, dem Schirmherrn des Bundes, bestätigt, war Bundesleiter, der die letzten richtunggebenden Entscheidungen zu treffen hatte. Als Vertreter der Älteren wurde Kaplan Karl Rogier, Gleiwitz, als Vertreterin der Mädchen Ida Coudenhove, Dresden, als Vertreter der Jungen Walter Wilhelmi, Freiburg i. B., entsandt. Ihnen oblag vor allem die Sorge für die aus der natürlichen Dreigliederung des Bundes sich ergebenden drei Säulen (Ältere, Mädchen, Jungen) und deren Vertretung in der Bundesleitung. Da die Last der Geschäftsführung nicht auf Dr. Strehler liegen konnte, wurden zu geschäftsführenden Bundesleitern bestimmt: P. Gregor Lang OSB, Augsburg, als geistlicher Führer und Dr. Lorenz Fischer, Berlin, als Laienführer. Er nannte sich später Bundeskanzler. Das Führertreffen stellte fest, Quickborn stehe kirchlich auf dem Boden des Konkordates, der damals einzig möglichen Plattform; die drei ursprünglichen Grundsätze katholisch-deutsch-abstinent gelten in uneingeschränkter Form fort; der Begriff »Jugendbewegung« bedürfe einer Neufassung. Mitglieder waren die Älterengaue Ostpreußen, Nordgau, Oberschlesien, Breslau-Niederschlesien, Franken und Bayern, alle 20 Mädchengaue und von den Jungengauen

zunächst bloß Oberschlesien und Bayern[160]. Bald entwikkelte sich wieder ein reges Leben. Im April 1934 erschien »Quickborn« im 17. Jahrgang, für den Seraphie Schaneng und Erich Reisch verantwortlich zeichneten. In einem weiteren Rundbrief (ohne Datum) berichtete Lorenz Fischer, daß seit dem 18. März 1934 Berge von Briefen, Anfragen, Mitteilungen, Gaublättern und Gauberichten bei ihm eingegangen seien, die vom Leben des Bundes beredtes Zeugnis ablegten. Gleichzeitig kündigte er Gautage für den Osten und den Süden im August an. Sie wurden in Grüssau und Meitingen abgehalten.

Walter Wilhelmi entfaltete eine große Aktivität, reiste quer durch Deutschland, gründete Jungengruppen in Mainz, Frankfurt/M., Stuttgart, Ulm, Regensburg, hielt Verbindung mit dem österreichischen Quickborn sowie mit Emigranten im Ausland und gab eigene Führerbriefe der Quickborn-Jungen heraus – sie nannten sich nicht mehr Jungenschaft, um die Einheit des Bundes zu unterstreichen.

Im ersten Führerbrief vom 29. August 1934 schrieb Wilhelmi u. a.: »Wir haben den um Deutschland verantwortungsvollen Katholiken zu entwickeln ... Wir gehen nicht ohne weiteres in die Katakomben. Wir bauen das christliche Deutschland. Wir müssen aber wissen, wir, die Führer, daß wir kein Kinderspiel mehr treiben, kein bloßes Ausleben im Jugendreich ...«[161]

Im Laufe eines Jahres fanden eine ganze Reihe alter Gaue zur Quickborn-Jugend zurück, zumal die Deutschmeister-Jungenschaft den äußeren Zusammenhalt weitgehend verlor. Im September 1934[162] werden folgende selbständige Jungengaue mit ihren Gauleitern aufgezählt: Schwaben, Bayern, Rheingau und Westfalen, Oberschlesien. Dagegen schienen Baden, Franken, Thüringen und Grenzmark zu diesem Zeitpunkt noch nicht selbständig gewesen zu sein. Die Zahl der

Mitglieder wird von Wilhelmi mit etwa 500 Jungen angegeben.
Es wurde ein Fahrtenamt unter Willi Machura geschaffen, das Fahrten organisieren und Kontakte zwischen Fahrtengruppen herstellen sollte. Ein Liederamt unter Gerhard Kronberg (früher Kosziol) erteilte Rat in allen musikalischen Fragen, gab Liederblätter und schließlich das Liederbuch »Ahoi« heraus. Es enthielt neue Lieder, die aus der Not der Zeit entstanden waren mit Texten und Melodien von Quickbornern und die als Widerstand gegen die Machthaber verstanden wurden.
Da Jungborn nicht mehr ordentlich arbeiten konnte, sollte versucht werden, Jungborner wie überhaupt abstinente katholische Jugendliche zum Quickborn zu holen[163].
Im Sommer 1935 fand in Oberstdorf ein Reichstreffen der Jungenschaft statt, an dem 130 Jungen teilnahmen. Es wurde zunächst von der Partei übersehen, später aber als »illegales Quickborn-Jungenschaftstreffen« in den Zeitungen veröffentlicht.
Trotzdem gingen die Treffen der Jungenschaft weiter. Im nächsten Jahr wurde auf dem Führertreffen in Berlin Walter Wilhelmi als Reichsjungenführer wiedergewählt. Redakteur des neugeschaffenen »Blitz«, Führerschulungsblatt der Quickborn-Jungen, wurde deren Feldkaplan Pfarrer Joseph Sandmann. Der »Ringspiegel«, der die Aufgaben der Quickborn-Jungenschaft umschreibt, konnte herausgebracht werden. Er wollte ein Arbeitsbuch sein und enthielt deshalb neben grundsätzlichen Abhandlungen auch praktische Anleitungen.
Ida Coudenhove legte 1936 die Führung der Mädchen nieder. Nachfolgerinnen wurden Christel Degenhardt für die nördlichen Gaue und Trudl Rettenmayer für den Süden und Schlesien[164].

Walter Wilhelmi schied nach seiner Verhaftung 1939 aus seinem Amt. Nachfolger wurde Fritz Schlüter.
1937 mußte Lorenz Fischer aus Gesundheitsgründen von seinem Amt als Kanzler des Bundes zurücktreten. In einem Brief an den Rheingau hatte er, gleichsam zum Abschied, geschrieben: »Haltet euch stets bewußt, daß nur Kämpfernaturen bei uns auf die Dauer durchhalten werden.«[165]
Sein Nachfolger wurde Heinrich Bachmann, der damals Redakteur von »Kirche im Volk« (Düsseldorf) war und seit 1936 regelmäßig im »Quickborn« geschrieben hatte. In einem Grundsatzartikel »Vom Amt«[166] hat er nicht nur seine neue Aufgabe umschrieben, sondern alle daran erinnert, daß der Bund die Schule der Bewährung sei.

Getarnte Arbeit

Sammlung und Neuaufbau forderten Mut, Klugheit, Zeit und politische Opfer. Nichts konnte deutlicher erweisen als diese Bereitschaft, daß Quickborn mehr als nur äußere Organisation war, daß er ein Bund ist, der durch einen Auflösungsbeschluß nicht auseinanderfiel, weil innere Bindung, Grundhaltung und Wertordnung nicht durch Dekret beseitigt werden können.
Es ist schwer, die Tätigkeit des Quickborn in den folgenden Jahren nachzuzeichnen. Vieles geschah im Verborgenen, auch im Widerstand. Da jedoch nicht alles veröffentlicht werden konnte, ist man heute auf die wenigen Publikationen, spektakulären Ereignisse und persönlichen Berichte angewiesen, die naturgemäß kein Gesamtbild ergeben. Nur eines läßt sich folgern: Die innere Kraft des Quickborn war angesichts der äußeren Bedrohung wiedererwacht.
Kennzeichnend für viele ähnlich gelagerte Fälle ist ein Vorgang des Jahres 1933 aus Schwäbisch Gmünd. Die dor-

tige Quickborn-Gruppe hatte schon vor 1933 in dem nahe gelegenen Herlikofen von der Gemeinde das Appenhaus als Landheim gepachtet. Im Oktober wollte der Bürgermeister den Vertrag mit sofortiger Wirkung kündigen; mit dem zuständigen HJ-Führer sollte wegen der Übernahme des Inventars Fühlung aufgenommen werden. Die Quickborner weigerten sich, wiesen auf § 595 BGB (gesetzliche Kündigungsfrist) hin, wollten sich an das Gericht wenden und hielten deshalb eine Rücksprache mit dem HJ-Führer für unnötig. Das Haus wurde erst Ostern 1934 geräumt, obwohl mit der Auflösung der Quickborn-Gruppe gedroht worden war.

So ging an vielen Orten das Leben der Gruppen weiter, wenn auch nach außen abgeschirmt und getarnt. Wer die »Quickborn«-Hefte der Jahre 1934 bis 1939 liest, ist erstaunt über die Aktivität und die Bereitschaft zum Durchhalten. Berichte über Oster- und Pfingsttagungen mit 400 bis 500 Teilnehmern, von Bundestreffen, Gautagen, Fahrten und Einkehrtagen kehren immer wieder.

Bundestreffen und Gautage waren immer als Einkehrtage ausgeschrieben, die einzige Form, die noch erlaubt war. Natürlich standen jedesmal religiöse Vorträge im Mittelpunkt. Daneben aber gab es noch viele andere Beschäftigungen. Besonders das Singen wurde gepflegt.

Einkehrtage-Bundestreffen fanden statt: 1935 in St. Ingbert, 1936 in Alt Buchhorst bei Berlin, 1938 in Hubertusburg. Daneben gab es überall im Lande Gautage, vor allem Pfingsten, an Bischofstagen usw. Noch Pfingsten 1939 feierten die Schwaben (Jungen und Mädchen) ihren Gautag, natürlich nach außen als Einkehrtag firmiert, im Haus Marientann, Kreis Ravensburg. Dort hatte Konrad Theiss das dem Caritasverband gehörende Haus zu einem Volksbildungsheim ausgebaut. Die rund 60 Teilnehmer erlebten schöne, besinnliche und sangesfrohe Tage. In Bayern trafen sich an denselben Tagen Jungen, Mädchen und Ältere aus Augsburg, Landshut, Freising und Mühldorf auf dem sog. Angerhof bei Langenbach zwischen Freising und Moosburg.

Der Erfindungsreichtum war groß. Er sorgte dafür, daß der Kontakt miteinander nicht abriß. Rundbriefe, z. T. handgeschrieben und abgezogen, berichteten vom Leben in den Gruppen, Städten und Gauen.

Selbst nach dem Verbot 1939 blieb die persönliche Verbindung erhalten, ja sie wurde sogar noch enger. In fast jeder Stadt gab es eine Anschriftenstelle, die zugleich auch dafür sorgte, daß neu Zugezogene sofort Anschluß fanden. Man besuchte sich gegenseitig und kümmerte sich um Quickborner, die beim Militär oder Arbeitsdienst waren. So entstanden überall kleine Gemeinschaften, deren Mitglieder sich in derselben Grundhaltung verbunden wußten. Trafen sich unbekannte Quickborner, so begegneten sie sich als zuverlässige Freunde, auf die man sich auch bei politischen Gesprächen verlassen konnte.

1937 wurde dem Quickborn von der Hoheneckzentrale, der katholischen Arbeitsgemeinschaft gegen den Alkoholismus (jetzt Kreuzbund genannt) und der Zentrale des Reichsausschusses deutscher Katholiken gegen den Alkoholmißbrauch, die ihrerseits von der Reichsarbeitsgemeinschaft für Rauschgiftbekämpfung anerkannt war, bescheinigt, daß er seit der Gründung des Reichsausschusses (1926) ihm angeschlossen sei, ebenso dem Zentralverband Deutscher Enthaltsamkeitsvereine[167]. Damit schien eine neue Überlebenschance gegeben zu sein.

Um auch formal als loser Bund nicht angetastet werden zu können, wurde 1939 der Versuch gemacht, ein scheinbar neues Gebilde aufzubauen, das formal den Erfordernissen der Zeit entsprach und doch den alten Inhalt behielt. Anfang

Januar 1939 beschloß ein kleiner Kreis in Erfurt die Gründung des Vereins »Quickborn im Reichsausschuß deutscher Katholiken gegen den Alkoholmißbrauch«. Die Vereinsleitung übernahm wiederum Bernhard Strehler. Ihm zur Seite standen Heinrich Bachmann, Lorenz Fischer, Seraphie Schaneng. Wer dem Verein angehören wollte, hatte eine Verpflichtungserklärung zu unterschreiben.

Auch dieses Mal war der Widerhall erstaunlich. Innerhalb weniger Wochen waren nahezu 1000 Unterschriften eingegangen. Dabei konnte man feststellen, daß es noch viele unversehrte Gruppen gab, ein Beweis dafür, daß die Sammlungsbewegung von 1933/34 nicht umsonst gewesen war[168].

Arbeit im Untergrund ist schwer. Man muß neue Wege suchen, Mut haben und zwischen den Zeilen zu lesen verstehen. Die Gruppenarbeit wurde vielfach in die Pfarrgemeinde verlegt. Man mühte sich um volksverbundene Liturgie, brachte junge Familien zu Arbeitsgemeinschaften im häuslichen Kreis zusammen, sorgte sich um das Pfarrblatt, organisierte Vortragstätigkeit, half in der Caritasarbeit und nahm sich der Jugend an. Für sie organisierte man z. B. Mysterienspiele in der Kirche, etwa Johannes Weinrichs Allerheiligen- und Allerseelenspiel, das Sprechchöre benötigte, für deren Proben viele Zusammenkünfte mit der Jugend erforderlich waren. An dem Spiel in der Kirche nahm die gesamte Pfarrgemeinde lebhaften Anteil und verstand es als Wille zur Selbstbehauptung und als Protest gegen das herrschende System.

Mutige Artikel erschienen im Quickborn, im allgemeinen mit religiösen Vorzeichen versehen, gelegentlich aber auch offen über die Einstellung des einzelnen im heutigen Staat[169], von der Autorität des Gewissens[170], über die ethischen Kräfte des religiösen Menschen[171], von Quickborns Zielen und Aufgaben in unserer Zeit[172].

Die Themen wurden allmählich ernster. Es war die Rede von der Stunde der Prüfung, in der keiner unsicher werden dürfe[173]. Lorenz und Josepha Fischer, Seraphie Schaneng, Ida Görres, Helmuth Richter, Bernhard Strehler, Josef Heinrich Sandmann, der Feldkaplan der Jungenschaft, Erich Reisch, Heinrich Bachmann und Heinrich Fleckenstein schrieben regelmäßig. Was man nicht direkt aussprechen konnte, ließ man andere sagen, wie Thomas von Aquin, Pascal, Johann Adam Möhler. Man brachte Auszüge aus nicht verbotenen Büchern, Hirtenworte usw. Natürlich mußten auch manche verbale Konzessionen an die Partei gemacht werden, sie hielten sich jedoch in engen Grenzen und waren allein schon durch die Aufmachung von anderen Beiträgen abgehoben. Auf der Burg konnte die Bildungsarbeit nur unter sehr erschwerten Umständen fortgeführt werden. Die Angst, die Burg könnte beschlagnahmt werden, war ständige Begleiterin der Burgleute und lähmte die Arbeitskraft. Die Kar- und Ostertage blieben bevorzugte Tagungszeiten. 600 bis 900 Teilnehmer waren zu verzeichnen, in der letzten Osterwoche noch 900 Personen. Dabei gab es auch groteske Situationen. Auf dem Turm der Burg wehte 1935 z. B. die Hakenkreuzfahne, und in der Kapelle sprach Guardini über Gestalten des Alten Testaments.

Die letzte Zusammenkunft

Kurz vor Ausbruch des Zweiten Weltkrieges, am 1. September 1939, beging Quickborn sein 30jähriges Jubiläum. Man feierte es im August, getarnt als Exerzitien, bei den Franziskanerinnen in Vierzehnheiligen. Es waren, wie alle Berichte sagen, für einige hundert Teilnehmer unvergeßliche Tage, weil sie das Bewußtsein der Gemeinschaft stärkten, in der

Zeit des Terrors Mut machten und Kraft schenkten für die kommenden schweren Monate und Jahre.
In der Feierstunde sprachen Heinrich Bachmann und Bernhard Strehler. Bachmann ging auf die besondere Situation der Gegenwart ein und betonte: »Wenn Ihr nach Hause geht, seid Ihr wieder allein, und jeder von Euch spürt, wie sehr er auf sich gestellt ist. Aber dies ist das, was wir unseren Leuten mitgeben wollen: Wir wollen nicht erst dadurch etwas sein, daß Gemeinschaft ist, sondern wir wollen durch die Gemeinschaft und in der Gemeinschaft Persönlichkeiten reifen lassen, nicht für uns, sondern zum Dienst an Volk und Kirche, und das erfordert christliche Nüchternheit.« Strehler ging auf die Geschichte des Quickborn ein und sagte zum Schluß: »Wir dürfen . . . nicht an äußeren Dingen hängen, aber das Innere, das Lebendige soll bleiben! Das Christentum hat müssen Jerusalem preisgeben: Es hängt nicht an Steinmauern, es hängt an der Gesinnung der Seele! Und daß nach 30 Jahren im Quickborn soviel geistiger Besitz da ist, ist ein großes Wunder und eine große Gnade. Mein Wunsch aber ist, daß Ihr in der Richtung weitergeht, in der Ihr jetzt geht mit der Hilfe Gottes, das Leben in der Seele pflegt, so wie Gott es will, und dann wird es sich entfalten, daß Ihr in zehn Jahren wieder feiern könnt.«[174]
Es war die letzte Zusammenkunft vor dem Beginn der Katastrophe. Trotz der gespannten Atmosphäre kam Frohsinn und Freude auf bei Singen, Spielen und bei Gesprächen. Man ahnte wohl, was zu erwarten war, ohne aber das Ausmaß des Verhängnisses vorauszusehen. Ende August 1939 verbot die Gestapo den im Januar gegründeten Verein offiziell. Kurz vorher, am 7. August 1939, wurde die Burg von der Gestapo als Lager für Umsiedler und Flüchtlinge beschlagnahmt. »Kriminalinspektor Völkl gab der Geschäftsführung bekannt, daß die ›Vereinigung der

Freunde von Burg Rothenfels e. V.‹ und der Quickbornbund aufgelöst und das ganze Vermögen dieser Organisation beschlagnahmt sei[175].«

In der Presse erschien folgende Meldung: »Mit Runderlassen vom 19. Juli 1939 Nr. S-PP (II B) 1202/39 und vom 24. Juli 1939 Nr. S-PP (II B) 1174/39 hat der Reichsführer und der Chef der Deutschen Polizei im Reichsministerium des Inneren auf Grund des § 1 der Verordnung des Reichspräsidenten zum Schutze von Volk und Staat vom 28. 2. 1933 (RSBI. I S. 83) den ›Deutschen Albertus-Magnus-Verein‹, die katholische Jugendorganisation ›Quickborn‹ und die Vereinigung ›der Freunde von Burg Rothenfels‹, Lohr a. Main, einschließlich aller Neben- und Untergliederungen und angeschlossenen Vereinigungen mit sofortiger Wirksamkeit aufgelöst und unter Hinweis auf die Strafbestimmungen des § 4 der bezeichneten Verordnungen jede Tätigkeit, die den Versuch einer Fortführung dieser Organisation oder Neugründung mit gleichen oder ähnlichen Zielen darstellt, untersagt.«[176]

Die Jahre von 1933 bis 1945 waren für viele Quickborner voller Not, Sorge und Ängste. Und doch ließen die meisten nicht von der Grundidee des Bundes und von der Gemeinschaft. In wirklicher Vereinzelung stand fast niemand.

Während des Krieges sammelte der Deutschen-Seelsorger in Paris, Franz Stock, selbst Quickborner, wöchentlich einen Kreis um sich, vornehmlich Quickborner, zu einem Gottesdienst in seiner Hauskapelle und anschließendem gelockerten Zusammensein und ernsten Gesprächen und an Sonntagen zu Ausflügen. Überhaupt war in den von der deutschen Wehrmacht besetzten Gebieten und innerhalb der Wehrmacht Gruppenarbeit im Sinne des Quickborn eher möglich als im Reich. Innerhalb der Kriegsmarine betätigte sich während des Weltkrieges Theo Jung als Ausbilder von

Singeleitern, ähnlich in Skandinavien Emil Utz, Freiburg im Breisgau, als Singeleiter und Werkleiter, wobei sie fast nur ehemalige Bündische heranholten. Es ging damals darum, wie Christoph Allroggen in einem Brief an Oeschger schrieb, das Erbe von Quickborn zu wahren, das Bewußtsein der Gemeinschaft junger Menschen zu bilden und den Widerstand gegen die Verwaltung der geistigen Kräfte in unserem Volke zu stärken.

Die Verfolgung

Vom Jahre 1937 an begannen die ersten Prozesse gegen Angehörige der Bündischen Jugend. Einige Quickborner landeten freilich schon früher im Gefängnis und im KZ. Der Generalsekretär des Friedensbundes deutscher Katholiken, Paulus Lenz-Medoc, wurde am 2. Juli 1933 inhaftiert und blieb im Gefängnis bis zum 17. November 1933. Offensichtlich hat eine vom polnischen Kardinal Hlond beim Vatikan angeregte Intervention die Freilassung erwirkt. Lenz-Medoc emigrierte am 20. April 1934 nach Frankreich.
Der Jungenschaftsführer Walter Wilhelmi wurde 1938 verhaftet, nach seiner im Zuge der Amnestie nach dem Anschluß Österreichs erfolgten Entlassung wurde ihm weiteres Studium untersagt, wenn er sich nicht als HJ-Führer betätige, was er freilich ablehnte. Hans Jörg Oeschger wurde aus dem Staatsdienst entfernt und von der Gestapo ständig überwacht. Einer Verhaftung und möglichen »Liquidierung« bei Kriegsbeginn entging er nur durch vorzeitige Einberufung zum Feldheer. Der Regierungsrat im Reichsinnenministerium, Franz Kloidt, wurde 1933 entlassen, weil er 1929 den Film »Im Westen nichts Neues« zugelassen hatte. Der Feldkaplan der Jungenschaft, Pfarrer Josef Sandmann in Wolfmannshausen (Thüringen), wurde

achtzehnmal zur Gestapo bestellt und oft stundenlang (bis zu acht Stunden) vernommen. Ähnlich ging es vielen anderen.
Auch Todesopfer waren zu beklagen: Dr. Franz Josef Metzger, der Begründer der Christ-Königs-Gesellschaft vom Weißen Kreuz und der Una-Sancta-Bewegung, Dr. Rudolf Mandrella, Staatsanwalt in Berlin, Dr. Alfons Maria Wachsmann, Pfarrer und Studentenseelsorger in Greifswald, wurden hingerichtet. Zu ihnen gehörte auch Theo Hespers, der mit seiner Familie 1934 in die Niederlande emigriert war, von dort aus Flugblätter mit kritischen Aufrufen gegen die nationalsozialistische Gewaltherrschaft nach Deutschland schleuste und ab 1937 die Zeitschrift »Kameradschaft« herausgab, die später mit »Fanal« zusammengelegt wurde und eine Auflage von 10 000 hatte. Beim Einmarsch deutscher Truppen im Mai 1940 hoffte er, mit den englischen Truppen nach England fliehen zu können. Da man nur ihn allein ohne Familie mitnehmen wollte, verzichtete er, lebte einige Zeit im Untergrund, wurde 1942 verhaftet und am 9. September 1943 hingerichtet.

Der Widerstand

Im Kreisauer Kreis, der antinationalsozialistischen, politischen Arbeitsgemeinschaft, die 1942/43 auf dem schlesischen Gut Kreisau des Grafen H. J. von Moltke tagte, gab es Quickborner wie Pfarrer Paulus Roter. Er wurde später wegen Unterbringung eines polnischen Geistlichen in seinem Pfarrhaus zu Gefängnis verurteilt und entging dadurch der härteren Strafe, die viele Mitglieder des Kreisauer Kreises traf. Ida Görres hat in ihrer Wohnung längere Zeit einen nichtarischen Quickborner versteckt.
Dies war durchaus kein Einzelfall. Zu Konrad Theiss kam im

Winter 1942/43 nach seiner Vertreibung als Heimleiter aus dem Hause Marientann zum Caritasverband für Württemberg in Stuttgart ein hilfesuchender Jude, Rudolf Vogel. Er bat ihn, ihn für wenige Tage zu verbergen. Der Caritasverband hatte den Mut, ihn in einem seiner Jugendheime zu verbergen. Die erhofften Helfer aus München, die ihn nach Frankreich bringen wollten, kamen nicht. Der Jude blieb in dem Heim, bis seine Anwesenheit auffiel. Frau Dr. Gertrud Luckner, die sich beim Deutschen Caritasverband Freiburg der verfolgten Juden annahm, gab eine Reihe von Adressen, darunter eine Anzahl von evangelischen Pfarrhäusern, die bereit waren, in solchen Fällen jüdische Verfolgte aufzunehmen und zu verbergen. So wanderte Rudolf Vogel zwischen diesem Dutzend von Familien herum. Trotz aller Schwierigkeiten ist es gelungen, Rudolf Vogel gut durch die Zeit der Naziherrschaft zu bringen, bis die amerikanischen Befreier kamen. Zu den tapferen Männern, die sich an diesem gefährlichen Abenteuer über zweieinhalb Jahre lang beteiligten, gehörten die Quickborner Ernst Gass und Caritas-Direktor Alfons Baumgärtner, der von den Nationalsozialisten wegen anderer »staatsfeindlicher« Vergehen zu einer Gefängnisstrafe verurteilt worden war. Vogel starb 1945, nachdem ihn die Amerikaner zu einem Landrat in Bayern gemacht hatten.

Staatsanwalt Franz Cordier leitete im Oktober 1939, also nach dem Polenfeldzug, von Amts wegen ein Verfahren gegen den Kreisleiter von Hanau, einen SS-Sturmbannführer, den Ortsgruppenleiter Hanaus und drei SS-Angehörige ein wegen Hausfriedensbruch, Körperverletzung, Beleidigung und des Verdachts der Brandstiftung, begangen an Juden. Die Partei versuchte alles, das Verfahren niederzuschlagen und zumindest den Kreisleiter den Armen des Gerichtes zu entziehen. Cordier aber verstand es, alle derartigen Unternehmen zunichte zu machen und den vielen massiven Drohungen ruhig entgegenzutreten. Schließlich erreichte er, daß die Anklage nicht vor dem befangenen Landgericht Hanau erhoben wurde, sondern vor dem Sondergericht in Kassel. Die Angeklagten wurden zu hohen Gefängnis- und Zuchthausstrafen verurteilt. Dies war nur deshalb möglich, weil Cordier sich genau an die Gesetze hielt, sich nicht einschüchtern ließ und es nicht zuließ, bestehendes Recht durch angeblich künftiges, in der Luft schwebendes, zu unterlaufen. Daß er nach Abschluß des Verfahrens strafversetzt wurde, trug er mit Fassung[177].

Für die Jüngeren war die Arbeit besonders schwer. Die Grenzen der Bünde waren angesichts des Gegners unwichtig geworden. Deshalb ist es fast unmöglich, anzugeben, aus welchen Organisationen die einzelnen jugendlichen Widerstandskämpfer kamen. In der Münchner »Weißen Rose« z. B. waren Anhänger verschiedener Bünde vereinigt, die zum Tode verurteilten Geschwister Scholl etwa gehörten zur dj 1. 11., der ebenfalls hingerichtete Willi Graf (genannt Nurmi) zur Deutschmeister-Jungenschaft, ebenso Fritz Leist, der dem Henker nur durch das beharrliche Schweigen der Inhaftierten entging.

In Freiburg/Mannheim hatte sich ein Theologen-Freundeskreis gebildet, dem u. a. Professor Karl Becker, Professor i. R. Hans Böhringer, der konvertierte Jude Bruno Tausig, der Pastoral-Theologe Norbert Greinacher, Kunstmaler und Bildhauer Siegfried Haas, Professor Otto Knoch, der spätere bayerische Sozialminister Fritz Pirkl, der Chefredakteur des Rheinischen Merkurs, Alois Rummel, angehörten. Diese »Gemeinschaft«, wie sie sich nannte, gab illegal und anonym etwa von 1935 bis 1938 die Hefte »Block« und »Junger Chor« heraus und verschickte Rundbriefe des Kollegium Borromaeum. Später wurde die Arbeit in anderer Form fortgesetzt. Böhringer baute als Kaplan in Waiblingen neue Gruppen auf und faßte etwa 130 Jungen und Mädchen zusammen. Grundlage seiner Arbeit war das Gedankengut der Jungenschaft.

Im Breslauer Theologenkonvikt, einem Zentrum der Quickborn-Jungen aus Schlesien, Berlin und dem übrigen Reich kümmerte man sich vor allem während der Semester intensiv und verantwortungsbewußt um den Nachwuchs. Hier entstand der Plan für »Briefe junger Kameraden«. Mit Idealismus und Opfermut machte man sich an die Arbeit, schrieb, druckte und vertrieb die Hefte. Es war mühsam; denn 4400 Abzüge forderten Zeit. Die Finanzierung erfolgte durch die Jungen selbst, die ihre Hefte prompt bezahlten. Die Linolschnitte, mit denen einzelne Beiträge illustriert waren, wurden zugleich als eigene Postkarten vertrieben.

Der Widerstand der Jungenschaft begann schon 1934, den sie in illegalen Fahrten, Liedern, Grafik- und Informationsflugblättern dokumentierten. Lieder waren bevorzugte Zeugen des Widerstandsgeistes. Gegen die radikalen Lieder der HJ setzte man betont solche mit religiösem Unterton. Quickborner, die Mitglied der Reichsschrifttumkammer waren wie z. B. Georg Thurmair, konnten ihre Texte, aber auch die anderer Dichter, z. B. Fritz Schlüters, unter ihrem Namen veröffentlichen. Gerhard Kronberg, Helmuth Richter und andere schufen die Melodien, die mit Begeisterung gesungen wurden.

Eltern und Freunde wurden über den Widerstandsgeist der Jungenschaft und ihre Stellungnahme zur Hitlerjugend unterrichtet. Die Flugblätter wurden zum großen Teil durch Radfahrer in allen Landen verteilt, weil Postsendungen zu gefährdet waren. Daß diese Tätigkeit der Gestapo nicht ganz verborgen bleiben konnte, ist verständlich. Sie suchte in Zusammenkünften, wie bei der Osterwoche 1935 auf der

Burg, unter die rund 220 Jungen aus dem ganzen Reich Spitzel zu streuen, die freilich schnell erkannt wurden. Sie machte Hausdurchsuchungen und strengte Prozesse an. Besonders schlimm war es, als 1937 die noch selbständigen Jugendverbände mit Verboten überschüttet wurden. So wurde ihnen untersagt, eine gemeinsame Tracht (Kluft) zu tragen, Zeltlager durchzuführen usw.; Gruppen, wie die Schwäbisch Gmünder Jungengruppe, die Ostern 1937 auf der Burg dem Verbot trotzten, gerieten in die Finger der NS-Justiz[178].

Mit dem Ende des Krieges war auch alles bisher Dagewesene im deutschen Volk zerstört. Verwüstete Städte, Trümmerberge, geistige Ratlosigkeit und Hoffnungslosigkeit prägten die Zeit.

Auch Quickborn hatte als Bund 1945 sein vorläufiges Ende gefunden. Er hatte in den Zeiten der inneren Auseinandersetzungen und der äußeren Not seinen Beitrag zur Geschichte des deutschen Katholizismus geleistet. Dem Nationalsozialismus konnte er zwar Widerstand leisten, ohne aber den Gang der politischen Ereignisse auch nur im geringsten zu beeinflussen. Die Frage kann jetzt mit Recht gestellt werden, ob sein Wirken Frucht getragen hat, nicht nur in einzelnen Persönlichkeiten, die, ihrem Gewissen folgend, den Widerstand gewagt hatten und die nach der Katastrophe entscheidende Aufbauarbeit geleistet haben, sondern auch als Bund in Kirche, Staat und Gesellschaft.

Ein neuer Versuch

Mitten in den Bedrängnissen der Zeit nach Kriegsende wurde der Versuch gemacht, Quickborn neu zu konstituieren, wenn auch auf einer anderen Grundlage. Heinrich Bachmann hatte noch in der Gefangenschaft einen Rundbrief »Neue Grundlagen – neue Wege« für einen Neuaufbau des Bundes entworfen. Nach seiner Entlassung machte er sich daran, das Vorhandene zu sammeln. Es war nicht leicht, schon weil Post, Eisenbahn usw. nur notdürftig funktionierten. Im Dezember 1945 starb Bernhard Strehler in seiner Pfarrei Bad Charlottenbrunn in Schlesien, wo er bis zum Schluß trotz des Einmarsches der Russen und Polen ausgeharrt hatte. 1946 kam es zu dem ersten überlokalen Treffen für die britische Zone in Hohenlimburg. Durch den tödlichen Unfall Heinrich Bachmanns im März 1946 drohte der Wiederaufbau zu stocken. Pfingsten aber kam es dennoch zu einem ersten Treffen aller drei Westzonen in Freising. Auf ihm wurde Willy Mogge zum Bundesleiter gewählt.

Auf dem ersten Bundestag nach dem Krieg 1947 auf Burg Ludwigstein bei Kassel gab sich der neukonstituierte Bund ein Grundgesetz, in dem er sich als Lebensbewegung verstand. Jungborn vereinigte sich mit dem Bund. Zum Bundesleiter wurde Fritz Schlüter aus Krefeld gewählt.

Nach langen Verhandlungen wurde 1948 Burg Rothenfels an den Verein der Freunde von Burg Rothenfels zurückgegeben. Im August 1948 wurde der erste Bundestag nach 1933 wieder auf der Burg abgehalten. Burgleiter wurde Heinrich Kahlefeld.

Damit waren zwei Ansätze für ein Weiterarbeiten geschaffen: erstens die Organisation des neuen Quickborn, zweitens die Burg als zentrale Tagungsstätte. Wie diese Ansätze weiter verfolgt wurden, bedürfte einer weiteren gründlichen Untersuchung, die den Rahmen dieser Arbeit sprengen würde. Es war klar, daß neue Verhältnisse neue Ziele und neue Methoden forderten. Der alte Quickborn konnte nicht wiederhergestellt werden.

Belebende Quellen

Prägende Kräfte

Quickborn ist wie jede lebendige Bewegung gewachsen. Dabei ist er geprägt worden von verschiedenen Kräften, die alle zusammen erst das ganze Bild gestalten. So stehen am Anfang des Quickborn konträre Persönlichkeiten, die zwar gemeinsam dasselbe Ziel verfolgen, jedoch verschiedene Wege gehen. Die verschiedenen Stämme und ungleichen Landsmannschaften fanden zusammen, begriffen die Einheit in der Vielfalt des Volkes und konnten deshalb konfessionelle und nationale Grenzen sprengen. Jungen und Mädchen in einem Bund ließen den ganzen Menschen erkennen, seine rationale und emotionale Seite. Bund und Burg, anfangs ein Ganzes, entwickelten sich später auseinander, freilich ohne die Bindung ganz aufzugeben, und konnten so die Dreiheit der Bewegung, Jugend und Bildung lebendig erhalten.

Die Persönlichkeiten

Der Jugendseelsorger Bernhard Strehler schuf den Anfang mit einer Jugend, die unter eigener Führung nach größerer Selbständigkeit strebte und der Kirche eng verbunden blieb.

Abstinenz war ihm ursprünglich ein Kampfzeichen gegen den Alkoholismus, wurde aber bald zu einem Protest gegen die Gesellschaft und ihre oft skandalösen Sitten und sollte wesentlich zur inneren Festigung gerade des jungen Menschen beitragen. Spätere Diskussionsbeiträge wie etwa der von Paul Pfister[1], von Ludwig Neundörfer[2], Erich Reisch[3] und Anton Thill[4] bauen diese Gedanken weiter aus. So wird Abstinenz im Laufe der Zeit immer deutlicher verstanden als kritische Distanz zur Gesellschaft[5].

Klemens Neumann war die ideale Ergänzung zu Strehler. Seine innere Fröhlichkeit wirkte deshalb überzeugend und ansteckend, weil sie getragen war von einer ungekünstelten Natürlichkeit, die nicht als Oberflächlichkeit erschien und Ernst und Schmerz sehr gut kannte. Neumann hat die Dimension des seelischen Lebens ausgekostet wie kaum ein anderer[6]. Er wurde zum »musischen Schutzpatron Quickborns«[7], der Volkslied, Spiel und Volkstanz vermittelte, wobei das Lied für ihn ein Stück seines Lebens war[8]. Der von ihm herausgegebene und in hohen Auflagen erschienene »Spielmann« bezeugt es. Mit sicherem Blick hatte er bei einer ersten Besichtigung der Burg Rothenfels die vielen Möglichkeiten erkannt, die ein solcher Platz Tagungen und Festen bot. Er wußte um die Formkraft eines solchen Ortes der Begegnung für die ganze Quickborn-Gemeinschaft[9].

Der Dritte im Bunde der Gründungsväter, Hermann Hoffmann, führte den Jugendbund Quickborn zur Jugendbewegung, die für ihn der Zusammenklang des dreifachen Rechts auf Jugend, Freiheit und Freude war. Sie brachte zugleich eine auch von Strehler und Neumann geforderte kritische Haltung an der Gesellschaft zum Ausdruck. Daß dabei die Abstinenz als Abkehr von Erwachsenengewohnheiten wichtiger Ausgangspunkt blieb, war ihm selbstverständlich. Seine Offenheit für alles Wahre und Gute machten ihn

zum Wegbereiter einer Versöhnung zwischen den Kirchen und einer Verständigung zwischen den Nationen.
Romano Guardini, geboren am 17. Februar 1885 in Verona, ist erst später zum Bund gestoßen, hat ihm aber entscheidende Anstöße gegeben. In seiner Natur konträr zu Strehler und Neumann, hat er Quickborn zum »Bildungsereignis« gemacht[10]. Er war Erzieher zur Freiheit in Bindung an die Wirklichkeit. Bindung und Bändigung des Menschenwesens und damit Befreiung von Willkür und Launenhaftigkeit lehrte er dadurch, daß er verlangte, die »Größe und Würde der Dinge, die Hoheit eines Menschenwerkes, die Schwere eines echten Schicksals gelten zu lassen[11]«. In der Auseinandersetzung mit den Freideutschen über Freiheit und Autorität demonstrierte er bereits diese Methode, gewann dadurch die Wertschätzung der Quickborner und die Achtung seiner Gegner, die er auf die Schwächen ihrer eigenen Argumentation erst aufmerksam gemacht hatte. Er gab Quickborn den geistigen Gehalt und die religiöse Tiefe. Was das schlesische Dreigestirn begonnen und was in der Jugend lebhaftes Echo ausgelöst hatte, band er zur geistigen Einheit zusammen. Weil er kein systematisches Lehrgebäude errichtete, kam er jugendlicher Spontaneität entgegen und wurde nicht als Lehrmeister, sondern als Gleichberechtigter angesehen.
Ohne Strehler, Neumann und Hoffmann freilich hätte er sein Werk kaum vollbringen können. Diese drei hatten den Boden bereitet, die Jugend aufgeschlossen für das Hinfinden zu sich selbst in Offenheit, Freiheit, Freude und Gläubigkeit. So sind alle vier gerade in der ersten Zeit für den Quickborn auf ihre Art entscheidend gewesen, der bis zuletzt von dem Erbe dieser klugen, gütigen, tief frommen und in die Zukunft schauenden Männer gezehrt hat.

Die Landsmannschaften

Die Unterschiede zwischen Ost und West, Nord und Süd waren von Anfang an erkennbar, führten gelegentlich zu grundsätzlichen Kontroversen, ließen dann aber doch immer wieder das Gemeinsame finden. Eine »Erbfeindschaft« von Bayern und Preußen gab es nie. Man sah das Anderssein des anderen und versuchte, mit ihm das Einigende zu betonen.
Schlesien war das Land mit einem großen und unmittelbaren Sozialgefühl, dessen Urgrund, wie Josef Nadler betonte, Güte und geschwisterliches Gemeingefühl war. Darum war gerade das Lied Ausdruck schlesischen Reichtums[12]. Gedrängt von der Volksnot, die mit der Abstimmung in Oberschlesien 1921 deutlich in Erscheinung getreten war, haben die Schlesier um der innerbündischen Klärung willen, die von ihnen gerade den Verzicht forderte, die Aufgabe des Tages ein wenig beiseite geschoben und den traditionsgeprägten eigenen Stil betonte.
Mit »der kindlichen Einfalt des Herzens, der harmlosen Freude der Kinder Gottes« haben sie, wie Walter Dirks meint[13], nicht gesehen, wie die Menschen des Westens, »viel mehr als Ihr, Entwurzelte, Heimatlose, Überlieferungslose« sind, denen keine Quickborn-Hecke genüge, um sie vor der gefährlichen Umwelt zu schützen. Die Westfalen mußten kritischer sein, weil sie mißtrauischer und verschlossener sind. So äußerte sich im Westen das kultur- und gesellschaftskritische Potential sehr viel stärker als bei den Süddeutschen und Schlesiern[14].
Und doch wurde aus dieser Unterschiedlichkeit kein Gegeneinander. »Die Singlust der Schlesier, Farbigkeit und spielerisches und tänzerisches Können der Bayern wirkten ansteckend.«[15] Der Westen besaß eine größere Fähigkeit des

Redens und Formulierens, die vom Osten ausdrücklich oder stillschweigend anerkannt wurde. Als diese Eigenarten aber ins Bewußtsein traten, haben sich alle Seiten tiefer gesehen und anerkannt als bisher[16].
Das Ergebnis war schließlich, daß jeder die eigene Art erkennen und lieben lernte, gleichzeitig aber die der anderen achtete. Diese Offenheit für den anderen schuf den Reichtum des Bundes und brachte Quickborn rechtzeitig dazu, über den Umkreis des eigenen Kirchturms hinauszuschauen. Ökumene und internationale Friedensarbeit konnten auf diese Weise im Quickborn einen Platz finden.

Jungen und Mädchen

Daß es im Quickborn Jungen- und Mädchengruppen gab, war in der damaligen Zeit eines verborgenen Manichäismus und einer scheinbaren, tatsächlich aber unwahrhaftigen Distanzierung der Geschlechter geradezu schockierend. Allein es zeigte sich bald die Fruchtbarkeit dieses Ansatzes. Immer deutlicher wurde, daß zur Erziehung gegenüber dem anderen Geschlecht das bloße Fernhalten des einen vom anderen nicht mehr ausreicht. Man kann ein so grundlegendes Problem nicht tabuisieren oder bloß negativ behandeln. Vielmehr ist es notwendig, eine ruhige, selbstverständliche Seelenstimmung zu schaffen[17].
Wäre dies damals nicht gelungen, hätte die Kirche einen schweren Schaden erlitten, weil sie dem Durchbruch der säkularisierten Welt auf diesem Gebiet nur ablehnend gegenübergestanden und erhebliches Terrain verloren hätte. Die Freude am Leiblichen und die Unbefangenheit im Verständnis der Geschlechter wären in der Kirche wieder einmal zu spät gekommen.
Für Quickborn bedeutete das getrennte Arbeiten und

gemeinsame Feiern eine große Bereicherung. Nicht wie in anderen katholischen Jugendorganisationen wurden einseitig das Männliche oder das Weibliche zu stark betont. Jeder sah im anderen die Ergänzung zur vollen Menschlichkeit. Es kam zu einer differenzierten Vielfalt von sachlichen und freundschaftlichen Beziehungen[18]. Ein »in lebensmäßiger Zucht errungener Ehrenkodex vom Innern der jungen Menschen selbst her« war Garant richtigen Miteinanderseins[19]. Ritterlichkeit, Höflichkeit, Dienstbereitschaft wurden zu selbstverständlichen Haltungen.
Dieses Ziel wäre aber nie erreicht worden ohne die gleichzeitige fundamentale Formung der Quickborner durch Abstinenz, kirchliche Gläubigkeit, innere Fröhlichkeit und die das Zentrale anpackende Bildungsarbeit. Die beiden Geschlechter in einem Bund waren Ergebnis einer Wahrhaftigkeit und Aufrichtigkeit gegenüber dem Wirklichen und eine Abkehr von Schein und Trug.

Bund und Burg

Bund und Burg gehörten zusammen. Sie sind miteinander gewachsen. Eines wäre ohne das andere nicht das geworden, was es geworden ist. Quickborn hätte nur schwer die Offenheit, die ihn auszeichnet, und das alle Stämme und Landsmannschaften Einigende ohne die Burg gefunden. Und Rothenfels wäre ohne den Bund aus seinem romantischen Schlaf, den es Jahrhunderte geträumt hat, nicht erwacht.
Beide haben eine Entwicklung durchgemacht, die nicht immer parallel ging. Die Burg wuchs über die bloße Jugendburg hinaus und riß Quickborn förmlich mit. Sie blieb Heim des Bundes, war aber offen für andere, für alle, die sich ihr anvertrauen wollten.

Anfangs war die Burg Treffpunkt für Quickborner aus ganz Deutschland und darüber hinaus. Die Geschäftsstelle, von der viele Anregungen in den Bund hineingetragen wurden, hatte hier ihren Sitz. Sie wurde der Ort ernster Beratungen und froher Feste, dabei ganz Symbol des bündischen »Aufstandes aus der Gesellschaft«, dem Protest gegen nur pädagogisches Verständnis der Jugend und gegen pädagogische Kontrolle jugendlicher Lebensführung[20].

Romano Guardini wurde 1920 auf ihr überwältigt von der Begeisterung der bündischen Jugend, von ihrem unbürgerlichen Dasein und von den gemeindetragenden Formen des Gottesdienstes. Hier erlebte er das »Erwachen der Kirche in den Seelen«[21], d. h. die Befreiung von bürgerlicher, religiöser Konvention[22] und die Entdeckung der Kirche als eine Dimension der gläubigen Existenz[23]. Diese Entdeckung machte er nicht zuletzt auch bei den Festen und Feiern. Er nannte deshalb die Burg den »klingenden Berg«.

Später, vor allem unter Guardinis Leitung, wurde die Burg zur Akademie, zu einer einzigartigen Übungs- und Erfahrungsstätte, zu einem Ort, an dem die Kirche lebte[24]. So wuchs sie heran zu einem Zentrum helfender Erkenntnis und des Denkens auf Veränderungen in vielen Bereichen[25]. Sie wurde immer mehr zu einer Kraft, die das Leben des christlichen Deutschland mitgeformt hat[26]. Viele Menschen prägte sie, insbesondere diejenigen, die dann in sozialen und pädagogischen Berufen, als Seelsorger und in der Bildungsarbeit tätig waren. Sie konnten diese Aufgaben nur erfüllen, weil sie ihre Gültigkeit erwiesen und glaubwürdig geworden waren.

Hat diese Bildungsarbeit der Burg noch etwas mit dem Bund zu tun? Zweifellos, und zwar in dreifacher Hinsicht: Erstens gab sie dem Bund geistigen Tiefgang und bestimmte, trotz vieler interner Spannungen, gerade wegen der Burg, seine

Richtung. Zweitens war der Bund für die Burg eine Art Transmissionsriemen; er gab weiter, was er empfangen hatte. Drittens war und blieb er tragendes Element der Burg; er war ihre geistige Heimat.

Bund und Burg haben sich ergänzt. Beide empfingen voneinander Anstöße und Impulse. Die Burg ist für den Bund zu einer formenden Kraft geworden.

Inneres Leben

Leben eines Bundes geht nicht bloß in eine Richtung von oben nach unten, sondern auch umgekehrt von unten nach oben. Bundestreffen brauchen Ausstrahlung, soll ihre Wirkung nicht verpuffen. Der Bund war auf seine örtlichen Gliederungen angewiesen, die die Gesamtlinie mitbestimmten und die ihrerseits doch wiederum abhängig waren vom Bund, der mit ihnen zusammen Ziele setzte und Impulse gab. Der Bund, der in Gaue für Jüngere und Ältere, Jungen und Mädchen gegliedert war, die ihrerseits wieder zahlreiche Gruppen hatten, lebte von der gegenseitigen Befruchtung und der mittragenden Wechselwirkung. So waren Gaue und Gruppen belebende Faktoren des Bundes.

Die Organisation

Organisatorisch war der Zusammenhang dadurch gewährleistet, daß die Gruppenführer sich mit ihren Gauführern auf besonderen Tagungen trafen. Auf ihnen wurden nicht nur technische Fragen geklärt, sondern auch geistige Probleme erarbeitet, die dann Eingang in das Gruppenleben fanden. Die Gauführer hatten gewöhnlich auf der Burg ihre regelmäßigen Treffen, auf denen Angelegenheiten des Bun-

des erörtert, Bundestagungen und Werkwochen vorbereitet und grundlegende Fragen diskutiert wurden. Die einzelnen Schichten (Jüngere-Ältere, Jungen-Mädchen) hatten einen eigenen Leiter, der zur Bundesleitung gehörte. Alle Führer wurden jeweils von ihren Leuten gewählt.
Von Bundes- und Gautagen strömten auf sehr lebendige Weise die neuen Erkenntnisse bis zum letzten Mitglied. Es entstanden spontan verschiedene Kreise wie Sing- und Tanzkreise, Spielgruppen, Arbeitsgemeinschaften usw. All dies war nicht organisiert, sondern wuchs, von unten angefacht, aus der Begeisterung, die von den großen Tagungen ausging.
Über Gruppenarbeit zu berichten, ist deshalb schwer, weil es nur wenig schriftliche Unterlagen gibt und die eigenen Erfahrungen kein Gesamtbild zu bieten vermögen; denn die Unterschiede sind zu groß. Manche Gruppen, wie z. B. die Studentengruppe in Freiburg/Br., besaßen ein Gruppenbuch und ließen in den Ferien Rundbriefe kursieren. Aus ihnen ist Aufschluß über das Leben zumindest dieser Gruppen zu gewinnen.
Die Gruppe sollte mehr sein als bloße Gemeinschaft Gleichgesinnter. Ihr kamen nach einer Diskussion während des Osterthings der Älteren 1922 auf der Burg wesentlichere Aufgaben zu. Sie sollte »neuerschließendes Feld einer neuen Ausdruckskultur im Heim, in der Gastfreundschaft, in der Lebenshaltung und Lebensführung, in der Geselligkeit« sein, weiterhin »Neuentdecken der in jedem Tun, auch der körperlichen Arbeit, in Essen und Trinken liegenden Schönheit«, woraus schließlich »handwerkliche Schulung, daraus Kultur des Sprechens, Singens, Lesens, Tanzens und Spielens, der Kluft und der Kleidung erwächst«, ebenso »das Finden des Nächsten«[27].
Die Gruppe sollte also das in die Praxis umsetzen, was als

große Linie der Lebenserneuerung in einer gewandelten Gesellschaft von der Bundesleitung formuliert war. Dabei traten Probleme auf, die eine Gruppe nicht allein lösen konnte und die sie an Gau und Bund weitergab. So entstand ein gegenseitiges befruchtendes Geben und Nehmen.

Die Führerfrage

Jede Gemeinschaft steht und fällt mit dem Führer, den sie sich gewählt hat. Das Prinzip der Wahl des Führers auf Zeit war von Anfang an im Quickborn selbstverständlich. Gruppen waren dann lebendig, wenn sie den richtigen Führer hatten. Es ist deshalb verständlich, wenn die Führerfrage immer wieder aufgeworfen wurde.

Darf und kann die Jugendbewegung überhaupt Führer haben, wo sie doch zur Selbständigkeit und inneren Freiheit heranbilden will[28]? War die Jugendbewegung nicht ausgezogen, um sich von den Erwachsenen, die sie führen wollten, freizumachen? Sollte an ihre Stelle ein gleichaltriger Führer treten?

Guardini hat schon in seiner Schrift »Neue Jugend und katholischer Geist«[29] die notwendige Abgrenzung vorgenommen. Im Zusammenhang mit seiner Kritik an dem Autonomiegedanken und der autonomen Jugendlichkeit kam er auf das Führerproblem zu sprechen. Der Gedanke des Führers, den er aus Christus ableitet, ist nach ihm eine der »lautersten Schöpfungen, von herzbezwingender Kraft und Schönheit. Das ist der selbstlose Mann, der ganz für die Seinen da ist. Er kennt jeden seiner Gesellen und hat dessen Vertrauen. Er ist klar in der Sache und fest im Urteil. Er weiß das Ziel und den Weg. Ist kühn genug, um voranzugehen; sicher genug, um zu sprechen: ›Mir nach.‹ Er ist begeistert genug, um alle mit sich zu reißen; stark, sie zu tragen; zäh, nicht nachzulassen. Er ist gütig und mitfühlend. Gehorsam verlangt er; dafür ist er aber auch stets bereit, sich selbst für seine Gesellen einzusetzen. Er ist verschwenderisch mit sich selbst, und all sein Tun erfüllt er mit warmem Herzen. Fordert das Höchste und leistet das Äußerste; unerbittlich, wenn es der Sache gilt, aber nie herrisch, immer voll Ehrfurcht gegen die Freiheit und Würde der Persönlichkeit«[30].

Die Führerfrage gewann ihr besonderes Gewicht dadurch, daß der Führer in der Regel ein junger Mensch war. Wie ließ sich dies miteinander vereinbaren? Das Problem war bereits 1922 aufgetaucht. Die Antwort lautete: Zwischen Führer und Gruppe bestehe ein wechselseitiges Verhältnis. Von der Zuversicht seiner Leute gerufen, müsse der Führer den ehrlichen Willen bekunden, in dem anderen den Bruder zu sehen; dann werden sie zu ihm, auch wenn er noch jung ist, Vertrauen haben. Führer und junger Mensch zugleich sein, bedeute daher, werdender, ein mit seinem Ich noch nicht fertiger und doch schon gebender, voranschreitender Mensch zu sein[31].

Diesem Idealbild suchten die Führer nahezukommen, auch wenn sie das Ziel nicht wirklich erreichten. Dennoch formte schon das Bemühen, sich der Leitvorstellung anzugleichen, eine ganze Generation junger Menschen, die zu Führern gewählt waren. Eigene Zusammenkünfte, Werktage und Exerzitien prägten sie, und was sie erfahren und erlebt hatten, gaben sie an die Mitglieder ihrer Gruppen weiter.

Die Gruppe

Die Gruppen trafen sich regelmäßig. Viele hatten ein eigenes Heim in der Stadt und vielleicht sogar noch ein Landheim, in das man an Wochenenden zog. Eine Gruppe ohne

Heim erschien heimatlos, war keine ganze Gruppe. Man brauchte die Gemeinschaft, schon weil man anders war als die anderen und neue Kraft schöpfen mußte. Es gab gerade in der ersten Zeit viele Anfeindungen, von seiten der Schule, Neudeutschland, der Geistlichkeit. Gelegentlich wurde sogar in Konvikten der Besitz des »Spielmann« verboten. Ein Maifest 1921 in Darmstadt erregte deshalb Aufsehen, weil ein Priester (Dr. Strehler) mitten unter der Jugend war und mitfeierte.

Man las gemeinsam die eigenen Zeitschriften oder wichtige Aufsätze und diskutierte darüber. Die Aussprache rückte immer mehr in den Mittelpunkt. Es ging im allgemeinen weniger um die mühsame Erforschung der Wahrheit als um Offenheit. Man wollte das sagen, was innerlich als Erkenntnis aufblitzte und was durch das Formulieren und das Aussprechen erst richtig ins Bewußtsein trat[32]. Das Ziel war Charakterbildung durch gemeinsame Arbeit aneinander.

Die Themen betrafen Fragen der eigenen Lebensgestaltung, des Verhältnisses zu Eltern und Schule, der Abstinenz, der Kirche, des Bundes und seiner Zukunft usw. Von Zeit zu Zeit hielt ein Gast einen Vortrag, vornehmlich über religiöse Themen. Es wurde viel gesungen. Der »Spielmann« war unausschöpflich. Jede Gruppe legte Wert darauf, möglichst viele Lieder mit allen Strophen zu beherrschen. Geige, mitunter auch Flöte, und Klampfe gehörten zum Grundbestand. Anreize wurden dadurch gegeben, daß bei nächster Gelegenheit, einem Kreis- oder Gautreffen, ein Singewettstreit angesetzt war, bei dem man gut abschneiden wollte. Feste und größere Veranstaltungen waren vorzubereiten, Sport und Spiel waren ebenfalls wichtige Elemente der Gruppenarbeit. Alles, was dazu beitrug, ein jugendliches Leben, sei es für Mädchen oder Jungen, zu erfüllen, wurde herangezogen.

Die eigentliche Bildungsarbeit geschah so selbstverständlich, daß niemand sie als Fremdkörper empfand. Man lernte Diskutieren, Gespräche leiten, Referate halten. Im allgemeinen gab es einen lebhaften Briefwechsel mit dem Gauführer, in dem über das Gruppenleben berichtet wurde. Die Selbständigkeit der Gruppen zeigte sich darin, daß oft mit Kritik an der Arbeit des Gaues und sogar des Gauführers nicht gespart wurde. Dies setzte freilich lebendige Gruppen voraus, was nicht immer der Fall war. Auch bei ihnen gab es ein ständiges Auf und Ab.

Regelmäßige Gottesdienste an einem Wochentag führten in das Leben der Kirche und des Kirchenjahres ein. An Sonntagen sollte man den Gemeinde- oder Schulgottesdienst besuchen, wenn nicht besondere Veranstaltungen mit eigener Eucharistiefeier stattfanden. Diese Gottesdienste schufen die Brücke zum liturgischen Verständnis. Sie forderten Opfer schon deshalb, weil sie früh vor Schul- oder Arbeitsbeginn angesetzt waren, und vereinigten Ältere und Jüngere, Jungen und Mädchen, Quickborner und Jungborner. So wuchs über die Gruppe hinaus Gemeinschaft.

Die Fahrten

Selbstverständlich ging die Gruppe auch immer wieder auf Fahrt oder von Zeit zu Zeit in ein Lager, das oft verbunden war mit einem Gautag oder einer anderen zentralen Veranstaltung. Bei diesen Gelegenheiten bildete und festigte sich die Gemeinschaft, weil die einzelnen, herausgelöst aus der gewohnten Umgebung und Lebensweise, angewiesen waren auf gegenseitiges dienendes Helfen.

Weil in den zwanziger Jahren die Wanderbewegung erst in den Anfängen steckte und perfekte Ausstattung kaum zur Verfügung stand, mußte viel improvisiert werden, was die

Phantasie anregte und praktische Handfertigkeit lehrte. Unbequemlichkeiten wurden mit Humor und Würde ertragen. Man wußte sich auch noch zu behelfen. Anstelle fertiger großer Zelte z. B. baute man aus Soldatenzelten oder Wagenplanen eine Unterkunft, die allerdings Wind und Regen nur notdürftig abhielt.

Was aus diesen Fahrten herauswuchs, wurde den wenigsten bewußt. Es führte wieder zum einfachen, natürlichen Menschen, der den Nächsten neben sich entdeckt. Man wurde frei von den Ordnungen, unter denen man sonst begraben liegt[33].

Gewiß war mit der Fahrt auch etwas Romantik verbunden, die der Jugendliche ohnehin liebt. Sie wurde aber kaum als »Flucht aus der Kultur einer ersterbenden Zeit in die Illusion einer friedvollen Natur« empfunden, sondern als freiwillig unternommener Versuch, »falscher Sicherheit zu entsagen und in der Ungeborgenheit die Grundlagen einer neuen Kulturgesinnung zu schaffen«[34]. So wurde sie »zu einer Arbeits-, Charakter- und Spielschule für die jungen Menschen, deren Wert man gar nicht hoch genug einschätzen kann«[35].

Neben der Fahrt am Wochenende oder Sonntag, in der man die nähere und weitere Heimat erwanderte, stand die »große Fahrt«. In den Ferien lernte man dabei die deutschen Lande, ja selbst das Ausland kennen. Zu Fuß, per Rad oder gelegentlich auch mit der Bahn zog man los, mit Rucksack, Kochtopf und Klampfe. Übernachtet wurde in Jugendherbergen, Scheuern oder Zelten. Hermann Hoffmann hatte in Häusern katholischer Ordensschwestern Möglichkeiten zum Übernachten ausgespäht, mit den Häusern eine Art Vertrag gemacht und sie in einem Verzeichnis zusammengestellt.

Fest und Feier

Höhepunkt im Leben der Gemeinschaft waren Feste. Singend war man mit Wimpeln, Geigen und Klampfen beim gemeinsamen Gottesdienst und zog in langem Zug zum Festplatz. Oder man traf sich in einem zentral gelegenen Dorf zum Gemeindegottesdienst und wanderte geschlossen zur Festwiese. Dort entfaltete sich in Anwesenheit der Eltern oder Dorfbewohner ein munteres Treiben, in das möglichst alle Anwesenden eingeschlossen wurden. Lieder wechselten mit Volkstänzen, Spiel und Wettbewerbe reihten sich an. Reden wurden nicht gehalten, es ging auch ohne sie.
Bei solchen Anlässen trafen sich Jungen und Mädchen, die Älteren zu gemeinsamem Tun (z. B. Volkstanz, Laienspiel, improvisierte Unterhaltung), die Jüngeren gingen ihre eigenen Wege, die Mädchen etwa zum Preiskochen, die Jungen zum Sport. Nur die Volkslieder vereinten alle. Bevorzugte Anlässe für derartige Feste waren die großen Feste im Kirchenjahr, der Monat Mai, das Fest Johannes des Täufers (Sonnenwende) und Erntedank.

Der Gau

Die Gaue hatten jährlich ihre Gautage, auf denen ernste Arbeit geleistet, heitere Fröhlichkeit gepflegt und viel gesungen und getanzt wurde. Die Gottesdienste waren lebendig und hatten ihre Form von Rothenfels übernommen.
Der Gauführer besuchte nach Möglichkeit seine Gruppen. Gaubriefe informierten über alles Wichtige, was gerade vorging. Sie brachten auch Berichte über verschiedene Gruppen, was das Zusammengehörigkeitsgefühl über den eigenen Ort hinaus stärkte. Wo es ratsam schien, gab es

innerhalb des Gaues Kreise, die auf Kreistagungen usw. ihr eigenes Leben entwickelten.
In den Gauen wurden oft die auf den Burgtagungen aufgebrochenen Diskussionen weitergeführt, und zwar mitunter sehr kontrovers. Der Schwabengau drohte 1921 unter diesen Auseinandersetzungen fast zu zerbrechen. Damals ging es um das bewegende Problem, ob Quickborn Jugend- oder Lebensbewegung sei. Gleichzeitig erregte die Diskussion über das Verhältnis von Älteren- und Jüngerenbund die Gemüter.
Die Gauleiter hatten mitunter große Mühe, die Bewegung in die richtigen Bahnen zu lenken. Romantische Schwärmerei mancher Gruppen oder einzelner ließen gerade in den Anfangszeiten erkennen, daß der Standort des Bundes noch nicht überall erkannt war. Wie war das Verhältnis zum Wandervogel, zu dem sich manche Älteren hingezogen fühlten, zu den Freideutschen, zu Neu-Deutschland?
Die Beziehung zur Kirche litt mitunter an einer gewissen Überheblichkeit: Man fühlte sich als Elite und glaubte, Quickborn mit Kirche schlechthin gleichsetzen zu können. Dabei spielten Gedanken des Reformkatholizismus eine Rolle oder auch eine Verkennung der besonderen Stellung des Laien. Man suchte dann mönchische Frömmigkeit und Lebensart als verbindlich für alle hinzustellen. In diese Auseinandersetzung griff gelegentlich auch Strehler als Bundesführer ein und stellte klar, daß der Laie in der Kirche nicht Nachahmer des Mönches sei, sondern seine spezifische Aufgabe in Kirche und Welt habe.
Die Gruppen beteiligten sich an diesen Diskussionen sehr lebhaft. Im allgemeinen wurden die Spannungen ehrlich ausgetragen. Mitunter freilich mußten auch harte Konsequenzen gezogen und einzelnen nahegelegt werden, aus dem Bund auszuscheiden, weil ihre Auffassung zu denen

des Bundes in diametralem Gegensatz standen. Den Gauleitern wurden gerade in solchen Fällen schwierige Entscheidungen abverlangt, die ihr Verantwortungsbewußtsein auf eine große Probe stellten.
Sicherlich trug dieses Leben gerade der kleineren Gemeinschaften (Gruppe, Kreis, Gau) wesentlich dazu bei, die jungen Menschen im Sinne des Quickborn zu bilden, ihnen »ein formuliertes Prinzip«[36] vor Augen zu führen, das sie in den Alltag ihres Lebens hineintrugen. Damit wirkte der Bund in die Weite, und zwar durch eine selbstbewußte Haltung, der aber, schon weil sie zu verteidigen war, jede aufdringliche Selbstüberheblichkeit fehlte.
Bund, Gaue, Kreise und Gruppen bildeten erst das Ganze, was sich Quickborn nannte. Die Verflochtenheit schuf eine große Gemeinschaft quer durch Deutschland, in der sich jeder mit jedem verbunden fühlte. Alle wußten sich eins im Ziel und in der Grundhaltung. Die oft ablehnende Haltung anderer Kreise stärkte das Bewußtsein, aufeinander angewiesen zu sein. Man lernte, sich als einzelner zu behaupten und auf größeren Veranstaltungen und bei Gottesdiensten seine eigene Art als selbstverständlich hinzustellen. So wurde das Bild des Quickborn in gleicher Weise von den Burgtagungen und dem Leben des Alltags überall in Deutschland geprägt.

Die formenden Einflüsse anderer Bünde

Kurz vor oder nach dem Ersten Weltkrieg war eine große Zahl von Jugendorganisationen entstanden, die sich alle der Jugendbewegung verschrieben hatten. Hier galt es für jede einzelne, ihre Eigenart klar herauszustellen und sich von den anderen abzugrenzen. Dabei gab es wechselseitige

Einflüsse, die formende Kraft auch auf den eigenen Bund hatten.

In dieser geistigen Auseinandersetzung bildete sich die Gestalt Quickborns immer deutlicher heraus. Gleichzeitig aber wuchs das Bewußtsein, mit den anderen Bünden das Kennzeichen der Jugendbewegung gemeinsam zu haben. So entstand trotz äußerer Distanz eine gewisse Nähe. Man erkannte den anderen an seiner Art des Auftretens, der Kleidung, des Singens usw. und fühlte sich mit ihm verbunden.

Die Freideutschen

Was Wandervogel und Freideutsche Jugend anging, so waren die Kontakte im allgemeinen schwach. Gewiß hatte Quickborn manches vom Wandervogel übernommen. Das aber war inzwischen Gemeinbesitz der Jugend überhaupt geworden. Die grundsätzliche Auseinandersetzung über Autorität, Freiheit, Gehorsam setzte einem bewußten Miteinander Schranken, die durch eine skeptische Haltung der Freideutschen Jugend zum christlichen Glauben noch erhöht wurden. Wollte Quickborn seine Grundhaltung nicht in Frage stellen lassen, durfte er nicht den Anschein erwekken, sich mit den Freideutschen zu liieren.

Quickborn wußte sich dem Geistigen gegenüber freier als jene, deren Denken sich im Namen der Freiheit vornehmlich um das eigene Ich drehte und die mitunter zufrieden waren mit Romantik und Flucht vor dem Alltag[37]. Waren diese nicht vielfach der Anthroposophie oder orientalischen Religionen erlegen? Deshalb, so glaubten manche Quickborner, habe Quickborn dem Wandervogel gegenüber geradezu eine missionarische Aufgabe, die freilich lediglich die Älteren wahrnehmen dürften[38].

Es kam zu Kontakten, die sich vornehmlich mit dem gemeinsam Verbindenden und nicht mit dem Trennenden befaßten. Gerade dadurch aber kam Quickborn zu einem größeren Selbstverständnis.

Neu-Deutschland

Anders war das Verhältnis zu Neu-Deutschland (ND). Hier handelt es sich um einen Verband katholischer Schüler höherer Lehranstalten, der auf Initiative des Erzbischofs von Köln, Kardinal Felix von Hartmann, am 31. Juli 1919 gegründet und zu dessen Vorsitzenden P. Ludwig Esch SJ bestellt worden war. Sein Ziel war die Mitarbeit an der religiös-sittlichen Erneuerung des Volkes. Waren zunächst Priester, insbesondere Religionslehrer, Führer der einzelnen Gruppen, so wuchs allmählich die Synthese gleichgewichtiger Zusammenarbeit zwischen priesterlichem Leiter und laikalem Jugendführer heran[39]. Hier lag ein wichtiger Unterschied zum Quickborn, der Priester in der Regel nur als geistliche Berater kannte, nicht als Gruppenführer. Deshalb verstand ND nach seiner Entwicklung zur Jugendbewegung seine Eigenart als jugendliches Selbstschaffen und jugendliche Selbstleitung nur in Unterordnung unter die priesterliche Autorität[40].

Im April 1921 erwarb ND die Burg Normannstein an der Werra, nach der sich später eine aus ND ausgeschiedene Gruppe von »Romantikern« nannte, die von einem eigenen in sich ruhenden Jugendreich träumten[41]. Nach dem Vorbild des Quickborn bildete sich 1923 der Groß-Neudeutsche Bund der Älteren.

In der ersten Zeit war Neu-Deutschland Schülerverein und ohne Beziehung zur Jugendbewegung. Erst seit der Tagung in Hirschberg 1923 übernahm er Gedankengut und Formen der katholischen Jugendbewegung, vorangetrieben vor allem von der Ostmark-ND[42]. Er blieb allerdings bei seinem Prinzip, das der bisherigen kirchlichen Pädagogik entsprach, nur Jungen aufzunehmen. Für Mädchen war der Heliand-Bund zuständig.

Das Verhältnis des Quickborn zu Neu-Deutschland war nicht von Grundsätzlichem belastet, sondern von praktischen Schwierigkeiten. Beide Bünde standen an vielen Orten zueinander in Konkurrenz. Das brachte Mißverständnisse und Ungeschicklichkeiten auf allen Seiten mit sich.

Allein es gab auch tieferliegende Unterschiede, auf die Guardini in seiner Schrift »Quickborn. Tatsachen und Grundsätze«[43] hinwies. Die beiden Verbände hätten ihren Ursprung in zwei verschiedenen seelischen Typen. Sieht man von Mischformen ab, so sei für ND mehr das Rationale und Intellektuelle ausschlaggebend. Er neige zu diszipliniertem Wollen und Tun und sei deshalb ein Bund der Disziplin und eine Schule des Leistens. Demgegenüber liege der Schwerpunkt des Quickborn auf bildhafter Anschauung und idealem Denken. Das Schöpferische und Gestaltende trete in den Vordergrund. Er sei eine Gemeinschaft des Lebens und ein Bund des Schaffens, der sich um eine wesensgemäße Erneuerung und Vereinfachung des Lebens müht.

Es ist verständlich, daß diese zwei Grundtypen hart aufeinanderprallten. Reibungen gab es auch aus Gründen der Konkurrenz, aus Mißverständnissen, Unbesonnenheiten und Einmischung Unberufener. Die Bundesführungen versuchten, das Verhältnis zwischen beiden Bünden zu regeln. Richtlinien wurden erlassen[44], grundsätzliche Erörterungen angestellt[45], gegenseitige Einladungen zu Bundestagungen ausgesprochen und auch wahrgenommen. Auf diese Weise hoffte man, das zerstörende Mißtrauen zu beseitigen.

Schließlich kam es 1921 zu einer gemeinsamen Erklärung, die für den Quickborn von Strehler und für Neu-Deutschland von P. Esch unterzeichnet war[46]. In ihr heißt es: »Quickborn hat den aufrichtigen Willen, mit Neu-Deutschland in geistiger Waffenbrüderschaft verbunden zu sein. Die katholische Jugend hat hier eine Aufgabe zu lösen, die von der nichtkatholischen trotz aller Anstrengungen nicht bewältigt werden kann: daß verschiedene Bewegungen nebeneinander wirken, jede ihre Eigenart wahrt und doch alle verbunden sind durch gemeinsamen Glauben und gleiche Gesinnung, gegenseitige Hochachtung und Liebe ... Quickborn muß Neu-Deutschlands Ehre und dieser muß Quickborns Ehre als die eigene ansehen ... Neu-Deutschland und Quickborn sind Teile der großen katholischen Jugend; dieser Einheit werden sich stets beide bewußt sein.«

So schwer es vielerorts bei der praktischen Arbeit war, nach diesen Leitlinien zu handeln, es entstand doch allmählich eine verständnisvolle Haltung. Sie trug dazu bei, daß Quickborn von der mehr intellektuellen Art der Neu-Deutschen beeinflußt wurde.

Die Großdeutsche Jugend

Die von Dr. Nikolaus Ehlen im Herbst 1915 gegründete »Großdeutsche Jugend« hatte engere Verbindung zum Quickborn. Auch sie erstrebte die Rückkehr zur Natur und eine kirchlich-christliche Religiosität. Ehlen schrieb 1916 Gedanken nieder, von denen später alle katholischen Jugendbünde gelebt haben: nicht Verein, sondern innere Organisation sei entscheidend[47].

Was Quickborn zur Großdeutschen Jugend hinzog, war die Einstellung auf ethische, religiöse und soziale Reformar-

beit[48]. Ehlens Siedlungsgedanke, den er seit 1918 vertrat und der aus menschlich-sozialer Not geboren war, fand im Quickborn viele Anhänger. Gleiches gilt für seinen Kampf gegen den Kapitalismus und die damit verbundene Wirtschaftsform.
Der ethische Radikalismus und der Impuls zur sozialen Tat der Großdeutschen hatte Quickborn zwar stark beeinflußt, er mußte sich aber hüten, daraus einen Dogmatismus zu machen. Davor bewahrte ihn die bewußte Pflege des Musischen, neben dem Leiblichen Lied, Musik, Tanz[49]. Der Ausgleich war notwendig und wurde auch erkannt.

Jungborn

Wieder anders und wesentlich enger war das Verhältnis zum Jungborn. Er ist hervorgegangen aus dem Kreuzbündnis, dem Verein abstinenter Katholiken. Dieser hatte Jugendgruppen gebildet, in die durch Anregungen von Ernst Thrasold und Nikolaus Ehlen nach dem Ersten Weltkrieg auch Gedanken der Jugendbewegung kamen. Die studierende Jugend im Quickborn hatte sich früh vom Kreuzbündnis gelöst. Eine gleiche Selbständigkeit wollte die Leitung des Kreuzbündnisses der werktätigen Jugend nicht gewähren. 1922 wurde der ursprüngliche Name »Johannesbund« in »Jungborn« geändert und die Bindung an das Kreuzbündnis gelockert. Ein Jahr später auf dem Bundestag in Fulda 1923 erfolgte die völlige organisatorische Lösung vom Kreuzbündnis.
Jungborn war wie Quickborn eine katholische Jugendbewegung, offen für Jungen und Mädchen, eingeteilt in Gaue und Gruppen, der Abstinenz von Alkohol und Nikotin verpflichtet. Aufgrund seiner Herkunft aus dem Kreuzbündnis war gerade dieses Prinzip nie umstritten. Jungborn erstrebte als

Jugendbewegung die ganze Lebenserneuerung aus katholischem Geist, wollte, wie es in Fulda formuliert wurde, »die katholische abstinente Jugendbewegung der Werktätigen« sein[50] und wuchs dem Quickborn entgegen.
Der Kontakt zwischen Jungborn und Quickborn war eng. Beide wußten, daß sie demselben Boden entstammten und einander brauchten. Trotz des Beschlusses auf der Burgtagung 1922, daß auch Werktätige im Quickborn aufgenommen werden könnten, blieben sie in Quickborn-Gruppen Ausnahmen, wenn auch Mitglieder, wo es geboten schien, von einem Bund in den anderen ohne Formalitäten wechselten.
Jungborn wurde für den Quickborn der »Brückenschlager zum Volke«[51], die Begegnung mit dem Berufsleben der Werktätigen, die vor ganz anderen Problemen standen als Schüler, Studenten und Akademiker. Jungborn war deshalb für den Quickborn eine notwendige Ergänzung, die insbesondere den Alltag des Gruppenlebens befruchtete.

Hochland

Die katholische Studentenverbindung Hochland stand dem Bund womöglich noch näher als Jungborn. Am 3. Mai 1912 in Breslau als abstinente Studentenvereinigung gegründet[52], folgten bald weitere Gruppen in anderen Städten. Sein Ziel war die Neugestaltung studentischen Lebens und studentischer Geselligkeit. Nach dem Ersten Weltkrieg fanden auch in ihm die Gedanken der Jugendbewegung Eingang, die er in die Studentenschaft hineinzutragen suchte. Einige Jahre lang zählte er sich zu Quickborn. Erst auf der Jahrestagung in Bamberg, Oktober 1925, erfolgte die organisatorische Trennung. Sie wurde begründet mit der Sonderaufgabe an den Universitäten, die es verlange, alle jugendbewegten katholischen Studenten und Studentinnen aufzunehmen. Er blieb, wie es in der Erklärung heißt, dem Quickborn wesensverwandt, woraus eine enge Verbindung resultierte. Zum Ausdruck dieser Zusammengehörigkeit wollte Hochland dem »Verein der Quickbornfreunde e. V.« kooperativ beitreten[53].

Seine Aufgabe sah Hochland insbesondere in der Beschäftigung mit dem Verhältnis Studententum und Abstinenz[54], dem Beruf[55], der sozialen Frage[56] und mit der Geselligkeit[57]. Spannungen mit Quickborn gab es kaum, zumal Doppelmitgliedschaft nicht nur möglich, sondern sogar erwünscht war. Dennoch gab es Unterschiede. Bei Hochland war die Trennung zwischen Männern und Frauen in zwei getrennte Studentenverbindungen ausgeprägter als bei den Studentengilden der Quickborner. Die Hochland-Verbindungen waren außerdem stärker auf die ortsfremden Studenten ausgerichtet, während die Quickborn-Gruppen guten Kontakt mit den ortsansässigen Gruppen hielten.

An Universitäten existierten auch Quickborn-Gruppen von Studenten und Studentinnen. Ihre Schwierigkeit lag darin, daß sich in den Semesterferien die Mitglieder der Gruppen in alle Winde zerstreuten, so daß mit Semesterbeginn wieder von vorn begonnen werden mußte. Der Versuch, einen Ringverband für Studenten zu bilden, scheiterte 1927 endgültig. Zwar wurde eine Anschriftenstelle geschaffen, mehr jedoch nicht. Allen jenen aber, die einen festen studentischen Zusammenschluß wünschten, wurde der Anschluß an Hochland empfohlen[58].

So wurde Hochland die Ergänzung Quickborns in den studentischen Bereich hinein. Daß von ihm auch Anregungen für den Bund ausgingen, vornehmlich hinsichtlich der praktischen Aufgaben des Alltags (Beruf, Gesellschaft, Politik), ist selbstverständlich.

Quickborn
für die
abstinente studierende Jugend.
Inhalt: Wirklichkeit und idealer Sinn. Von Josef Bärtle. — Für die Patronentasche des Abstinenten. Von P. Elpidius O. F. M. — Flieger. Von H. Schneider. — Erster westfälischer Gauvertretertag. Von J. Honselmann.
Aus der Bewegung. — Büchertafel. — Totentafel. — Sprechsaal.
4. Jahr.
Februar 1917.
Nr. 11.

QUICKBORN
FÜR DIE ABSTINENTE STUDIERENDE
JUGEND
8. Jahr.
Ernting 1920.
Heft 5.
Inhalt: Dienende Liebe. Wahreck. — Eltern und Quickborn. Elsbeth Dombrowsk. — Ein Quickbornfreund. Hans Bramkamp. — Büchlein auf Fahrt. Margarete Pfister. — Aus der Bewegung. — Totentafel. — Büchertafel. — Für das Deutsche Quickbornhaus. — Aus allerlei Gärten: Mainzauber. Hermann Hoffmann.

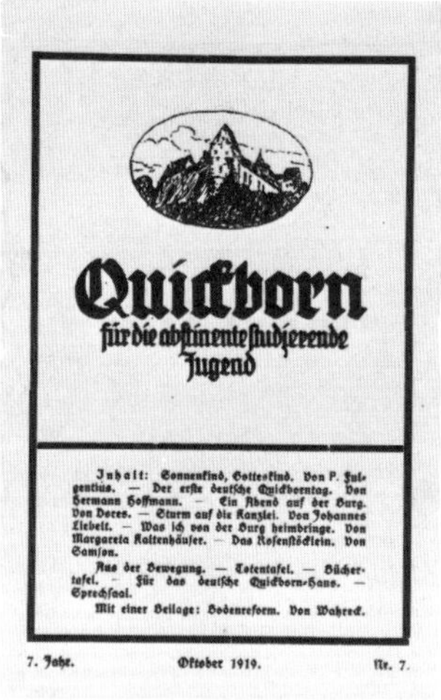
Quickborn
für die abstinente studierende
Jugend
Inhalt: Sonnenkind, Gotteskind. Von P. Fulgentius. — Der erste deutsche Quickborntag. Von Hermann Hoffmann. — Ein Abend auf der Burg. Von Dores. — Sturm auf die Kanzlei. Von Johannes Liebelt. — Was ich von der Burg heimbringe. Von Margareta Kaltenhäuser. — Das Rosenstöcklein. Von Samson.
Aus der Bewegung. — Totentafel. — Büchertafel. — Für das deutsche Quickborn-Haus. — Sprechsaal.
Mit einer Beilage: Bodenreform. Von Wahreck.
7. Jahr.
Oktober 1919.
Nr. 7.

Quickborn
für die katholische
Jugend
9. Jahr
Mai 1921
Heft 2

Quickborn
für die abstinente studierende
Jugend
Inhalt: Führer. Hermann Hoffmann. — Eine Nacht im Landheim. Ruprecht Ewald. — Die Fahrt zur Burg. Hans Altenburger.
Aus der Bewegung. — Für das deutsche Quickbornhaus. — Sprechsaal.
Aus allerlei Gärten: Schwarz-weiß-Kunst. Klemens Neumann.
8. Jahr.
Brachet 1920.
Heft 3.

Quick-
born

23. Baustein für den Ausbau der Burg

◀ *22. Stilwandel der Zeitschrift*

24. *Burgwache Ostern 1930*
25. *Essenausgabe während eines Quickborntages (1919)*

Das Ausland

Quickborn reichte über Deutschland hinaus. In Österreich und der Tschechoslowakei (Böhmen) gab es Quickborn-Gruppen. Sie hatten es jedoch nicht leicht. Denn in Österreich mußten sie sich der Konkurrenz von »Neuland« stellen und im Sudetenland der von »Staffelstein«. Beide Organisationen, Neuland und Staffelstein, waren Jugendbewegungen mit anderen Zielsetzungen als Quickborn.
Mit Neuland kam es schon über die Personen der Gründer, Michael Pfliegler und Karl Rudolf, zu mannigfachen geistigen Kontakten, insbesondere auf dem Gebiet der Eucharistie, Bibel und Liturgie. Daß die soziale Frage stärker im Vordergrund stand als bei Quickborn, hat ebenfalls befruchtend gewirkt. Zu den Staffelsteinern war gerade in der ersten Zeit die Beziehung gespannt[59], entkrampfte sich aber im Laufe der Zeit und wurde normal.
Zu den evangelischen Jugendbünden »Bibelkränzchen« und dem später aus ihm hervorgegangenen »Köngener Bund« gab es fast gar keine Verbindung. Dies hing vornehmlich damit zusammen, daß die Führung der Bibelkränzchen sich nur sehr zögernd den neuen Lebensformen öffnete und die eigene Erfahrung von dreieinhalb Jahrzehnten nicht aufgeben wollte[60].

1 2 3 4

Quickbornabzeichen: 1 vermutlich von 1912/13, 2 und 3 von 1921, 4 seit 1930.

Auswirkungen

Die menschliche Person

Will man untersuchen, welche geistesgeschichtlichen Auswirkungen Quickborn gehabt hat, muß man sich sowohl vor pauschaler Verherrlichung wie auch vor jeder Bagatellisierung hüten. Die Wirklichkeit ist viel zu differenziert, als daß sie sich auf eine einheitliche Formel bringen ließe. Es kann deshalb bei Quickborn vornehmlich nur darauf ankommen, Anstöße und Tendenzen aufzuzeigen, die Entwicklungen beeinflußt, vielleicht sogar in Bewegung gesetzt haben.

Das zentrale Problem

Vergegenwärtigt man sich den Umstand, daß die Jugendbewegung überhaupt einen neuen Standort für das Individuum in der industriellen Gesellschaft suchte, ist es verständlich, daß die menschliche Person in ihrem Eigensein und in ihrer Verwobenheit mit der Gemeinschaft ein zentrales Problem darstellte. Es wurde zwar nicht immer ausdrücklich erörtert, wohl aber lag es allen Diskussionen und neuen Lebensgewohnheiten zugrunde.
Es hatte zunächst den Anschein, als werde der Mensch in der

industriellen Gesellschaft sich selbst verlieren. Fremdbestimmte Arbeit, Entleerung aller Berufstätigkeit von personalen Werten, Rückgang unmittelbarer Erfahrungen und Einbettung in einen modernen Sozialstaat, der das Individuum kaum als verantwortlichen Bürger anspricht, drohten den personalen Kern des Menschen in Frage zu stellen. Gerade deshalb konzentrierte sich das Nachdenken auf die menschliche Person als Ausgangspunkt und Ziel der Gesellschaft.

Dabei wurde fraglich, ob die klassischen Definitionen des Begriffes »Person« den historischen und religiösen Erfahrungen der Gegenwart noch adäquat waren. Das geschichtlich-akute Handeln, die Partnerschaft von Person zu Person und das Freiheitserlebnis machten eine neue Begründung erforderlich, die philosophisch vor allem von Max Scheler und Gabriel Marcell geboten wurde.

Guardini baute auf Schelers Phänomenologie auf, gab aber den ontologisch fundierten Personbegriff nicht auf. Der christliche Personbegriff der Scholastik hatte statischen Charakter, der der biblischen Offenbarung dialogisch-existentiellen[1], Guardini selbst nahm eine Mittlerstelle ein[2]. In der Auseinandersetzung mit Scheler gelang ihm eine Synthese von Phänomenologie und traditioneller Metaphysik[3]. Durch Festhalten an metaphysischen Prinzipien packte er den bisher weitverbreiteten Egozentrismus an seiner Wurzel. Unterstützt wurde er hierbei von Männern wie Erich Przywara, Peter Wust, Peter Lippert, Theodor Haecker, Gertrud von Le Fort usw.

In seinem 1939 erschienen Werk »Welt und Person[4]« faßte er seine Gedanken zu dem Thema »Person« systematisch zusammen. Obwohl sich gerade diese Arbeit weitgehend auf Scheler stützt, ist dessen Name nicht ein einziges Mal erwähnt. Lenz-Medoc, der Guardini darauf angesprochen hatte, erhielt zur Antwort, dies sei geschehen, um das Gedankengut Schelers, der den Nationalsozialisten ein Dorn im Auge war, den Zeitgenossen zugänglich zu machen.

Person ist nach Guardini niemals Mittel für andere Seiende, sondern bedeutet, »daß ich in meinem Selbstsein letztlich von keiner anderen Instanz besessen werden kann, sondern mir gehöre«[5]. Sie entsteht nicht in Begegnung oder Dialog, sondern aktuiert sich nur darin. Sie ist deshalb dann sinnvoll, wenn es andere gibt, mit denen Begegnung geschehen kann[6]. Letztlich kommt Person bloß zu sich selbst im Du-Verhältnis zu Gott[7]. Wesentlich gekennzeichnet ist sie dadurch, daß sie aus der Kausalkette Ursache – Wirkung herausfällt und einen echten Anfang machen kann, eine »Anfangskraft« besitzt[8]. Wirklicher Anfang ist aus nichts Vorausgehendem abzuleiten. Denn »sobald die freie Handlung getan wird, wird eine qualitativ neue Sphäre des Geschehens konstituiert. Das Moment der Ursprünglichkeit, des Produktiven hat hier ein Höchstmaß erreicht. Die Freiheit ist der menschlich schöpferische Akt schlechthin . . . Die Wirklichkeit . . . hat einen doppelten Aspekt: den quantitativen der Meßbarkeit, den qualitativen der eigentlichen Bestimmung . . . Je höher die Bereiche in der Ordnung des Wirklichen, desto geringer die Bedeutung der Ableitung. Desto größer das Maß der Ursprünglichkeit«[9].

Am konkreten Beispiel des Jean Pierre de Caussade[10] verdeutlicht Guardini seinen Person-Begriff: »Hier entsteht vom Heiligen ein anderes Bild. Vom Außergewöhnlichen ist hier keine Rede mehr. Der Mensch, der diesen Weg geht, tut, was jeder tun müßte, der jetzt und hier seine Sache richtig machen will . . . Er versteht aber die Richtigkeit des jetzt und hier Aufgegebenen von Gott her. Damit ist nichts Phantastisches gemeint. Er braucht seinen Verstand, tut, was sein Beruf verlangt, und kann für alles sachgemäße Rechenschaft geben; aber sein Gewissen ist um ein Wesentliches vertieft. Sein Tun vollzieht sich in der Welt, weiß sich aber dem Willen dessen verpflichtet, der diese Welt geschaffen hat und selbst über aller Welt ist.«

Aus dieser Einstellung zur menschlichen Person folgt Guardinis entschiedenes Eintreten für Freiheit in Bindung, für Verantwortung und für das richtige Tun im täglichen Leben. Die menschliche Person als geistiges Wesen trägt Wortcharakter, weil sie nicht aus dem Denken Gottes, sondern aus seinem Wort hervorgegangen ist[11]. Schöpferisches Tun beruht nicht auf Macht oder Verstand allein, sondern primär auf dem Sprechen. Dem Wort kommt deshalb eine Qualität zu, die über Macht und Verstand hinausgeht, was für das Verhältnis der Menschen zueinander von entscheidender Bedeutung ist.

Die Sprache des Menschen gründet in der »objektiven« Sprache, die der ewige Gott-Logos in die Schöpfung hineingelegt hat[12]. Sie ist das wesentliche Medium geistigen Lebens und der Sinnraum, in dem der Mensch lebt. Sprache wendet sich an das Du, öffnet aber zugleich den Zugang zu sich selbst. Sie hat verwandelnden Charakter. Die einfache Subjekt-Objekt-Beziehung hört auf. Die personale Begegnung wird gestalthaft-schöpferisch. In der Sprache gestaltet sich eine Welt, welche die objektive Welt umbildet und sie heimholt in die Dimension geistiger Bewältigung und symbolischer Erhöhung [13].

Bildung

Um die menschliche Person zur wahren Entfaltung zu bringen, bedarf es der Bildung. Quickborn ist durch Guardini zu einem »Bildungsereignis« geworden[14].

In seinen »Briefen über Selbstbildung«[15] sucht er praktische

Wege zur Bildung aufzuzeigen. Geht man davon aus, daß Person sich selbst besitzender Geist ist, die trotz ihrer Einmaligkeit der Begegnung mit dem anderen bedarf, so ist Bildung zu verstehen als selbstverantwortende schöpferische Bewältigung der Begegnung[16]. Der Gebildete ist nicht schon der sich an die Gemeinschaft Hingebende, sondern der sich aus dieser Hingabe zurückgewinnende Mensch[17]. Bildung kann, wie Paul Schmidt meint, nur auf dem Hintergrund des Gegensatzgedankens in ihrem anthropologischen Gehalt erschlossen werden[18]. Die von Guardini genannten drei Grundkategorien: Bild, Begegnung, Gegenstand sind ihrer Struktur nach bereits gegensätzlich. Im Wort »Bildung« steckt zunächst das Wort Bild, das, wie Guardini meint[19], die Grundlage der pädagogischen Kategorie darstellt. Begegnung ist erforderlich, weil Person das Du braucht. So wird Bildung zur »Grundform der menschlichen Gestalt in der Aneignung des Geistes, wie er uns in den großen Pädagogen der Literatur, der Kunst, der Philosophie begegnet«[20].

Erziehung ist folgerichtig »Hinführung zum richtigen Verhältnis zu den Gegenständen«[21], d. h. Aufnahme und Dienst. Dabei bedeutet Aufnahme das Hereinnehmen des Gegenstandes in die eigene Welt und Dienst heißt, für die Forderung des Gegenstandes tätig werden[22]. Hengstenberg nennt diese Fähigkeit »Sachlichkeit«[23], die in den Gegenstand nicht das eigene Ich hineinträgt, sondern ihm so begegnet, wie er ist. Die Konkretheit der Dinge widerspricht im Grunde unserer Willkür, weil sie sich Raum schafft. »Es läßt nicht nach, uns zu ärgern, bis es ganz da sein darf und wir es nicht unserer Eigenschaft unterwerfen, sondern nach seinem Sinn mit ihm umgehen.«[24]

Erziehung in diesem Sinn macht den Menschen frei von Selbstsucht und lehrt ihn, sich in der Welt der Gegenstände zu bewegen. Besondere Früchte dieses Verhältnisses sind die Tugenden des Charakters: Zucht, Fleiß, Treue, Verantwortung, Zuverlässigkeit[25].

In seinen Schriften über Sokrates, Dante, Augustinus, Hölderlin, Rilke, Pascal und Dostojewski hat Guardini gerade diese Seiten der personalen Bildung herausgearbeitet. So wurde er, wie Max Müller sagt, der bedeutendste lebende Pädagoge, der Quickborn zwang, an ihm und mit ihm zu wachsen. Er hat Menschen herangebildet, die das Wagnis der Bildung auf sich nahmen und doch Quickborner blieben, d. h. weite, arme, kindliche und offene Menschen, die mit der herkömmlichen Bildung nichts anfangen konnten[26], die neue Wege gingen und Bildung wieder zu dem werden ließen, was sie für einen gläubigen Christen ist, sich die eigentliche Gestalt seines Menschseins erwerben.

Das gilt nicht zuletzt auch für die Kirche. Guardini hat geholfen, ihr jene kritischen und doch bekennenden intellektuellen Laien heranzubilden, die Pius XI. als Mündige bezeichnete und die das Zweite Vatikanische Konzil von Gott Gerufene nennt, die in eigener Verantwortung alle zeitlichen Dinge, mit denen sie eng verbunden sind, so durchleuchten und ordnen, daß sie immer Christus entsprechend geschehen und sich entwickeln und zum Lob des Schöpfers und Erlösers gedeihen[27].

Quickborn und das katholische Deutschland verdanken Guardini den wesenhaften und zeitgerechten Zugang zur Bildung. Gefördert wurde diese Bewegung durch die eigene Haltung des Bundes. Quickborn wollte in der Gesellschaft nicht aufgehen, weil sich in ihr der einzelne nicht entfalten kann. Nur durch den Abstand, der durch die Abstinenz verkörpert war, gelang es ihm, Schutt beseite zu räumen und Aufbauarbeit zu ermöglichen. In Lied, Tanz, Spiel und Wandern erschloß sich dem Quickborner eine neue Welt, die zunächst noch naturhaft, aber eben nicht verbildet war. Quickborn betrachtete Jugend nicht bloß als Durchgangsstadium und blickte nicht allein in die Zukunft. Das hätte das Sich-selbst-Finden erschwert, weil nur der zu sich selbst kommt, der festen Stand hat. Das jugendgemäße Leben, das Eingang in alle Jugendorganisationen gefunden hat, öffnete das Tor zum reifen, gebildeten Erwachsenen.

Mädchen und Frau

Vielleicht wird dies nirgends so deutlich wie im Bild des Mädchens und der Frau im Quickborn. Schon die Tatsache, daß Quickborn auch Mädchen aufnahm, war ein Hinweis darauf, daß Mädchen und Frau kein abgekapseltes Sonderdasein führen sollten, was gerade für das katholische Deutschland zunächst schockierend wirkte.

Selbständigkeit und Gleichberechtigung mit dem Mann wurden zwar von den z. T. übersteigerten Forderungen der Frauenbewegung erkämpft. Traditionelle Vorurteile und der Versuch, die patriarchalische Sozial- und Familienstruktur zu erhalten, schufen jedoch ein ungünstiges Klima. »Emanzipierte« Frauen standen neben solchen, die der Tradition verhaftet bleiben wollten bzw. sollten. Es fehlte die gesunde Mitte.

Die katholische Kirche betonte zwar konsequent die volle Menschenwürde der Frau, der damaligen Seelsorgepraxis entsprechend aber suchte sie vor allem zu bewahren, was gerade der Frau die Begegnung mit der Welt und dem daraus resultierenden Heranreifen zu einer der Zeit entsprechenden Persönlichkeit erschwerte.

Die schnell wachsende Industrialisierung und die Entwicklung des Wirtschafts- und Geisteslebens stellte an die Frau neue Anforderungen. Gewehrt werden mußte einerseits dem Versuch, Mädchen und Frau in dem umfriedeten Gebiet häuslicher Stille zu halten[28], sie hilflos im Zwiespalt zwischen Moderne und althergebrachten Lebensbedingungen zu lassen[29], oder sie andererseits schutzlos der Öffentlichkeit preiszugeben.

Ein Doppeltes tat not: die Wesenseigentümlichkeit der Frau zu erkennen und ihr den Platz in der modernen Gesellschaft zu geben, der ihr zukommt. In der Organisation des Bundes, in gemeinsamem Tun und Feiern, in Gesprächen und Diskussionen erwies sich die Frau als wahre Partnerin des Mannes, die durch ihre eigenen Beiträge wesentlich zur Erhellung der Probleme und zur Ganzheit des Lebens beitrug. Auf diese Weise wuchs sie in die zunächst begrenzte Öffentlichkeit des Bundes hinein und befreite sich von überkommenen Zwängen.

Ehe sie zur Reflexion über ihr Selbstverständnis kommen konnte, mußte erst eine breite Basis des Erlebens geschaffen werden [30]. Deswegen begann das Nachdenken relativ spät, griff dann das Problem aber umfassend und tief an. In Arbeitskreisen, Diskussionen und Aufsätzen wurde herausgestellt, der Wert der Frau in der Gegenwart liege vor allem in ihrer Fähigkeit, Lebenswärme in menschliche Beziehungen zu bringen. Ihr Einfühlungsvermögen gleiche Gegensätze aus und schaffe eine Atmosphäre der Geborgenheit, des Friedens und der Menschlichkeit [31].

Das bedeutet nicht, ihr nur die Sphäre des Gefühls anzuempfehlen und zu reservieren. Sie braucht klare, strenge Verstandesbildung, wenn sie für ihre Umwelt wertvoll sein soll. Es muß verhindert werden, daß sie von Gefühlen überwuchert wird und erstickt[32].

Sieht man das Mädchen Werkblatt durch, fällt dreierlei auf:
1. Ida Coudenhove, zu dieser Zeit Führerin der Mädchen, behandelte laufend Fragen der Selbstbildung und der reli-

giösen Bildung (Umgang mit Bildern, Zucht, Advent, Weihnacht, Neujahr, Maiandacht). 2. Als Tugenden, die für Mädchen typisch und notwendig seien, werden genannt: Einfachheit, Ehrfurcht, Güte, Liebe, Selbstbeherrschung, Hilfsbereitschaft, Ordnung. 3. Selbstverständlich wurden auch Themen erörtert, die für Mädchen von Bedeutung sind und sie vom Außenstehenden unterscheiden wie Tanz, Mode, Handarbeiten, Kochen, Wandern, Sport, Musisches, Beruf, Jungen und Mädchen.
Gerade bei diesem letzten Thema zeigte sich eine Wandlung im Frauentyp. Der bewußte Verzicht auf Erotik, grundgelegt in der Abstinenz, war ein Beweis für menschliche Geschlechtsbeziehungen ohne Betrug und Mißbrauch der Freiheit und steigerte das personale Selbstbewußtsein der Mädchen[33] in einer Zeit, in der sexuelle Ungezügeltheit um sich griff.

Ehe und Familie

Das neugewonnene personale Verständnis stellte auch Ehe und Familie in ein anderes Licht[34]. Die patriarchalische Familie war endgültig überholt. Mann und Frau waren zu Partnern geworden, die durch ihre Verschiedenheit und Einheit auch in Ehe und Familie das Verhältnis von Freiheit und Autorität, Liebe und Gehorsam, Harmonie von geistigen und leiblichen Zwecken tiefer zu ergründen suchten.
Die in der Jugend geübte Abstinenz erwies sich als Einübung in die Askese überhaupt. Hengstenbergs Buch »Christliche Askese«[35] fand gerade in Quickborn-Familien weite Verbreitung. Daß Ehe nicht nur den Zweck hat, Kinder zu zeugen, hatte Herbert Doms mit seinem Werk »Vom Sinn und Zweck der Ehe«[36] klargestellt, ein Thema, das in vielen Arbeitskreisen behandelt wurde.

Damals begann die Bewegung »Junge Familie«, gefördert vor allem von jungen Quickborn-Eheleuten. Man traf sich regelmäßig in einer Familie, pflegte Gastfreundschaft, oft verbunden mit einfachem Imbiß, und sprach über Fragen der Ehe, der Kindererziehung, der religiösen Unterweisung, der Gestaltung von Festen usw. Heinrich Bachmann reiste bis zum Kriegsbeginn 1939 unentwegt durch Deutschland und trug dieses Quickborn-Gedankengut in Brautleutekurse und Kreise junger Familien. Seine »Briefe an eine junge Braut« erschienen unter dem Titel »Das Geheimnis ist groß«[37] und wurden zu einem Standardwerk. In Volksbildungsheimen, die von Quickbornern geleitet wurden, wie z. B. Haus Marientann, wurden Brautleutekurse in Form von Exerzitien veranstaltet, die, wie Konrad Theiss mitteilt, in den Jahren 1934 bis 1940 insgesamt etwa 10 000 Teilnehmer erfaßten.

Die personale Komponente, von Guardini grundgelegt und vom Quickborn in der Praxis erprobt, erwies sich als eine tragende Säule. Während der Herrschaft des Nationalsozialismus, in der alles Äußerliche aufgegeben werden mußte, trat die personale Durchformung des einzelnen immer stärker hervor und war für viele im Widerstand oder in der inneren Emigration der Anker, der sie hielt. Es war ein Ausgangspunkt gewonnen, der dem schrankenlosen Egoismus ebenso wie dem damals üblichen Opfern der Person zugunsten des umfassenden Ganzen und der Verflüchtigung dieses Ganzen durch den modernen Konzeptualismus (Kritizismus, Neukantianismus) Schranken setzte. Ein Fundament war geschaffen für jenes Selbstvertrauen, das der Mensch der Industriegesellschaft brauchte und erst neu entwickeln mußte.

Die Kirche

Wahrscheinlich hat Quickborn auf keinem Gebiet so entscheidende Leistungen, Folgen und Nachwirkungen gehabt wie auf dem der Kirche. Dabei erwies sich gerade das personale Denken als wichtigster Impuls für ein neues christliches Bewußtsein in der modernen Gesellschaft. Der Weltbezug der Kirche, wie er vom Zweiten Vatikanischen Konzil herausgestellt wurde (Gaudium et spes), wurde klar gesehen und betont[38].

Das geistliche Zuhause

Das elementare Gemeinschaftsfühlen der katholischen Jugendbewegung stieß in der Kirche auf das Wissen, daß das emotionale Bedürfnis nur durch Form, objektive Norm und Institution überwunden werden kann[39]. Gerade dadurch fand die Jugend mit ihrer religiösen Sehnsucht ein geistliches Zuhause in der Kirche[40], das alles bot, was sie suchte: Gemeinschaft und Person, Intellekt und Gemüt, Freiheit und Bindung.
Die Kirche hatte nach dem Ersten Weltkrieg ihren Standort in der Gesellschaft noch nicht gefunden. Obwohl auch für sie eine neue Zeit angebrochen war, hielt sie an überkommenen Formen fest. Apologetik und Moralismus beherrschten ihre Vorstellungen. Die Kluft zwischen Rationalismus und Gefühlsseligkeit schien unüberbrückbar. Gottesbeweise mit ihren logischen, aber nicht überzeugenden Deduktionen und Volksgottesdienste mit süßlichen, theologisch sogar bedenklichen Liedern seien nur als die beiden Pole genannt.
Gesellschaftspolitisch war die Kirche zwar mit dem Sturz des Kaiserreiches aus dem sozio-kulturellen Getto befreit.

Allein sie zog daraus nicht die notwendige Folgerung, blieb mit ihrem Verbandskatholizismus in der Defensive und war nach wie vor eine Kirche der Kleriker und der Bevormundung der Laien[41].

Nun kam mit Quickborn ein Sturm auf, der auch die Kirchentür öffnete und vieles von dem hinwegfegte, was bisher als selbstverständlich gegolten hatte. Das erregte Mißtrauen der Kirche, weil nicht mehr alles von der Hierarchie zu bestimmen war, sondern vieles als spontaner Vorgang weitgehend von dem Eigenwillen der Jugendlichen abhing. Der Ausbruch aus dem katholischen Verbandsgetto war dabei wohl das größte Problem[42], obwohl sich später, vor allem in der Zeit des Nationalsozialismus, zeigte, daß dieser Vorgang zeitgeschichtlich dringend notwendig war.

Der Priester

Neu war zunächst einmal das Verhältnis von Priester und Laie. Wohl war und blieb der Priester auch in der Quickborn-Gemeinschaft der Geweihte, der das eucharistische Opfer feierte, die Sakramente spendete und das Wort Gottes verkündete. Außerhalb seines Auftrages aber war er einer unter vielen, der mit den anderen sang und spielte und den Nimbus des »Hochwürden« abgelegt hatte. Er war Mensch, zu dem man menschlichen Zugang fand und der darum als brüderlicher Diener der Gläubigen auch zur Bildung eines neuen Glaubensbewußtseins beitrug[43].

Aus diesem, wieder mehr vom personalen Sein als vom Amt her begründeten Priesterbild ergaben sich Konsequenzen für Seelsorge und Theologie. Der bloße Vollzug von Riten erwies sich als wirkungslos, und kasuistische Moral verfehlte die Situation der Menschen in der Gegenwart[44]. Überlebte Gewohnheiten, lähmende Rückständigkeit, unverständliche Formen, unpersönliche Distanz, unbewußte und uneingestandene Unkenntnis neuartiger menschlicher Phänomene mußten beiseite geschoben werden, um das zu praktizieren, was später Papst Johannes XXIII. »aggiornamento« genannt und was im Zweiten Vatikanischen Konzil als die pastorale Gestalt des Guten Hirten formuliert worden ist: die Menschen kennen, verstehen, unterweisen, erziehen, führen, ihnen dienen, sie schützen, lieben und heiligen, wobei der mystische Leib, die Kirche in einer gemeinschaftlichen Form real vergegenwärtigt wird[45].

So entwickelte sich damals nicht ohne Zutun des Quickborn eine Seelsorge, die sich liebend und dienend den Menschen zuwandte, auch den Großstadtmassen, und eine Predigt, die die theologische Aussage vor die moralische Nutzanwendung stellte und zeitgerecht war.

In die Oratorien des hl. Philipp Neri in Leipzig (1930 gegründet) und seit 1948 auch in München wurden durch Männer wie Heinrich Kahlefeld, Otto Spülbeck, Werner Becker usw. der Geist Quickborns und die Erfahrungen der Burg Rothenfels hineingetragen: Seelsorge neuer Form.

Neue Dynamik des Glaubens

Der Glaube gewann eine neue Dynamik. Er wurde aus Perspektiven erschlossen, die in der traditionellen Kirchlichkeit verschüttet waren. Eine unpathetische, aus Bibel, Liturgie und Geschichte schöpfende Gestalt des Glaubens erstand[46]. Leben aus dem Glauben machte froh, wurde nicht als Mühsal und Pflicht verstanden, sondern war so selbstverständlich, daß man sich mit ihm identifizierte[47].

So konnte sich die Jugend im Glauben und in der neuerschlossenen Kirche wiederfinden. Christliche Existenz, von Guardini neubegründet, war wieder zu einem Lebenswert geworden. Guardini verstand es, die den Glauben darlegende Theologie vom Anthropologischen her zu deuten, so daß der Zugang zu diesem so verstandenen Glauben auch dem modernen Menschen nicht schwer fiel. Selbst der Herausforderungsgestalt der Offenbarung ging er in ihren anthropologischen Deutungen nach[48].

Es ist in diesem Zusammenhang bedeutsam, daß Guardini selbst als sein wichtigstes Werk »Der Herr« bezeichnete, eine Arbeit, die betrachtend Botschaft und Verkündigung der Offenbarung Gottes in Christus sein will.

Von dieser Ausgangsbasis her ergaben sich für die Kirche einige wichtige Folgerungen. Die Jugend besann sich auf das Kernstück christlicher Frömmigkeit, d. h. Christus selbst. Von ihr kamen die Anstöße zur christozentrischen Frömmigkeit[49].

In das innerkirchliche Gespräch zog ein neuer Ton ein, zunächst noch zaghaft und unklar, der aber doch wahre Ergriffenheit und ein Innewerden tiefer Bezüge ausdrückte[50] und der im Zweiten Vatikanischen Konzil seine offizielle Anerkennung finden sollte.

Der Laie

Allmählich bildete sich auch ein neues Selbstverständnis des Laien heraus. Schon der Ausbruch aus dem Verbandsgetto und das partnerschaftliche Verhältnis zum Priester deuteten an, daß der Laie nicht mehr bloß hörendes und vollziehendes Organ der Amtskirche sei. Die Diskussionen über das allgemeine Priestertum der Getauften waren lebhaft und fundiert, ohne Schärfe und Aggression gegen die Amtskirche. Die Quickborner empfanden sich als lebendige Glieder, als Volk Gottes, berufen, zum Wachstum der Kirche beizutragen[51]. Waren sie nicht durch Taufe und Firmung zu

einer königlichen Priesterschaft und zu einem heiligen Volk geweiht (1 Petrus, 2,4–10)?
Gerade bei den Gottesdiensten auf der Burg war die Erkenntnis gewachsen, daß mitbestimmende Teilnahme der Laien dazu beitrug, dem Prozeß der Entfremdung von Kirche und Volk entgegenzuwirken[52]. Die Laien wurden auf diese Weise »Volk Gottes«, d. h. gleichberechtigte Brüder der geweihten Amtsträger[53], die Anteil am Priesteramt haben[54].
Der Laie wurde durch die liturgische Erneuerung reif, bewußt und mittätig für die Werte, die bisher verborgen in ihm lagen. Er konnte sich aus akzidentellen Banden, die früher sein religiöses Leben bestimmt hatten, lösen und eine uralt-wesentliche Bindung eingehen, die kultisch-mystische Gemeinschaft mit der Kirche. Anstelle der nur autoritativen Organisation lebte die Idee des inneren Organismus auf, weil in der eucharistischen Opferhandlung eine religiöse Sozialeinheit zur Verehrung Gottes entwickelt wurde[55].
Ein von großem Ernst erfülltes christliches Bewußtsein in der modernen Welt entwickelte sich in der katholischen Jugendbewegung[56]. Das Wort von der »neuen Lebensgestaltung in Christus« war, worauf Franz Henrich hinweist[57], ein genialer Wurf, durch den die Formel vom Hohen Meißner im Sinn katholischer Jugendbewegung umgeprägt und zur Maxime katholischer Jugenderziehung und Selbstbildung wurde. Romano Guardini hat mit seinen »Briefen über Selbstbildung« einen außerordentlichen Anteil an diesem Ergebnis.
Diese innere Einstellung führte auch zu einem neuen Verständnis der Laienfrömmigkeit. Man begriff, daß Frömmigkeit für jeden Stand ein spezifisches Aussehen hat und daß sie nicht etwa aus der mönchischen abgeleitet werden kann.

Gerade in seiner »Liturgischen Bildung« hat Guardini auf die eigenständige Laienfrömmigkeit hingewiesen. In der praktischen Gruppenarbeit des Quickborn wurde von den verschiedenen Ansätzen her versucht, diesem religiösen Erfülltsein näherzukommen, von Ehe und Familie her, vom Beruf usw. Es wurde bereits das vorweggenommen, was das Zweite Vatikanische Konzil so formuliert hat: »Das geistliche Leben der Laien muß vom Stand der Ehe und der Familie, der Ehelosigkeit oder Witwenschaft, aus der Situation einer Krankheit, vom beruflichen oder gesellschaftlichen Wirken her ein besonderes Gepräge annehmen[58].«

Die Liturgie

Der Weg zu dieser Frömmigkeit führte über die Liturgie, die »keine Liebhaberei schöngeistiger Kreise ist, sondern ein Kernstück ungebrochenen katholischen Lebens«[59]. Sie erschließt dem Laien erst das innere Wesen der Kirche, das im sakramental-liturgischen Leben, in der kultischen Mysterienhandlung verborgen liegt[60]. Gerade auf diesem Gebiet hat Quickborn bahnbrechend gewirkt und eine Bewegung ausgelöst, die in der Liturgie-Reform des Zweiten Vatikanischen Konzils ihren Niederschlag gefunden hat. Quickborn hat die Liturgische Bewegung nicht »erfunden«. Der Grundstein war bereits in den Benediktinerklöstern Beuron und Maria Laach gelegt worden. Allein die theologische Besinnung auf die Liturgie blieb zunächst bezogen auf die Klöster. Erst im Quickborn fand sie in breiter Form große Resonanz. Dadurch wurde der »Zug zum Mystagogischen der monastischen liturgischen Bewegung überwunden« und Rothenfels zum »Experimentierraum für die mit der liturgischen Reform beginnende katholische Erneuerung«[61]. Die Liturgische Bewegung trat aus einem umfriedeten Raum

heraus in die Öffentlichkeit einer sich entwickelnden Volkskirche.
Die Voraussetzungen für diesen Durchbruch waren im Quickborn gegeben. Die Besinnung auf die Person stärkte den Sinn für den Leib und die Ganzheit des Lebens, für Gestalt und Gemeinschaft. Die Kritik am Rationalismus paarte sich mit dem Ungenügen an Scholastik und Apologetik[62]. Seele und Leib mußten wieder zu einer Einheit werden. Denn »unsere Seele ist geistige Substanz, in ihrem Sein vom Leibe unabhängig, aber wesensgemäß bestimmt, gestaltendes, lebendigmachendes, zum Wirken befähigtes Prinzip des Leibes zu sein«.[63]
Guardini war unermüdlich tätig, die Liturgie theologisch den Menschen unserer Zeit nahezubringen. Seine Schriften »Liturgische Bildung«, »Vom Geist der Liturgie«, »Von Heiligen Zeichen« wurden zu Standardwerken der Bewegung.
Er bemühte sich unablässig um ein mit der Liturgie eng verbundenes Symbolverständnis. »Im Symbol ... wird Inneres derart an Äußeres geknüpft, daß es nicht anders geschehen könnte; daß eins aufgrund innerer Notwendigkeit wirklich zum anderen gehört.«[64] Es gilt daher, »vor allem jenen lebendigen Akt zu lernen, mit dem der glaubende Mensch die heiligen ›sichtbaren Zeichen unsichtbarer Gnade‹ auffaßt, empfängt, vollzieht«[65]. Im Verschmelzen von Elementargebärden und Bewegungen, die bestimmte Gedanken zum Ausdruck bringen, »bildet sich die gottesdienstliche Handlung, in der ein reichentwickelter geistiger Inhalt zu äußerem bildhaften Ausdruck gelangt, z. B. ein Opfer«[66].
Die Ausdehnung des Selbstgefühls auf Sachen führt das dingliche Moment in das Symbol ein. »Die Dinge verstärken die ausdrückende Kraft des Körpers und seiner Bewegun-

gen, sind gleichsam Ausweitungen des Körperbestandes über seine natürliche Grenze hinaus.«[67] Dies setzt freilich voraus, daß man »den Dingen keine Gewalt antue, sondern sich selbst in ihnen offenbarend, zugleich deren tiefstes Eigenwesen aufschließe«[68]. Hier wird das, was in der Lehre von der Person als Offenheit, Sachlichkeit bezeichnet wurde, sehr anschaulich begründet.

Aus der Symbolträchtigkeit der Liturgie ist abzuleiten, daß liturgisches Geschehen sich zweckfrei vollzieht. »Der Begriff des Zweckes legt den Schwerpunkt eines Dinges aus ihm heraus; faßt es als Durchgang für eine weitergehende Bewegung, nämlich auf das Ziel hin. Jedes Ding ist aber auch ... etwas in sich Ruhendes, sich Selbstzweck, soweit man den Begriff in dieser weiteren Bedeutung überhaupt anwenden kann. Besser paßt der Begriff des Sinnes.«[69] Der Kultakt ist in sich zwecklos, aber sinnvoll: Er ist heiliges Spiel[70].

Damit war ein Begriff eingeführt, der damals zu den gewagtesten gehörte[71]. Heute, nach den Untersuchungen von Johan Huizinga[72], Gustav Bally[73], verstehen wir ihn nicht nur besser, er scheint uns geradezu der einzig richtige zu sein. Denn im Spiel verfügt der Mensch über einen Raum relativer Freiheit gegenüber dem Instinktverhalten, also gerade das, was ihn als Menschen kennzeichnet. Immer neue Schätze hebt er »in den Raum der Freiheit«[74], weil spielendes Verhalten nicht eingegliedert ist in den Zweckzusammenhang des gewöhnlichen Lebensvollzuges.

Gott selbst ist ein spielender Gott, der aus freier Liebe und in der Leichtigkeit des schöpferischen Gestus die Welt ins Dasein gestellt hat. Der von ihm geschaffene Mensch soll sich in dieses göttliche Spiel einschwingen, um das Kommende vorwegzunehmen und sich in die endgültige Freiheit vorläufig einzuüben[75].

Dazu bedarf es freilich der Einübung, des Umdenkens und

26. Essenausgabe beim 10jährigen Burgfest (1929)

27. Volkstanz auf der Reigenwiese der Burg (Ostern 1930)
28. Primizfeier von P. Manfred Hörhammer auf der Burg

Lernens. Das aber geschieht für Guardini gerade durch die Liturgie selbst, die für ihn nicht Versöhnungs-, sondern Bildungsmittel ist[76]. Liturgische Bildung fordert, »daß die Seele lerne, nicht überall Zwecke zu sehen«[77].

Liturgisches Geschehen schafft Gemeinschaft. Es »wird nicht vom einzelnen, sondern von der Gesamtheit der Gläubigen getragen«. Man sagt nicht »Ich«, sondern »Wir«[78]. Das verlangt Demut, weil der einzelne darauf verzichten muß, seine eigenen Gedanken zu denken[79]. Gleichzeitig aber ist Liturgie ein wichtiger Schutz gegen die Formlosigkeit, die insbesondere die Jugendbewegung bedroht[80].

Mit diesen grundsätzlichen Überlegungen verbanden sich im Quickborn praktische Schritte zur Realisierung lebenserfüllender liturgischer Formen. Wichtigstes Hilfsmittel wurde dabei Guardinis »Meßandacht«, die weiteste Verbreitung fand. Die Missa recitata, in der ein Vorbeter die beweglichen Teile der Messe in Deutsch vorlas, war Vorstufe für die Eucharistiefeier in der Muttersprache. Gleichzeitig aber gelang dadurch der erste Schritt, einzelne und Gemeinde-Volk zu Mithandelnden, zu Trägern des liturgischen Geschehens zu machen[81].

Noch näher kam man diesem Ziel durch den Opfergang, bei dem die Gläubigen die Hostien oder Brot und Wein dem Priester am Altar brachten, die Stellung des Priesters zum Volk, die Vorformen der Konzelebration, die ein Gefühl der Isolierung nicht aufkommen ließen. Dabei war die Wiederentdeckung der Eucharistiefeier als Mahl von großer Wichtigkeit. Daß man geschlossen zum Opfertisch und zur Kommunion schritt, zeugte von dem Glauben, als »Volk Gottes« zum Gastmahl des ewigen Lebens geladen zu sein. Man gewann dabei zugleich neues Verständnis für Speise und Trank überhaupt, die als Abglanz einer gottesdienstlichen Handlung begriffen wurden[82].

Volksfrömmigkeit

Vernachlässigt wurde trotz der strengen Form der Liturgie nicht die Volksfrömmigkeit, die vor allem im Lied und in der Marienverehrung ihren Platz fand. Man begnügte sich freilich nicht mit dem überkommenen Liedgut, sondern sichtete, schaltete Sentimentales aus und entdeckte Neues. Der »Spielmann«, 1937 bereits mit einer Auflage von 200 000, beeinflußte stark die Erneuerung des kirchlichen Liedes, sogar bis in die Diözesangesangbücher hinein[83].
Entscheidende Impulse zur liturgischen Musik gab Felix Messerschmid[84]. Er wußte, daß Lieder liturgiefähig im anspruchsvollen Sinne sind[85]. Sein »Deutsches Kantual. Hilfsbuch für den gemeinschaftlichen Gottesdienst«, das er 1931 zusammen mit Guardini herausgegeben hat, zeugt von dem Bestreben, liturgische Texte und Gesänge sprachlich und musikalisch den Menschen unserer Zeit nahezubringen. Zusammen mit Heinrich Kahlefeld arbeitete er viele Jahre an dem Problem der deutschen Gregorianik. Hierbei ging es um den notwendigen neuen Zusammenhang zwischen Melodie, deutscher Sprache und sprachlogischer melodischer Akzentik[86].
Wenn auch die Frömmigkeit christusbezogen war, wurde die Marienverehrung nicht vernachlässigt. Sie nahm allerdings nicht mehr wie in den Marianischen Kongregationen die erste Stelle ein, weshalb die katholische Jugendbewegung ihren Platz außerhalb der Kongregationen suchte[87].
Marienfeiern und Maiandachten aber waren ein selbstverständlicher Bestandteil jugendbewegten kirchlichen Feierns. Die vielen innigen Marienlieder, frei von Schwärmertum und Gefühlsseligkeit, wurden mit innerer Erfülltheit gesungen und so zum Gemeingut des katholischen Deutschland. Die Aufstellung der Statue der Gottesmutter von Maria

Eulenbruch in der Burgkapelle zu Rothenfels, die mit der Burgkapelle von den Nationalsozialisten zerstört wurde und von der heute nur noch der eindrucksvolle Torso des Kopfes in der Burgkapelle hängt, veranlaßte Guardini zu grundsätzlichen Aussagen: »Sie, die Mutter der Armut, die Fleisch ist von unserem Fleisch, hat uns die Gottesfrucht gebracht: Das Kind, das uns erlöst.« »Wie ist sie arm, diese Mutter des Herrn, die da zu uns gekommen ist.« Wahrlich, sie kommt aus dem Herzen der Zeit«[88]. Wenn einer so sprach und wenn seine Worte von der versammelten Gemeinde voll aufgenommen wurden, dann war Marienverehrung kein leeres Wort.

Kirchenbau und Altar

Neue liturgische Formen verlangten einen angemessenen Kirchen- und Altarraum [89]. Es war ein besonderer Glücksfall, daß einem jungen Quickborn-Architekten, der später zu einem der namhaftesten Kirchenbauer unserer Zeit wurde, Dr. Rudolf Schwarz, der Ausbau der Burgkapelle übertragen wurde. Er löste die Aufgabe auf dem doppelten Hintergrund der Wende der christlichen Kunst und dem Gedanken der liturgischen Bewegung.

Was das besagt, drückt Schwarz so aus: »›Baukunst‹ ist erstarrte Musik, richtiger noch erstarrter Tanz. Das Köstlichste beim Bauen ist das große Geheimnis der Gemeinschaft in Form und Seele . . . Die Menschen werden im Raum zur Gemeinschaft und dieser wird zur monumental geformten Bruderliebe.«[90]

Die Forderungen der Liturgie besagen: »Nicht miteinander haben wir es zu tun beim Gottesdienst, sondern alle zusammen haben wir es mit Gott zu tun und Gott tut mit uns allen zusammen, und zwar ›durch Christus‹: Ort des Durchgangs, des Überschritts von den Menschen zum Vater ist der Altar ... Sinn des Rings (wenn die Liturgie hinter dem Altar steht) ... ist, daß auf dem Altar *Mitte* wird; ... um die Mitte legt sich die Gemeinde als Umkreis, von allen Punkten gehen die Strahlen nach innen. ›Mitte‹, das ist aller gemeinsames Herz.«[91]

Falsch wäre es deshalb, den Altar dicht vor eine leere Wand zu stellen »oder gar die Leere dieser Wand durch irgend etwas zu verdecken und erst wahrhaft nichtig zu machen. Die Wand, wenn sie leer bleibt, muß als eigene und bedeutungsvolle Aussage zu erkennen sein und ist nicht der Abschluß des Altars, sondern seine Öffnung und Erschließung. Sie muß darum ziemlich weit hinter ihm liegen«[92].

Grundsätzlich sagte er zum Bauen, daß auch das nützlichste Werk in seiner Funktion nicht aufgeht[93], womit er den Bezug zu Guardinis Liturgieverständnis als sinnvolles, zweckfreies Geschehen hergestellt hat.

Von Schwarz und seinen Arbeiten sind entscheidende Impulse auf die Baukunst überhaupt, auf die Gestaltung der Großstadt als *Oikonomia* und auf das Haus der Familie ausgegangen, grundgelegt alle in seinem personalen, religiös vertieften Denken.

Ökumene

Die Besinnung auf die Fundamente des Glaubens, wie sie für Rudolf Schwarz und seine Kirchenbauten kennzeichnend war, führte auch auf dem Gebiet der Ökumene zu neuen Ansätzen. Ökumene war nicht eigentlich beabsichtigt, sondern stellte sich her, weil die Unterscheidungen, die geschichtlichen Trennungen gegenüber dem Grund des einen Glaubens, auch gegenüber der bedrohten Zukunft der Kirchen zurücktraten. »Sie werden nicht aufgelöst, ihre

Auflösbarkeit wird jedoch in eine sich abzeichnende oder doch ahnbarere größere Gestalt des Glaubens hinein offen.«[94] Dem »getrennten Bruder« entgegenzugehen und sich auf die weltliche Welt einzulassen, ist von der katholischen Jugendbewegung vorbereitet worden[95]. Hermann Hoffmann und Max Josef Metzger, die zusammen mit dem Berliner Superintendenten Ungnad einen ökumenischen Arbeitskreis gegründet hatten[96], waren Wegbereiter dieser Bewegung für Quickborn.

Ein erster Durchbruch war bereits 1921 auf dem Gautag der Mitteldeutschen geschehen, an dem auch Hermann Hoffmann und Klemens Neumann teilnahmen. Friedrich Mukkermann hielt in einem überfüllten Saal vor Quickbornern und Gästen einen Dante-Vortrag. Anschließend traf sich ein kleiner ökumenischer Kreis im Pfarrhaus zu einem Gespräch. Muckermann schrieb in das Gästebuch: »Sind wir erst eins in der Liebe – und heute abend waren wir es –, dann ist alles andere ein Kleines.« (Kurt Döbler)

Auch diese Zielrichtung weckte zunächst Mißtrauen in der katholischen Amtskirche. Allein die Bewegung entwickelte sich, schon weil Quickborn die Kirche nicht mehr so gegenständlich sah wie frühere Zeiten, sondern, angeregt durch den Personalismus, auch offen war für die geistige Gemeinschaft. Während der Herrschaft des Nationalsozialismus kamen sich die Kirchen aus der Not der Zeit heraus näher, und das Zweite Vatikanische Konzil hat durch das Dekret über den Ökumenismus (Unitas redintegratio) die ökumenische Bewegung offiziell anerkannt.

Gesellschaft und Kultur

Im Gegensatz zur überlieferten Form der Gesellschaft entstanden, blieb im Quickborn wie in der Jugendbewegung überhaupt immer ein gewisser Protest, eine Distanz zur Gesellschaft vorherrschend. Es fiel dem Quickborn schwer, diese Gesellschaft in sein Denken und Tun aufzunehmen. Er empfand seinen »Aufstand« als einen Akt der Befreiung, suchte eine neue Gesellschaft zu formieren und versagte deshalb vielfach vor der gesellschaftlichen Aufgabe der Zeit[97].

Die neue Gesellschaft

Wohl gab man sich Mühe, Gesellschaft theoretisch zu ergründen und setzte sie in Übereinstimmung mit Ferdinand Tönnies, dessen Buch »Gemeinschaft und Gesellschaft. Grundbegriffe der reinen Soziologie«[98] im Quickborn eifrig diskutiert wurde, deutlich ab von Gemeinschaft. Dabei unterschied man, wie Hans Freyer später formuliert hat[99], primäre und sekundäre Systeme, freilich ohne diese Begriffe zu verwenden. Quickborn als Bund empfand man mit Recht als primäres System, also ursprünglich und gewachsen, nicht konstruiert und rational entworfen.
Durch diese Differenzierung und die Verlegung des Schwerpunktes auf Gemeinschaft fühlte man sich dem Bund primär verpflichtet und vernachlässigte die Aufgaben der Gesellschaft. Weder konnten neue soziale Normen für die Gesamtgesellschaft entwickelt werden, noch erwies sich das Gruppenzusammengehörigkeitsgefühl als stark genug, prägend und integrierend über die eigene Gruppe hinaus zu wirken, noch konnte die kulturelle Formenwelt in ihrer Gesamtheit mit Kunst, Recht, Wirtschaft und Technik beeinflußt wer-

den, was dem Bund nicht einfach angelastet werden darf, weil es ihn überfordert hätte.

Kultur und ihre Krise

Im praktischen Leben konnte Quickborn gesellschaftlichen Fragen deshalb nur teilweise gerecht werden. So wurde kaum versucht, etwa eine Lösung sozialer Probleme anzubieten. Dort hingegen, wo personales Denken wirksam werden konnte, entstanden durch Quickborn neue fruchtbare Ansätze. Ein langsamer Wandel der deutschen Sitten setzte sich durch. Der Umgangston der Intelligenz und gewisser Kreise des Bürgertums z. B. verlor seine steife, selbstsichere Geziertheit und wurde natürlich, offener und aufrichtiger[100].

Dies erwies sich schon deshalb als unumgänglich, weil mit der bisherigen Gesellschaft auch die tradierte Kultur in eine Krise geraten war, der durch konventionelle Formen nicht beizukommen war. In der industriellen Gesellschaft war es zum Gesetz geworden, daß allen alle Kulturwerte zugänglich gemacht werden und gleiche Rechte zustehen sollten. Allein es entstand zugleich die Gefahr, daß die verschiedenen Grade der Leistung und der geistigen Rangordnung dabei nicht mehr erkannt und gewertet wurden. So kam es zu einem Auseinanderklaffen zwischen objektiv sachlicher Form und subjektivem Raum von Freiheit, das eben zur Kulturkrise wurde.

Auch im Quickborn war das Bewußtsein der Kulturkrise wach. Die ganze abendländische Kultur war in ein Dilemma geraten und niemand, auch Quickborn nicht, schien in der Lage, einen wesenhaften Beitrag zur Heilung zu leisten. Die Besinnung auf das Wesentliche, die nach dem Krieg erwachsen war, hatte nicht angehalten. Die Seelen waren durch den technischen Fortschritt abgestumpft[101].

Falsche Sicherheiten spülten die Kulturkritiker hinweg. Guardini aber sah deutlich, daß »Kultur etwas anderes ist, als die Neuzeit gemeint hat: keine schöne Sicherheit, sondern ein Wagnis auf Leben und Tod«; denn sie bedeutet, »daß die Naturwirklichkeiten in den Bereich der Freiheit treten und dort eine Potentialität neuer Art erhalten.«[102]

Die Neuzeit hatte den Menschen verfehlt, ihn nicht mehr erkannt als endliche Person, angerufen von Gott, in Begegnung mit den Dingen und anderen Personen[103]. So zerbrach die Ganzheit des Seins und die Einheit der Kultur. Quickborn bemühte sich demgegenüber, aus der zerrissenen Kultur heraus wieder zur Einheit zu kommen. Dies sollte dadurch gelingen, daß der Bund alles auf die »wurzelhafteste Gestaltung des Menschenlebens, nämlich das ›Volk‹ bezieht«. Sein Suchen nach dem Volkstümlichen war demnach keine spielerische Romantik[104], sondern Lebenserneuerung aus christlichem Glauben heraus. Er wollte ein neues Verhältnis zur Natur, zu den Dingen, den Menschen, dem Beruf, zu Ehe und Familie, zu Kunst, dem Leben überhaupt, kurz zur Ganzheit des Seins[105].

Dabei durfte freilich kein Wildwuchs entstehen. Guardini bemühte sich, für alle Kulturbereiche und Sachprobleme das jeweils christlich Unterscheidende herauszustellen und das spezifisch Christliche in die Lösung eines Problems zu bringen. Auch wenn der Prozeß der Säkularisierung der ursprünglich christlich geprägten Kultur nicht mehr rückgängig zu machen sei, so müßte doch das Heilsmysterium durch existentiell ergriffene Christen in – wenn auch bescheidener und vorläufiger – Kultur ausblühen[106].

Ganz in diesem Sinn griff Quickborn Grundelemente der Jugend auf wie Lied, Spiel, Wandern, die Erfahrung der

Gemeinschaft[107] und gestaltete daraus neue Formen von Fest und Feier. Konnte es gelingen, in einer innerlich zerklüfteten Gesellschaft aus dem Dreiklang Gemeinschaft, Volk, Natur eine allgemeine verbindliche Kultur zu gestalten? Dies wäre wohl zuviel verlangt. Immerhin aber sind von der Jugend fruchtbare Anstöße ausgegangen, zumindest für das gesamte Jugendleben[108]. Fast alle noch heute gültigen Lebensformen, unter denen sich gruppenbildende Teile der Jugend zusammenfinden, zeigen, daß die Überlieferung der Jugendbewegung für die Jugendarbeit nichts an bindender Kraft verloren hat[109].

Das Wandern

Was von der Jugendbewegung anfangs am meisten in die Augen sprang, war das Wandern, die Fahrt. Sie war auch ein weithin erkennbarer Protest gegen sterile Gesellschaft, ein Gegenpol zur Stadtkultur, in »Suchen nach dem Volk und ein Leben mit ihm«[110].
Anders als der Ausflugsbetrieb suchte sie gleichzeitig die ungebrochene Natur. Auf ihr entstand Gemeinschaft; denn jeder stand während der Fahrt auf sich und war auf den anderen angewiesen. Alles mußte selbst getan werden, von der Herbergssuche bis zum Kochen. So erwachte Selbständigkeit und Verantwortung für den anderen.
Das Volk, dem Quickborner begegnen wollten, forderte kein hochmütiges Sich-Herablassen, sondern war eine hohe Sache, wie die katholische Kirche es verstand. Es führte in jene »Wesenszusammenhänge, aus denen allein unser in wahnwitziger Zerrissenheit verzuckendes Kulturleben wieder gesunden kann«[111], war für Quickborn also wirklich Streben nach den Grundlagen einer neuen Kultur. Die Begegnung mit dem Volk war wesenhaft. Man lernte die

Menschen kennen, ihre Dialekte, ihr Leben und Arbeiten. Man erfuhr Gemeinschaft, wenn man etwa in eine Bauernfamilie aufgenommen wurde und mit ihr an einem Tisch saß und aß. Wandern sollte nicht dazu führen, sich vor der Welt zu verstecken, sie zu fliehen, ein Leben vorzutäuschen, das es nicht gibt, es sollte vielmehr umgekehrt Kraft verleihen, die Welt, wie sie ist, zu ertragen und zu bewältigen[112].

Das Singen

Genauso bedeutsam wie das Wandern wurde das Singen. Das Lied war vielfach keine Angelegenheit des Volkes mehr, sondern ein Vorrecht Ausgezeichneter[113]. Zwar wurde auch damals viel gesungen, allerdings fast nur in Gesangvereinen, vor allem Männerchören, kaum aber in den Familien. Kunstlieder und sentimentale Gesänge herrschten vor. Daraus mußte man schließen, daß der moderne Mensch in seiner Musikalität schief und unnatürlich geworden sei[114]. Im damaligen Musikbetrieb wurd Musiktechnik mit Musikalität verwechselt (»treffsicher und unmusikalisch«). Die innersten Lebensgesetze der Musik waren verlorengegangen[115].

Nun wurde das Volkslied von der Jugendbewegung neu entdeckt und blieb die Grundlage des musikalischen Lebens der Jugend. Dies war kein Zufall, sondern Bekundung der wirklichen, fraglosen Gemeinsamkeit und die Äußerung lebendiger offener Gemeinschaften[116].

Volkslied, Fahrtenlied, Jahres- und Lebenszeitenlied, Liebeslied und geistliches Lied waren keine ästhetischen Sonderleistungen, vielmehr wirklicher Ausdruck inneren Lebens, »Kunst werdende Wirklichkeit«[117]. Sie bedeuteten zugleich Rückkehr zu Einfachheit und Natürlichkeit und wurden zum Maßstab für Art und Grad des gemeinsamen

Lebens, vor allem, wenn es sich von unlebendiger, starrer und traditionalistischer Art befreite[118].
Klemens Neumann, der Spielmann Gottes, wie er genannt wurde, hat dem Quickborn die entscheidenden musikalischen Impulse nicht nur durch seinen »Spielmann« und die theoretische Hinführung zum Singen gegeben, sondern vor allem durch die lebendige Art, mit der er in der Gemeinschaft jeweils das rechte Lied zur rechten Zeit anstimmte und alle Anwesenden in seinen Bann zog. Für ihn war Melodie geformte Gestalt. Weil er die innersten Lebensgesetze der Musik erkannte, fand er immer neue, wertvolle Lieder aus verlorenen deutschen Sprachinseln. Polyphonie war für ihn kein Aneinanderreihen von Akkorden. Schon ein einstimmiger Satz könne wesenhaft polyphon sein[119].
Die Jugend hat bei ihm gelernt, zu singen, zu tanzen und zu spielen und dabei wahr, fromm und entschieden zu sein. Zwar fußte seine Arbeit auch auf der von Walther Hensel mit seinen zahlreichen Liederbüchern und Fritz Jöde mit seinem »Musikanten«. Dennoch war Neumanns »Spielmann« keine bloße Kompilation, sondern etwas durchaus Eigenständiges. Er fand Eingang in viele Gesangbücher, auch in kirchliche, und wurde so zum Gemeingut des Volkes[120]. Als Äußerung gemeinsamen Lebens war das Volkslied ein »chorisches Ich, im Grunde das Wir«[121].Dadurch wurden produktive Kräfte für die zeitgenössische Musik geweckt, die das eigene isolierte Jugendreich neben dem Reich der Welt aufbrachen[122].
Mit der Wiederentdeckung der alten Polyphonie fand man zu einer neuartigen Chorpflege, die ihren Ausgang von den Singe-Gruppen nahm. Sie führte zugleich vom Singen zum Instrumentalspiel[123]und ebenso zu neuer Schulmusik[124].

Der Volkstanz

Eng verbunden mit dem Volkslied war der Volkstanz, zumal viele Lieder auch getanzt wurden. Der Reigen war, wie Guardini betonte[125], »vollendete Herrschaft der Seele, Adel und Anmut ... als beseelte, durch Lied und Klang erklärte Bewegung ... als Schule edelster Werte: vollendeter Ritterlichkeit für den Mann, lauterer ›Anmut und Würde‹ für das Weib«.

Das Pathos dieser Worte mag uns heute ungewohnt anmuten. Es ist jedoch zu bedenken, daß mit dem Volkstanz eine bewußte Abkehr von dem damals vorherrschenden wüsten Tanzwesen vollzogen wurde.

Man griff nicht nur auf Formen des überlieferten Volkstanzes zurück, die gesammelt und dadurch dem Vergessen entrissen wurden, sondern schuf neue, die bald über die Jugendbewegung hinaus weite Kreise ergriffen[126]. Auch hier handelte es sich um einen wahrhaften Aufbruch, nicht um verspielte Folklore.

Das Laienspiel

Zu Volkslied und Volkstanz kam schließlich noch das Laienspiel, das für die neue Fest- und Feiergestaltung von größter Bedeutung wurde. Klemens Neumann, der selbst mit seinem »Schlesischen Krippenspiel« bahnbrechend gewirkt hat, schrieb dazu: »Wenn wir vom Spiel der Jugendbewegung reden, so stehen zwei Dinge fest: erstens eine sehr große Lust zum Spielen und zweitens ein sehr fühlbarer Mangel an Stücken, die der neuen Jugend entsprechen ... Und doch glaube ich, die Jugend *hat* bereits ihr Spiel, man darf nur das Wort nicht in dem engen Sinn eines Theaterstücks verstehen. Sie hat sich aus innerster Wesensgestaltung nach eigenem Gesetz ihr Spiel geschaffen und schafft es immer aufs neue, wo überhaupt schöpferische Kräfte in ihr wirksam werden«, z. B. ein Dorffest, ein Abendspiel unter der Linde usw., vielfach improvisiert[127].

Immer klarer erkannte man den Unterschied zur Kunstbühne und zum Vereinstheater. Das bedeutete den Verzicht der Darstellung von Charakteren, was dem Berufsschauspieler vorbehalten bleiben mußte. Klassiker wie etwa Goethes »Iphigenie«, die auf dem Hohen Meißner 1913 gespielt wurde, verlangen reife Künstlerschaft, die von dem Laien nicht erwartet werden kann[128]. Dafür aber sollten die urtümlichen, eigenständigen Formungs- und Gestaltungstriebe, wie sie zum Wesen junger Menschen gehören, entbunden werden[129]. Die Darbietungen des alten Kölner Spiels vom Jedermann im Rothenfelser Burghof war ein bedeutsamer und früher Ausbruch aus dem Kulissentheater. Spiel sollte Abbildung des menschlichen Miteinanders und gemeinsamen Tuns sein[130].

Rolf Mirbt, einer der Vorkämpfer des Laienspiels, hatte die Formel geprägt, es sei »nichts anderes als Gemeinschaftsspiel: Spiel aus der Gemeinschaft, in der Gemeinschaft, für die Gemeinschaft[131]«.

Guardini hatte darauf hingewiesen, daß Liturgie Spiel sei. Damit war die enge Verbindung aufgezeigt. Sie führte zu ganz neuen Mysterienspielen, die selbst zum Gottesdienst wurden. In der Zeit nationalsozialistischer Gewaltherrschaft wurden derartige Spiele unter großer Anteilnahme der Kirchengemeinde in das Gotteshaus selbst verlegt, ein Bekenntnis und Protest zugleich, dem die Machthaber nicht beikommen konnten, weil sie den Kirchenraum noch respektierten.

Es entstanden in den zwanziger Jahren eine ganze Reihe von Spielscharen, so z. B. in München die Spielgemeinde St.

Jürg[132], in Neisse die Heimgartenspielschar[133]. Sie hatten ein weites Betätigungsfeld, gingen auf Spielfahrten und brachten wertvolle Volksdichtung den Zuschauern nahe. Die Grenzen des Deutschen Reiches wurden überschritten und gerade auch von der Heimgartenspielschar den Volksdeutschen im Ausland deutsche Kultur neu vermittelt.

Erwachsenenbildung

Zentren dieser Bewegungen waren neben Burg Rothenfels neuentstandene Heimvolkshochschulen, unter denen der Heimgarten in Neisse-Neuland einen besonderen Rang hatte. In ihm blieb der Einfluß der Jugendbewegung erhalten. Er suchte und fand eine »zeitbedingte und großartige Synthese von Jugendbewegung und Volksbildung«[134]. Aus den Heimvolkshochschulkursen für junge Männer erwuchs die erste christliche Arbeitervolkshochschule des deutschen Ostens und schließlich auch die Oberschlesische Bauernvolkshochschule[135].

So wurde der Heimgarten zu einem Ort der Begegnung aller Berufsstände und Bildungsschichten. Die alljährlich veranstalteten Ostdeutschen Hochschulwochen waren für Stadt und Land ein Kulturereignis. Jede Hochschulwoche stand unter einem einheitlichen Leitgedanken, in dessen Behandlung sich hervorragende Redner teilten. Es waren keine wissenschaftlichen Vorträge. Wissenschaft sollte vielmehr »Dienerin sein zur Lebenserhöhung und Helferin zur Lebensgestaltung«[136].

Redner waren u. a. Engelbert Krebs, Siegfried Behn, Alois Dempf, Martin Gusinde, Friedrich Muckermann, Erich Przywara, Carl Sonnenschein. Ein besonderes Kennzeichen der Hochschulwochen war die Verbindung geistiger Veranstaltungen mit künstlerischen Darbietungen, mit Lied, Spiel und gottesdienstlichen Feiern. Diese Form war aus der Jugendbewegung erwachsen[137] und gerade der Jugend geistige Heimat. In der Begegnung mit führenden Geistern war sie ihr eine unschätzbare Wegweisung[138].

Im Bereich der Erziehung und Erwachsenenbildung gab es viele verheißungsvolle Ansätze[139]. Dies hing vor allem auch mit dem personalen Denken zusammen.

Man erkannte nach dem Ersten Weltkrieg sehr bald, daß eine neue Lebens- und Volksordnung gewonnen werden müßte. Im letzten seiner »Briefe vom Comer See«[140] schreibt Guardini: »Der Wille zu einer neuen Bildung ist da. Tiefliegende Keim- und Orientierungspunkte bilden sich, und formende Kraft tastet sich von daher vor.« Um dieses Ziel zu erreichen, bediente man sich einer neuen Methode. Lebensbezogene Fragen wurden in geistgetragenen, werthaften und weiterführenden Gruppengesprächen erörtert, die bald bei sachlich orientierter Zielrichtung zu Arbeitskreisen wurden, aus denen sich Arbeitsgemeinschaften entwickelten[141].

In seinem Werk »Der Gegensatz«[142] hatte Guardini die erkenntnistheoretischen Probleme, die in der Arbeit der Erwachsenenbildung stecken, dargestellt. Er wollte den »weltanschauenden Blick«, der von vornherein »Welt als runde Ganzheit« erfaßt, nicht erst als Endergebnis von Einzelergebnissen verstanden wissen. Ausgangspunkt aller Erkenntnis ist das unmittelbare »Hinblicken und Sehen«, die Intuition. Die Intuition darf jedoch nicht freischwebend bleiben, sondern muß begrifflich determiniert und empirisch angereichert werden[143]. Durch die Kategorie des Gegensatzes wird die Intuition einer besonderen Begriffsoptik unterworfen.

Gerade diese Aufgabe hat die Erwachsenenbildung zu leisten. Sie zielt damit unmittelbar auf das Personale, das sich nur behaupten kann, wenn sein Schauen zwischen den

»Fingern« des Geistes nicht schnell wieder zerrinnen soll[144]. Auf diese Weise aber kann sich auch heute ein unverkürztes und unverkümmertes Menschentum entfalten. Durch das gleiche Angenommensein aller Gruppen und Schichten im Volk und mit gleichem Lebensrecht für alle hoffte man, eine neue Lebens- und Volksordnung zu gewinnen[145].
Dabei aber mußte im Interesse der Unterscheidung des Christlichen dem Versuch widerstanden werden, Bildungsmächte und Christentum vorschnell zu einer Synthese zu bringen[146]. Sonst vermochte man den tatsächlichen Notstand christlicher Erwachsenenbildung weder zu erkennen, noch ihm zu steuern. Weil Quickborn mit Guardini dieser Versuchung nicht erlag, konnte er fruchtbar wirken.

Pädagogik

Person als Erscheinungsweise des »menschlichen Eigentlichen« (Guardini) erhielt die Funktion des Erziehungsziels[147]. Guardini wurde zu einem wichtigen Anreger und Vermittler personalen Denkens in der Pädagogik[148].
Insbesondere hatte er die katholische Pädagogik aus ihrer bisherigen Isolierung befreit und den Ansatz zu einer neuen erziehungswissenschaftlichen Problemstellung gefunden. Sie ist durch zwei Gesichtspunkte gekennzeichnet: den Begriff des »offenen Systems«, der im Gegensatz zu dem in der katholischen Pädagogik vorherrschenden geschlossenen reinen Systemdenken stand, und durch den Gedanken der Perspektivität des Erkennens. Der Praxisbezug seines Denkens ließ ihn als ersten das phänomenologische Verfahren in das christliche Erziehungsdenken einbringen[149].
Es verwundert nicht, daß die pädagogischen Berufe im Quickborn besondere Anziehungskraft ausübten. Reformpädagogik ist ohne die Theoretiker und Praktiker aus dem

Quickborn nicht zu denken[150]. Die kleine Gruppe, Koedukation, Ablösung des distanzierten Autoritätsverhältnisses Lehrer–Schüler, Wille zum selbständigen Lernen, freies Gespräch, Landschulheim-Bewegung, neue Sicht der Heimatkunde sind nur einige Ergebnisse der damals gefundenen Erziehungspraxis[151]. So drang das Gedankengut der Jugendbewegung auch in die Schule und wirkte auf eine Neufassung und Erweiterung des Erziehungsbegriffs[152]. Messerschmid erwähnte einmal, daß er, als er 1953 in den Deutschen Ausschuß für das Erziehungs- und Bildungswesen berufen wurde, dort einige Quickborner und andere Jugendbewegte angetroffen hat, die zusammen einen wesentlichen Anteil an der Erstellung des Bildungsplanes gehabt haben. Er selbst hat 1958 die Akademie für Erziehung und Unterricht in Calw aufgebaut und in ihr ein Konzept der Lehrerfortbildung verwirklicht, das seine Grundgedanken der Jugendbewegung entlehnt hatte. Diese Tatsachen erweisen, daß aus der Jugendbewegung eine große Zahl überdurchschnittlicher Lehrerpersönlichkeiten hervorgegangen ist[153]. Auch was heute an musischen Bildungsstätten jeglicher Art besteht, geht direkt oder indirekt auf die Jugendbewegung zurück[154]. Doch nicht nur in die Schule, sondern in die gesamte Jugendarbeit war durch die Jugendbewegung ein neuer Stil gekommen. Quickborn war ein strukturierendes Element für die ganze freie Jugendarbeit im katholischen Bereich. Durch ihn gewannen Jugendzusammenschlüsse den Charakter einer selbstverantworteten Bewegung[155].

Sozialarbeit

Ein weiterer gesellschaftlicher Ansatzpunkt der katholischen Jugendbewegung waren die sozialen Berufe. Auf dem

Gebiet der praktischen Sozialarbeit eröffnete sich ein weites Feld, das von vielen Quickbornern bestellt wurde. Gerade hier ging es um den Menschen und seine Not. Sozialarbeit wurde zu einem Ausdruck tätiger Nächstenliebe, aber in Formen gegossen, die sicheren Stand und Erfolg verhießen. Wirkliche Hilfe kann nur geleistet werden mit angemessenen Kenntnissen. Der gute Wille allein reicht nicht aus. So wurden die gerade nach dem Ersten Weltkrieg sich entfaltenden katholischen Schulen für Sozialarbeit eifrig besucht. In den sozialen Schulen des Deutschen Caritasverbandes, Freiburg, und am dortigen Caritas-Institut für Caritas-Wissenschaften der Universität war eine überdurchschnittliche Zahl von Quickbornern.

»Man kann mit einem gewissen Recht behaupten, daß das, was heute noch an unmaterialistischem Leben, an sauberer, selbstloser Dienstleistung, an unterbezahltem Idealismus in Deutschland zu finden ist, zu einem großen Teil aus der Jugendbewegung stammt.«[156]

Quickborn prägte auf seine Weise eine Einstellung zu Gesellschaft und Kultur, die trotz großer Lücken in vieler Hinsicht wegweisend wurde. Vielleicht ist es falsch, auf erkennbare Erfolge hinzuweisen. Die Leistungen mögen von weniger großer Bedeutung sein, als manche meinen, aber es sind reale Leistungen[157].

Staat und Politik

Das Verhältnis Quickborns zu Staat und Politik blieb zwiespältig. Dies hing mit verschiedenen Umständen zusammen. Das im Vordergrund stehende personale Denken erschwerte den Zugang zum politischen Geschehen einer Massendemokratie. Das Bemühen um neue Kulturformen stand in einem gewissen Gegensatz zu formalen und oft taktisch bedingten Gegebenheiten der Parteien, zumal sich die Katholiken erst langsam an ihre neue Rolle in dem Deutschland der Nach-Kaiserzeit gewöhnen mußten. Als Bewegung der Jugend kreiste das Denken und Tun Quickborns zunächst um das, was dem Jugendlichen angemessen ist, nicht um Politik, die der Jugend fernzustehen scheint.

Die Ausgangslage

Das Deutsche Reich befand sich in einer Übergangsphase. Die Weimarer Republik war ein Kompromiß, der schon ihr Entstehen geprägt hatte. Es gab keine klare Linie. Die Verfassung mußte von der »Weimarer Koalition« angenommen werden gegen starke Gruppen der Befürworter einer Räterepublik und gegen mächtige Republikfeinde. Das zeitlich bedingte Bündnis zwischen altem Heer mit seinen Generalen und den Mehrheitssozialisten, den späteren Sozialdemokraten, stand unter dem Zeichen, die Einheit des Reiches zu bewahren, und unter dem Zwang, den Versailler Vertrag zu unterzeichnen. Massive Vorwürfe, wie Verrat der Revolution oder Verrat an der Nation, waren auf Schlimmeres hindeutende Begleitmusik.

So beinhaltet die Geburt der parlamentarischen Demokratie in Deutschland bereits alle künftigen Probleme des sozialistisch-bürgerlichen Kompromisses. Das deutschnationale Bürgertum, ein großer Teil der Beamtenschaft und die Reichswehr hatte sie von Anfang an zu ihren Feinden. Für das Volk und auch die Jugend kam der Übergang vom Kaiserreich zur Demokratie zu plötzlich. Es hatte kaum eine politische Gegenkultur existiert, die auf anderer Grundlage als der monarchistischen aufbaute[158].

Das zeigte sich nicht zuletzt 1925, als Hindenburg zum

Reichspräsidenten gewählt und von vielen als »Ersatzkaiser« betrachtet wurde, der die Aufgabe habe, den früheren Zustand der Monarchie herzustellen[159]. Schwebte die Weimarer Republik nicht wirklich im luftleeren Raum?
Hinzu kam erschwerend für die Katholiken, daß sie in eine ganz neue Situation hineingeraten waren. Sie waren nicht mehr Bürger zweiter Klasse, sondern verantwortliche Mitträger einer von vielen gehaßten Demokratie. Der junge politische Katholizismus wollte sich neu orientieren und suchte zunächst bloß den richtigen Ansatzpunkt[160].
Es ist deshalb verständlich, daß die Jugend, auch die im Quickborn, hin und her gerissen war. Der Ausgangspunkt aller politischen Bemühungen blieb unklar. War es möglich, mit Romantik der Realitäten Herr zu werden[161]? Würde eine religiöse Motivierung zum Erfolg führen, oder war sie angesichts des herrschenden Chaos[162] lediglich eine Verbrämung der inneren Schwäche und Hilflosigkeit[163]? Konnte die Jugend angesichts des Heraufkommens einer neuen, von der industriellen Entwicklung geprägten Persönlichkeits- und Gesellschaftsstruktur Stellung beziehen für eben dieses Neue, das gerade im politischen Raum Entscheidungen forderte[164]?
Die Alternative von schöpferischer Persönlichkeit und neuer, industrieller Massengesellschaft konnte von ihr zunächst nicht aufgelöst werden, zumal die Konturen der beiden Pole noch nicht klar in Erscheinung getreten waren.

Ratlosigkeit

Angesichts der Vielschichtigkeit der Problematik war man auch im Quickborn ratlos. Wo sollte man beginnen, welche Felder bestellen? Die damals von der Kirche propagierte Neuordnung des Volkes aus Religion und Kultur mußte gerade Quickborn sich für die Kultur entscheiden lassen, zumal die Eigengesetzlichkeit des politischen Sachgebietes weder anerkannt noch durchgestaltet war und vielfach zu theologisch falschen Analogieschlüssen führte[165]. Das Verhältnis zur Macht blieb unklar[166], wenn die Einstellung nicht gar ablehnend war, weil Entartungen des Machtgebrauchs die Macht selbst in Mißkredit gebracht hatten. Man brachte sie weniger mit der Allmacht Gottes in Verbindung als mit der Gewalt.

Die Entscheidung für den Vorrang der Kultur fand auch darin ihre Begründung, daß die veränderte politische Gesamtlage einen neuen, selbständig denkenden und entscheidenden Menschen forderte. Denn konkretes politisches Engagement ist zunächst immer Entscheidung des einzelnen[167]. Er muß deshalb entsprechend gebildet sein.

Erst später stellte sich heraus, daß bei aller Berechtigung dieses Ansatzes die Basis zu schmal war. Während der Nationalsozialismus die totale Politisierung der Gesellschaft anstrebte, versuchte Quickborn eine Neuorientierung von der Kultur und der personalen Bildung her. Das Stadium der Umweltkritik wurde von ihm nicht überwunden[168]. Man hatte zuviel ästhetische Kultur gepflegt und darüber die konkreten Sorgen, die Arbeitslosigkeit, wirtschaftliche Not und politische Verworrenheit hervorriefen, zunächst übersehen[169]. Deshalb gab es kein soziales oder politisches Programm[170].

Daran ist, wie Walter Dirks meint[171], die Jugendbewegung schließlich gescheitert, daß sie sich nicht oder zuwenig mit der politisch-ökonomischen Wirklichkeit auseinandersetzte. Sie scheute sich vor einer Festlegung an programmatisch fixierte Staatsbegriffe und trug ein unklares Wesensbild vom organisch gegliederten Volksstaat in sich[172]. Sie zögerte, politisch zu denken, suchte höchstens Maßstäbe aus dem Gebiet der persönlichen Sittlichkeit, aus Ethik und Moral direkt auf den politischen Bereich zu übertragen[173]. Es ist heute leicht, Quickborn daraus einen Vorwurf zu machen, weil wir in der Lage sind, die Entwicklung von ihrem schrecklichen Ende her zu beurteilen. Wohl gab es auch damals weitblickende Leute wie Walter Dirks, Lorenz Fischer, Karl Neundörfer, Bernhard Pfister, Waldemar Gurian, Heinrich Getzeny. Sie aber drangen nicht durch oder ergriffen die Initiative zu spät. So kam es in der Hauptsache zu einer ganzen Reihe von bedeutsamen Einzelaktionen, nicht jedoch zu einem politischen Gesamtprogramm.

Man kann zur Entschuldigung und zum Verständnis dieser Vorgänge anführen, daß die Mehrzahl der Quickborner zu jung war, um die politische Problematik zu begreifen. Dies ändert jedoch nichts an dem Tatbestand, daß Quickborn als Bund, als geschlossene Gemeinschaft kaum Beziehungen zum Politischen hatte. Der 1930 geschaffene Oktoberkreis stand praktisch außerhalb des Bundes. Dies ist insofern kennzeichnend, als die politischen Aufgaben nach außen verlagert wurden, um Quickborn seine religiöse und kulturelle Qualität rein zu erhalten. Diese Ausgliederung der Politik konnte einerseits das Selbstbewußtsein des Bundes stärken und Einzelpersönlichkeiten die innere Kraft für praktisches Handeln geben, allerdings erst nach einer eigenen Übersetzungsarbeit. Andererseits konnte von einer prägenden Gestaltung des Quickborn als Ganzem im politischen Bereich nicht die Rede sein.

Der Staat

Dies war schon deshalb ausgeschlossen, weil dem Bund von seinem Ursprung her Politik fremd war[174]. Man glaubte, das, wogegen man sich empörte, z. B. Trinksitten, habe seinen Platz im menschlichen Herzen und in den gesellschaftlichen Verhältnissen, nicht hingegen in der politischen Ordnung[175].

Ganz im Sinne des kulturellen Ansatzes wurde Staat höchstens als »Staat in uns«, nicht jedoch als »Staat außer uns« gesehen, weil Quickborn die Kraft des Erlebnisses und des Ausdrucks, nicht aber die Gestaltung und Organisation gepflegt hatte. »Das Volkserlebnis überwog das Staatserlebnis.«[176]

So war das Spannungsverhältnis zwischen sozialer Wirklichkeit und dem Raum politischer Entscheidung einerseits und der kulturellen, auf das eigene Ich und die Gemeinschaft bezogenen Existenz andererseits nahezu unüberwindlich[177]. Der einzelne lebte bewußt auf personalem Fundament, das ihm das erzieherische Klima von Rothenfels geschaffen hatte[178].

Guardini erklärte[179], auch im Staat stecke Sünde; deshalb sei es die Pflicht der Persönlichkeit, dem Staat gegenüber Wache zu halten, daß er in seinen Grenzen bleibt. Daraus ergibt sich, daß der Staat das Gegenüber des einzelnen ist, der mit seinem geschärften Gewissen den Staat in Schranken zu halten hat. Diese Auffassung verhinderte ein Engagement Quickborns in politischen Tagesfragen[180]. Das mag auch damit zusammenhängen, daß Guardini aus seiner Sicht heraus die Gefährlichkeit der politischen Situation stark unterschätzt hat[181].

Trotz aller intensiven Bemühungen um theoretische Lösung politischer Grundprobleme blieb man praktisch in den Vorfragen des Politischen stecken[182]. Es fehlte die Erkenntnis, wohl auch die Bereitschaft, die Gunst der Stunde wahrzunehmen, zumal, wie Peter Wust in einem Vortrag erklärte, der Kleinmut der Katholiken die Rückkehr aus dem

Exil des Kaiserreiches zu keinem greifbaren Ergebnis geführt hatte[183]. Quickborns Haltung war also keine Sonderart des Bundes, sondern auch ein allgemeines Phänomen der deutschen Katholiken und der Jugend, die in den hergebrachten Formen der Parteistruktur keine Heimat fand. Der Vorrang der politischen Bildung verdrängte die Bemühungen um politische Aktionen.

Demokratie

Die gebildete Einzelpersönlichkeit steht im Gegensatz zur Masse. Deshalb blieb das Verhältnis zur Massendemokratie für den Quickborn problematisch. Trotz grundsätzlicher Bejahung der demokratischen Republik[184] gab es eine Fülle von Fragen, die zu inneren Vorbehalten führten. An dem Thema der Masse, heißt es etwa, scheiden sich die Geister, weil personales Freiheitsbewußtsein mit dem heutigen Stand des Massenproblems kaum vereinbar ist[185]. In der Massendemokratie herrsche der Wille der zahlenmäßigen Mehrheit, nicht hingegen die Wahrheit[186]. Demokratie der formalen Gleichheit sei eine Unwirklichkeit und laufe der natürlichen Ordnung zuwider[187].

Diese Entwicklung entsprach auch den damals noch vorherrschenden katholischen Vorbehalten gegen die Demokratie, weil durch sie die hierarchische Struktur der Kirche mit Papst und Bischöfen gefährdet werden könnte. Sie war freilich auch mitgetragen von konkreten Erfahrungen mit der Praxis der Republik[188], die von großer Instabilität geprägt war, und schließlich von jugendlichem Idealismus, der die harte Realität nicht akzeptieren wollte.

Von hier aus erklären sich auch viele Vorbehalte gegen den Parlamentarismus. Er wurde teilweise grundsätzlich abgelehnt, weil man »nicht an die völkische Heilkraft des vom liberalen Westen geerbten Parlamentarismus« glaubte[189]. Man hielt das Parlament für unfähig, ein ernsthaftes Problem sachlich zu prüfen, weil man nicht aufeinander höre, die Gesinnung des Gegners verdächtige, einseitig Partei nehme, so daß »die Aussprache, zu der das Volk die Männer seines Vertrauens gesandt hat, in einem wüsten Lärm« endet[190].

Deshalb wurde teilweise sogar eine »vorübergehende demokratische Diktatur« gefordert[191], und Reichskanzler Brüning wurde hoch verehrt und als der Mann »unseres Vertrauens« bezeichnet, auch weil er praktisch ohne Parlament regierte[192].

Solche Äußerungen waren Teil einer großen Diskussion um die Demokratie überhaupt, die vielen fragwürdig erschien. Walter Dirks vertrat die Gegenmeinung und forderte, »es weiterhin und erst recht mit der Demokratie zu versuchen«[193]. Der säkulare Umformungsprozeß, den Deutschland durchgemacht habe, werde nur dann zu realer Demokratie führen, »wenn ihre Träger auf der Ebene, von der wir alle leben, der Arbeit in der arbeitsteiligen Wirtschaft, einen Ort, eine Verantwortung, Freiheit haben«. Man müsse sich ausdrücklich zur Demokratie als der besseren Staatsform bekennen und dürfe sich nicht mit halbherzigen Formeln wie »verfassungskonform« begnügen[194]. Die deutsche Tragik liege darin, daß zu der Zeit, in der bürgerliche Demokratie möglich war, monarchisch-feudale Autokratie herrschte, und ihr, als die Weimarer Demokratie zu Papier kam, die gesellschaftlichen Grundlagen entzogen waren[195].

Die Parteien

Unlösbar verbunden mit der parlamentarischen Demokratie sind die Parteien. Sie hatten in der Weimarer Republik ein besonderes Gefüge. Zwischen dogmatisch verfestigten und deshalb regierungsunfähigen Flügeln bemühten sich die Mittelparteien um die Arbeitsfähigkeit des Parlamentes und die Integration der Interessen. Das Parteienparlament war als revolutionäre Neuschöpfung in Erscheinung getreten und vermochte den im 19. Jahrhundert aufgebrochenen Gegensatz zwischen Obrigkeits- und Volksstaat nicht zu überwinden.

»Unechte Parteien« wie Wirtschaftspartei, »Reichspartei des deutschen Mittelstandes« – man denkt heute unwillkürlich an »die Grünen« – behinderten das Integrationsbemühen der parlamentarischen Parteien im Raum der öffentlichen Meinung und wurden für die Kritiker der »Parteipolitik« zum bevorzugten Kampfobjekt[196]. Dies wirkte sich vor allem deshalb negativ aus, weil den regierungsfähigen Parteien der Wille zur Macht fehlte[197]. Das Wahlsystem führte außerdem zur Zersplitterung und Regierungsunfähigkeit des Parlamentes.

Nun war es nach dem Zerbrechen des Kaiserreiches die Forderung der Stunde, das deutsche Volk neu zu integrieren. Und gerade dies gelang nicht. Man braucht nur daran zu erinnern, daß 1925 »das letzte schon völlig morsch gewordene Stück noch überlebender Tradition aus der kaiserlichen Zeit«[198], Hindenburg, zum Reichspräsidenten gewählt wurde, der Staat und Volk neu zusammenschließen sollte. Die Jugendbewegung, die zur Gemeinschaft strebte, sah ihre Sehnsucht zunichte werden und gab die Schuld dem Parteienparlamentarismus.

In den Chor kritischer Stimmen mischten sich auch viele Quickborner ein. Wenn überhaupt ein bedingtes Ja zu Parteien gesagt wurde, dann höchstens zum Zentrum[199]. Allein das Grundbedenken lag darin, daß die gegenwärtigen Parteien nicht Gebilde lebendiger Menschen seien, daß sie

von Interessengruppen und ertötendem Mechanismus beherrscht würden[200].
Quickborn aber forderte, daß Ausgangspunkt des Politischen der Mensch und nicht die Partei sei[201], die meistens ja doch nur Ausführungsorgane von Interessengruppen seien[202]. Sie seien deshalb »Umwege« auf dem Wege zur Volksgemeinschaft[203], wenn nicht gar Irrwege. Ihnen fehle die Lebendigkeit, sie werde verdrängt durch Verengung, Einseitigkeit und Ungerechtigkeit[204]. Dies führe schließlich dazu, daß sie der »Durchschlagskraft politischer Naturhaftigkeit« entbehrten[205].
Man wollte versuchen, an die bestehenden Institutionen der Politik neuen Geist heranzutragen, wo immer sich für ihn Ansätze zeigten[206]. Allein auch Quickborn verzweifelte an der Möglichkeit, die bestehende Welt umzugestalten, und beschwor damit die Gefahr herauf, die geistige Erneuerung in die abgestandenen Seitenkanäle politisch-fanatischer Agitation abzuleiten[207].
Aus dieser Haltung entwickelte sich schließlich auch eine grundsätzliche Ablehnung des bestehenden Parteiensystems. Die politische Kraft dürfe nicht politisiert, d. h. in die Machenschaften der augenblicklichen Gewalthaber eingespannt werden[208]. »Eine Einstellung auf Partei und Zwecke, auf Augenblickserfolge wäre unverantwortlich und ein Fehler«, wird Guardini zitiert[209].
In dieser Einstellung sind zwei unterschiedliche Tendenzen erkennbar. Man hatte erstens schlechte Erfahrungen mit der Weimarer Republik und den Parteien gemacht, die der Aufgabe nicht gewachsen waren, eine neue Einheit von Vergangenheit und Gegenwart herzustellen und die Grundprobleme der soeben erst aus den Trümmern des Ersten Weltkrieges und an den Folgen des Versailler Vertrages leidenden Demokratie zu lösen. Das Erfahrungsdefizit war

letztlich Gemeingut aller Demokraten. Hinzu kam zweitens die romantische Sehnsucht nach der Volksgemeinschaft, die unter den damaligen Umständen völlig zu zerbrechen drohte.

Das Volk

Man hat sich im Quickborn viele Gedanken über das Volk gemacht. Ob der Volksbegriff von der Jugendbewegung und insbesondere dem Quickborn in den katholischen Bereich hineingetragen worden ist, bleibt unerheblich. Entscheidend ist, daß er sich im deutschen Katholizismus sowohl in einer religiös-ethischen als auch staatlichen und kulturellen Bezogenheit geltend gemacht hat[210].

Was ist Volk? Theologisch gesehen »ein Gedanke Gottes[211]«, Abglanz der Hoheit Gottes[212]. Das Volk muß deshalb jeweils so handeln, daß es sein gottgegebenes Wesen verwirklicht[213]. Konkret sind es »die Menschen mit allem, was sie sind, an Leib und Seele, in ihrer besonderen Eigenart. Was ihnen aus dem Boden kommt und aus dem Lande; ihr Leben der Arbeit und ihr Beruf; was sie in der Vergangenheit erlitten und erfahren haben; Bild und Macht der Sprache; Sitten und Gebräuche, Märchen und Sorgen; die Weise, wie sie leben und wie sie bauen und wie sie miteinander verkehren«[214].

Volk und Staat stehen in einer engen Wechselbeziehung. Im Volk, nicht in der Einzelperson, liegt das eigentlich Geschichtliche. Einzelne und Menschheit haben Anteil an der Geschichte nur, soweit sie in Volk und Staat eingehen[215].

Dabei ist bedeutsam, daß Volk erst im Staat zum Handeln kommt. »In dem Maße ist ein Staat wirklich politisch, als in ihm das Volk tatsächlich zum Handeln kommt. Und in dem Maße ist ein Volk politisch, als es in seinem Staat tatsächlich handelt[216].«

Diesen Erwägungen des Begriffs »Volk« mangelt die politische Perspektive. Wenn Guardini auch zur »Rettung des Politischen« (vgl. den entsprechenden Aufsatz) aufrief, so vermittelte er doch mehr theoretische Einsichten als Hinweise auf praktische Ansatzpunkte. Das ist von seinem personal gebundenen Denken her durchaus verständlich. Dennoch bleibt zu fragen, ob er damit nicht ein Engagement des Bundes in politischen Tagesfragen erschwert und Quickborn zuwenig gegen eine katholische Reichsideologie abgeschirmt hat[217].
Wenn man auch manche Ansätze in den Schildgenossen der Jahre 1933 und nachfolgende als notwendige verbale Konzessionen den Herrschenden gegenüber ansehen muß, wie etwa den Hinweis auf den aus »Blut und Boden« geprägten Menschen[218], so ist der Bezug zum sozial-konservativen Tatkreis, dem Giselher Wirsing angehörte und der in den Schildgenossen öfters zu Wort kommt, aufschlußreich.

Carl Schmitt

Noch bedeutsamer sind freilich die Beziehungen zu dem Staatsrechtler Carl Schmitt. Sicherlich ist er damals nicht ganz verstanden worden. Ins Auge stachen vor allem seine Erkenntnis der Krise als Verfall einer übergreifenden Ordnung und sein Ordnungsgedanke, der der Reichsideologie nahekam. Er vertrat den Standpunkt, daß der Ordnungsgedanke allein dem deutschen Wesen entspreche und sich an der »völkischenSubstanz« zu orientieren habe[219]. Er war ein Gegner der parlamentarischen Demokratie. Sein Dezisionismus, der die Entscheidung formalisiert und verabsolutiert, ist die theoretische Begründung der Diktatur und hat Einfluß auf die nationalsozialistische Staatslehre gehabt.
Quickborn fand Zugang zu Schmitt auch durch die religiöse

Begründung seiner Theorie. Man sah in der Beziehung von religiösem Glauben und politischer Form, wie sie bei Schmitt hervortreten, geradezu eine geistesgeschichtliche Wendung, weil durch sie der spiritualistische Kirchen- und materialistische Staatsbegriff überwunden werde[220].
Das galt nicht zuletzt von der Massendemokratie, die auf die Autorität der Wahrheit verzichte und glaube, staatliche Ordnung, die wesenhaft demokratische Einheit von Regierenden und Regierten dadurch zu schaffen, daß sie Subjekt und Objekt der Autorität identifiziere[221]. Dieser Gedanke stammte von Carl Schmitt.
Was konnte geschehen, um diesen Notstand zu beseitigen? Schmitt plädierte für eine Lösung außerhalb der demokratisch-politischen Methoden[222]. In den »Schildgenossen« wurde vorgeschlagen, man solle »den Jugendbund zur Volksgemeinschaft ausweiten und an die Stelle der Parteien setzen«[223], eine Anregung, die freilich in der Zeitschrift selbst wenig Echo fand. Der Einfluß Schmitts auf »die Schildgenossen« ist unverkennbar, wenngleich sich auch Kritik an ihm rührte. Hier ist vor allem Heinrich Getzeny zu nennen, der die katholische Instinktlosigkeit gegenüber Schmitts verführerischer Wirkung anprangerte[224].
Gelegentlich taucht in den Schildgenossen sogar der Name Moeller van den Bruck auf, der von einer Vollendung Großdeutschlands jenseits von Liberalismus, Kapitalismus und Parlamentarismus träumte. Sein politisches Vermächtnis »Das Dritte Reich«, schrieb ein glühender Verehrer[225], habe ihm in dem Herzen des jungen politischen Deutschland einen Platz gesichert. Es muß allerdings gleich hinzugefügt werden, daß ein derartiges Bekenntnis in den »Schildgenossen« Ausnahme blieb.

Verhältnis zum Nationalsozialismus

Dennoch ist in diesem Zusammenhang die Frage nach dem Verhältnis Quickborns zum Nationalsozialismus zu stellen. Man hat Quickborn vorgeworfen, daß in ihm der antiliberale Akzent vorgeherrscht und er sich dem Führerstaat angenähert habe[226]. Die Absage an Parteien und Demokratie[227], an Parlamentarismus[228] und an bestehende gesellschaftliche Zustände[229] seien ebenso wie das Bekenntnis zur »wesenhaften Demokratie« eine Vorstufe des Führerstaates gewesen[230].

Allein diese Behauptungen sind zu pauschal, als daß sie der Wahrheit entsprechen. Wohl schlossen sich auch einzelne Quickborner dem Nationalsozialismus an. Generell aber muß man sagen, daß ein unmittelbarer Zusammenhang nicht besteht. Es gab gemeinsame Trends, aber, was entscheidend ist, keine gemeinsame Lebensauffassung[231].

Der Anteil der Jugendbewegung am Heraufkommen der nationalsozialistischen Idee ist ohnehin kaum noch festzustellen[232]. Will man einige allgemeine Grundrichtungen aufzeigen, die freilich nicht nur in der Jugendbewegung zu finden waren, so müßte man erwähnen: radikal nationalistische Bestrebungen, extrem autoritative Ausformungen des Führerprinzips und politische Kopflosigkeit. Allein diese Tendenzen treffen für den Quickborn kaum zu.

Umgekehrt muß man festhalten, daß sich der Nationalsozialismus Ideale der Jugendbewegung angeeignet und mißbraucht hat. Vor allem diejenigen, die keine in sich schlüssige Weltanschauung besaßen, vermochten diesen Mißbrauch nicht zu erkennen. Übernommene Ideale wurden von der Partei bewußt übersteigert, im Kult des Feuers, des »Gemeinschaftserlebnisses«, des »Heil«-Grußes usw.[233].

Die tiefe Sehnsucht nach »Gemeinschaft« in der Jugendbewegung wurde erst gefährlich, als die Grenze zwischen geistiger und biologischer Kommunikation vom Nationalsozialismus bewußt verwischt und damit politisiert wurde. Vom Quickborn wurde die Sehnsucht nicht ins Biologisch-Politische abgedrängt, sondern führte angesichts der christlichen Verantwortung zum neuen Durchdenken von Schöpfungs- und Erlösungsordnung[234].

Die romantischen Bewegungen der letzten 150 Jahre – und hier könne man die Jugendbewegung nicht ausnehmen – seien vielleicht Vorläufer des Nationalsozialismus gewesen, wird behauptet. Die Jugendbewegten seien außerdem Anhänger der Ordnung und Autorität, des Führerprinzips und des Großdeutschen Reiches gewesen[235].

Wollte man aus diesen Strömungen Vorboten des Faschismus machen, müßte man sehr genau differenzieren. Weder Volkstum noch Ordnung und Autorität, noch Führerprinzip sind an sich schlecht. Sie werden nur da bedenklich, wo sie zum Selbstzweck werden[236].

Gerade dies aber ist im Quickborn nicht geschehen. Er sah immer den großen Zusammenhang, in dem Gott der Erste und der Letzte ist und auf den alles hingeordnet bleibt.

Die Distanzierung

Will man Quickborn einen Vorwurf machen, so ist es der, daß er zu lange politikfremd blieb, sich politisch kaum engagierte[237] und seine kulturkritischen Ansätze nicht auf das Feld des Politischen transponierte. Er hat die tiefe Relevanz des Politischen nicht erkannt[238].

Dadurch überließ er das Feld anderen, die wie ein Sturmwind alle theologischen und kulturellen Bemühungen hinwegfegten. Daß nach 1933 gelegentlich versucht wurde, theoretische Brücken zur nationalsozialistischen Ideologie zu schlagen[239], ist verständlich, schon um sich zu tarnen und weiteres Arbeiten zu ermöglichen. Guardini selbst mußte aus seiner Grundhaltung heraus den Nationalsozialismus innerlich ablehnen, verhielt sich äußerlich aber loyal, um der Gestapo keinen Anlaß zu geben, gegen ihn Maßnahmen zu ergreifen[240].

Es wird von einigen sogar behauptet, er habe 1933 der Jungenschaft geraten, sich aufzulösen und in die HJ einzutreten (Kurt Döbler). Es läßt sich heute nicht mehr nachprüfen, ob diese Behauptung der Wahrheit entspricht. Aber selbst wenn dies zutreffen sollte, würde es nur erweisen, daß Guardini ein unpolitischer Mensch war, der in den Wirrungen dieses Jahres zu retten suchte, was zu retten möglich schien, aber nicht, daß er in irgendeiner Weise zum Nationalsozialismus tendierte.

Quickborn hat gegen den Nationalsozialismus keinen Frontalangriff geführt[241] . Von einer bedingungslosen Gefolgschaft aber konnte keine Rede sein[242]. Widerstand wurde als unabdingbares Recht persönlicher Gewissensentscheidung empfunden. Die Aktion der Münchner Studenten um die Geschwister Scholl im Februar 1942 war insofern ein typisches Unternehmen der oppositionellen Jugendbewegung, als hier in selbstgewähltem todesbereiten Einsatz ein Aufruf an das Gewissen erging[243].

Jede Diktatur wurde abgelehnt, »da eine solche Staatsform zur Verkümmerung wahrhaftiger, innerer Menschenwerte führen muß«[244]. Das Parteiprogramm wurde kritisch untersucht, teils als selbstverständlich angesehen, teils als vieldeutig, allgemein und äußerst primitiv bezeichnet[245].

Diese Gedanken wurden im Bund eifrig und mit Zustimmung diskutiert. Äußere oder innere Emigration war eine der Folgen dieser Einstellung nach der Machtübernahme, getarnte Arbeit im Untergrund eine andere.

Politische Bildung

War also alles Wirken Quickborns im politischen Raum vergeblich? Der Wille zum politischen Handeln war vorhanden[246], auch wenn er nicht den richtigen Ansatzpunkt fand. Man war sich grundsätzlich klar, daß eine Erneuerung des gesamten kulturellen Lebens ohne Politik nicht möglich ist[247], selbst wenn man erst die geistigen Voraussetzungen dafür schaffen wollte.

Die eigentliche Problematik auch für Quickborn lag darin, daß nach dem Abschied vom bisherigen Typ des »politischen Katholizismus« neue Ordnungsbilder von Staat und Gesellschaft und die ihnen zugeordneten Verhaltensweisen gesucht wurden[248]. Erst nach 1945 trug dieses Suchen Frucht, wie etwa die auch von Quickbornern geförderte Gründung der christlichen Parteien (CDU und CSU) beweist.

Wenn das offenkundige Bemühen um politische Bildung die eigentliche Aktion in den Hintergrund drängte, so werden doch auch neue Bahnen beschritten, die heute zu einer Selbstverständlichkeit geworden sind. Ausgangspunkt politischer Bildung ist die Erkenntnis, daß politische Probleme mit bloß politischen Mitteln nicht zu lösen sind, weil alles politische Lebensgeschehen einen großen Zusammenhang bildet, in das Private übergeht und Fehler in einem Bereich sich auch im anderen auswirken[249]. »Dem individuell orientierten, auf die individuelle Welt gerichteten Akt ist ein Ganzheitsakt gegenüberzustellen«, ein anderer wesenhafter Grundakt des menschlichen Lebens[250].

Das Ziel war Bildung der politischen Gesinnung im demokratischen Sinn des politischen Urteils und Erkenntnis von politischen, vorzugsweise anthropologisch-politischen Kategorien[251], anders ausgedrückt, Erziehung zur politischen Ethik, zu der auch Völkerverständigung und -versöhnung

gehört[252]. Es war zugleich ein Suchen nach dem zu politischem Handeln fähigen Menschen[253]. Weil Zentrum dieser Bemühungen Rothenfels war, wurde die Burg für viele zu einem Ort der Einführung in die Vorkenntnisse politischer Propädeutik[254].
Nach dem Zweiten Weltkrieg hat Felix Messerschmid die Arbeit neu aufgegriffen und weitergeführt. Nachdem er die beiden Zeitschriften »Geschichte in Wissenschaft und Unterricht« und »Gesellschaft-Staat-Erziehung« mitbegründet und damit Wesentliches zur Neubegründung des Geschichts- und Politikunterrichts beigetragen hatte, flossen schließlich alle diese Erfahrungen im Aufbau der Akademie für politische Bildung in Tutzing zusammen, die er angeregt hatte und deren erster Direktor er von 1958 bis 1970 war[255].

Politische Ansatzpunkte

Was nicht vom Bund als Ganzem gesagt werden kann, der sich nicht festlegen wollte, gilt aber für viele einzelne. Aus der im Quickborn gewonnenen Grundhaltung und Verantwortung kamen sie zur politischen Tat. Die Initiativen zur »Politisierung« des Bundes fanden zumindest ein begrenztes Echo.
Die »Rhein-Mainische Volkszeitung«, die als katholische Tageszeitung für demokratische, soziale und europäische Erneuerung eintrat und wegen fortdauernder Kritik am nationalsozialistischen Regime bereits 1934 enteignet wurde – Walter Dirks war ihr Feuilletonchef –, war für viele *die* Zeitung. In den dreißiger Jahren spielte die Wochenzeitung »Die junge Front«, die später unter dem Titel »Michael« erschien und an der Heinrich Bachmann Chefredakteur war, eine ähnliche Rolle. Die von Lorenz Fischer 1923 ins Leben

gerufenen »Blätter für Kultur, Politik, Arbeit und religiöse Lebensgestaltung« behandelten planmäßig gerade auch aktuelle politische Themen wie Fürstenabfindung, Wohnungsnot und Eigenheim, Planwirtschaft, Nationalismus und Antisemitismus, anstehende Gesetzentwürfe usw.
In den Schildgenossen finden sich mit den Jahren immer mehr politische Aufsätze, die ins Grundsätzliche gehen, so etwa Europa und die Neue Welt (Karlheinz Schmidthüs, Jg. 7, 1927, Heft 6), Die Reparationen (Bernhard Pfister, Jg. 8, 1928, Heft 4), Die Position des katholischen Sozialisten (Heinrich Mertens, Jg. 8, 1928, Heft 5) und die Entgegnung zur »Position des katholischen Sozialisten« (Walter Dirks, Jg. 9, 1929, Heft 1), Sowjetrußland und wir (Bertram Schmitt, Jg. 11, 1931, Heft 1), Unsere Stellung zu Sowjetrußland (Hans Eduard Hengstenberg/Waldemar Gurian, Jg. 11, 1931, Heft 2), Wirtschaft und Staat in der Gegenwart (Ernst Michel, Jg. 11, 1931, Heft 5), Die Dämonie des Nationalismus und die christliche Verkündigung (Walter Dirks, Jg. 12, 1932, Heft 7), Die Erschütterung des demokratischen Rechtsstaates (Georg Freudenberger, Jg. 12, 1932, Heft 8), Die deutschen Katholiken und das Reich (Albert Mirgeler, Jg. 13, 1933, Heft 1), Karl der Große. Deutscher oder Welscher? (Ludwig H. Winterswyl, Jg. 14, 1934/35, Heft 4).
Auch »Quickborn« ließ politische Themen nicht aus, legte sie nach 1933 aber häufig irgendeiner Geistesgröße in den Mund.

Völkerversöhnung

Fahrten einzelner Gruppen ins Ausland, wie die badischer und schlesischer Quickborner 1931/32 in den Donauraum und den Banat, sollten nicht nur den eigenen Horizont

erweitern. Sie trugen zugleich einen politischen Akzent[256]; denn sie suchten Verbindung zu den Auslandsdeutschen und Begegnung mit anderen Völkern.
Dies galt insbesondere für internationale Treffen wie die katholische Friedenskonferenz in Clerf, Ostern 1925, die von Max Josef Metzger, dem Gründer der Una-Sancta-Bewegung organisiert worden war und an der viele Quickborner teilnahmen.
Noch größere Beteiligung fand der internationale Kongreß für den Frieden, August 1926 in Bierville, der mit einem Jugendtreffen verbunden war. Der Kongreß, wie schon frühere Friedenskongresse, war organisiert von Marc Sagnier, dem Bürgermeister von Bierville und Abgeordneten in der Chambre des Députés. Mehr als 1000 Jugendliche aus 30 Nationen waren anwesend, die katholische Jugendbewegung mit Quickborn war am stärksten vertreten. Klemens Neumann hat damals mit seinen Quickbornern das deutsche Volkslied durch Frankreich geführt und überall, besonders in Bierville, Freude und Freunde gefunden[257].
Die deutsch-polnische Friedenskonferenz für polnische und deutsche Jugend 1930 in Sromowce hatte Hermann Hoffmann vorbereitet. Auch an ihr nahmen zahlreiche Quickborner, vor allem aus Schlesien, teil[258].
Die Bemühungen um den Frieden stießen im Quickborn auf ein breites Echo. Die Frage des Pazifismus wurde überall diskutiert. Wegbereiter dieser Bewegung im Bund waren Hermann Hoffmann, Max Josef Metzger, P. Manfred Hörhammer und Nikolaus Ehlen, die alle dem franziskanischen Ideal der Menschenliebe, Naturliebe, Einfachheit nacheiferten[259].

Siedlungsgedanke

Nikolaus Ehlen war es auch, der den Siedlungsgedanken in den Quickborn hineingetragen hat[260]. Gerade hier blieb man nicht bei bloßer Theorie, sondern schritt zur Tat. Kleinere und größere Siedlungen entstanden.

Am meisten beachtet wurde die Siedlung Blumenau (Brasilien). Der Quickborner Johannes Beil, der 1930 als Seelsorger für die Deutsch-Russen nach Brasilien gegangen war, hatte die Vorbereitungen im Land getroffen, Konrad Theiss, beim deutschen Caritasverband Freiburg beschäftigt, die Grundlage in Deutschland geschaffen. Er bereitete die künftigen Siedler in Schulungskursen auf Ebersteinburg, in Friedenweiler und Beuron auf ihre künftige Aufgabe vor. Im Juli 1932 reiste die erste Gruppe nach Brasilien. Ihr folgten 1933 sechs weitere Gruppen, zusammen 150 Männer, denen sich Theiss für ein Jahr anschloß. Wegen des Ausreiseverbotes der Nationalsozialisten Anfang 1934 konnte die Siedlung nicht weitergeführt werden. Im Kreis Blumenau schufen die Siedler die Jugendgemeinschaftssiedlung »Heimat«[261].

Freiwilliger Arbeitsdienst

Um der Arbeitslosigkeit zu begegnen, beteiligte sich Quickborn an dem freiwilligen Arbeitsdienst. Er holte junge Menschen von der Straße weg und führte sie zu sinnvoller Arbeit für die Gemeinschaft. Trotz natürlicher Zucht und Namensähnlichkeit ist er mit dem Arbeitsdienst der NSDAP nicht zu vergleichen, weil er auf dem Prinzip der Freiwilligkeit aufbaute. Da das Thema in der Luft lag, wurde es im Quickborn schon frühzeitig eifrig diskutiert. Man war sich freilich klar, daß er kein Allheilmittel gegen die Arbeitslosigkeit war. Der Freiwillige Arbeitsdienst sollte aber doch eine

Kerntruppe umfassen können, die gerade auch die Wirtschaftsmentalität zu beeinflussen im Stande wäre[262].
Es blieb jedoch nicht bloß bei theoretischen Überlegungen. Es gab bald Arbeitslager, von Quickbornern geführt, z. B. in Baden und Schlesien. In ihnen wurde Quickborn-Geist weitergegeben, Quickborn-Tradition in Lied und Spiel gepflegt, ohne daß darüber viel geredet wurde. Konrad Theiss, damals im Deutschen Caritasverband Freiburg tätig, hat allein gegen 80 Lager gegründet. Er war 1931 zusammen mit Emil Utz auf »Tippelfahrt« gegangen, um an Ort und Stelle, nämlich in den Obdachlosen-Asylen und den verschiedenen Hilfseinrichtungen, die den jugendlichen Arbeitslosen geboten wurden, Erfahrungen für die weitere Arbeit zu gewinnen[263].
Diese verschiedenen Aktivitäten waren freilich schon deshalb ohne weittragende Bedeutung, weil sie durch die politische Entwicklung des NS-Systems verboten wurden. Kennzeichnend aber ist, daß Quickborner in jugendgemäßer und durchaus pragmatischer Art bestehende politische und gesellschaftliche Schwierigkeiten zu lösen suchten. Grundlage ihres Handelns war das durch den Bund geschärfte Verantwortungsbewußtsein für das Gemeinwohl, wie es schon in den Anfängen durch die Forderung der Abstinenz geweckt worden war. Die immer wieder aufgeflammte Diskussion um die Abstinenz trug Ende der zwanziger Jahre und Anfang der dreißiger Jahre Frucht auf einem Gebiet, an das vorher niemand gedacht hatte, dem politischen.

Der Ertrag

Quickborn war mehr als eine geschichtliche Randglosse. Wenn ihm auch in den nur rund 14 Jahren seines eigentlichen Wirkens umwälzende Neuerungen nicht gelungen sind, so hat er in einer Hinsicht eine historische Leistung vollbracht. Mit ihm beginnt der Aufbruch der Kirche, die Neubesinnung auf die Grundwerte sowohl der Kultur wie der Gesellschaft und die Erkenntnis von der Notwendigkeit des einfachen Lebens. Zucht und Maß waren trotz des Aufstandes gegen die herkömmlichen Gesellschaftsformen Haltungen, die nicht verletzt werden durften. Die Freiheit hatte ihre Grenzen in der recht verstandenen Autorität und artete nicht zur bindungslosen Emanzipation aus. Bei allem Streben nach Änderung der bestehenden Verhältnisse gebärdete man sich nicht revolutionär oder gar nihilistisch.

Aufstand ohne Revolution

Keiner jungen Generation kann die Mühe abgenommen werden, ihre »Lebensentwürfe und ihr Bewußtsein vom Ernst der Zeitenwende mit kritischem Verstande zu durchdringen«. Selbständigkeit erwächst nur aus der Totalität der seelischen Kräfte, und die Gesellschaft wird zur Höhe ihrer Möglichkeiten bloß geführt, »wenn sich Phantasie und konstruktive Vernunft, revolutionärer Anstoß und rationale Klärung gegenseitig durchdringen«[264].

Immerhin ist festzustellen, daß auch die heutige Subkultur der Jugend wie die der Jugendbewegung auf romantischen Vorstellungen und irrationalen Bedürfnissen gründet, allerdings nicht als Protest gegen hohle Konventionen, sondern als Widerspruch gegen die Rationalität der Industriegesellschaft überhaupt.

29. Prominenz auf der Burg (1920), hintere Reihe (v. l.) Willi Kühnast, Hans Kusch, Klemens Neumann; vordere Reihe (v. r.) Ignaz Klug, Hermann Hoffmann, P. Elpidius; Mitte (v. l.) Margarete Werle, Edith Klemenz, Maria Stephan; untere Reihe sitzend: Freunde aus Holland
30. Die Burgfamilie Weihnachten 1920 mit Bernhard Strehler

31. Bonner Gruppe 1925

32. Schlesier Gautag (1926) auf dem Annaberg

33. *Burgwache 1921*

34. *Bundestag 1927, Auszug aus der Burg zum Spessartlager*

35. *Gottesdienst im Burghof beim 10jährigen Burgjubiläum 1929*

36. *Quickbornhochzeit in Vierzehnheiligen 1939*

Neu ist vor allem, daß für die Jugend zwei Welten aufeinanderprallen, die für die Jugendbewegung noch eine Einheit bildeten: die Arbeitswelt mit starrer Ordnung, Effizienz, ökonomischem Verhalten, Rationalität und die Welt der Freizeit mit Hedonismus, Ausschweifung, Vergeudung, privatistischen Werten des Zeitvertreibs[265]. Die Harmonie zwischen beiden soll nicht dadurch hergestellt werden, daß freie Zeit wie in der Jugendbewegung das komplementäre Element zur Arbeitswelt ist, sondern dadurch, daß die Arbeitswelt von der Freizeit aus neu geordnet wird, daß Arbeit als Spiel und Muße betrieben wird. In dem Spannungsfeld zwischen »Arbeit und Leben« gewinnt das Leben immer größeres Gewicht. Die Arbeit, zu der Arbeitsethik, Arbeitsgesinnung und Pflichtbewußtsein gehören, wird in ihrem Eigenwert völlig verkannt. Man übersieht bewußt, daß eine Rückbildung der Industriegesellschaft die bestehende menschliche und soziale Struktur tiefgreifend verändern würde zum Nachteil aller Gruppen. Wenn auch behauptet wird, daß dies ja gerade das Ziel sei, so erweist das Protestpotential etwa der ökologischen Bewegung, daß sie als Minderheit die Regeln des demokratischen Willensbildungsprozesses verneint, auf denen die Legitimität unserer Gesellschaftsordnung beruht. Recht auf Leben, so wird behauptet, sei die neue, einzig zulässige Legitimität. Hier geht es an die Substanz unserer Gesellschaftsstruktur, nicht an bloße Fehlentwicklungen. Dabei werden Grundwerte wie Leistung, Selbstverantwortung, Freiheit in Frage gestellt[266].

Gerade dies aber hat Quickborn nicht getan. Er blieb in dem vorgegebenen Rahmen, suchte lediglich die aus dem Gleichgewicht geratene Ordnung zurechtzurücken und den zentralen Werten ihren Platz zu sichern. Er ging nicht gegen Leistung und schon gar nicht gegen Selbstverwirklichung in der Arbeitswelt oder gegen Freiheit an, die durch Gleichheit oder zügellose Emanzipation ersetzt werden soll. Die Einfachheit, die ihm vorschwebte, ging auf das Wesentliche, nicht auf die äußere Erscheinung. In einer Kirche, die vom Unwesentlichen überwuchert zu sein schien und in der die Unterscheidung des Wesentlichen vom zeitgeschichtlich Bedingten kaum noch geübt wurde, wollte Quickborn eine ursprüngliche, aus dem eigenen Leben und Erleben geformte Gläubigkeit, die damit der tiefste Grund des Strebens nach Einfachheit war[267].

Damit ist zugleich klar: Quickborn hatte keinen totalen Gegenentwurf zum Bestehenden und keine totalitäre Struktur wie in unseren Jugendreligionen. Hippie-Bewegung, Drogenszene, Jesus-Welle, charismatische Aufbrüche, Kommunenbewegung und andere Formen eines »alternativen Lebensstils« haben ganz andere Perspektiven als die frühere Jugendbewegung. Wenn sie auch in einem Meer von Unsicherheiten nach einem eindeutigen Sinnschema verlangen[268], so kommen sie doch aus einem geistigen und religiösen Vakuum.

Quickborn ist vor solchen Verwirrungen des Geistes bewahrt geblieben. Deshalb konnte er mit Erfolg neue Lebensformen auf allen Gebieten in die Wege leiten, eine religiöse, geistige und sittliche Erneuerung[269].

Neue Vitalität

Was auch immer getan wurde, ob Wandern, Spielen, Singen usw., es war Methode einer Lebensgestaltung, nicht Inhalt eines selbständigen Freizeitlebens[270]. So wurde Quickborn Lebens-, Denk- und Gesprächsstil in freundschaftlicher, brüderlicher Zugewandtheit[271].

Zwar war der Bund auch Reaktionserscheinung gegen den

Ungeist der Zeit, d. h. gegen das mechanische Zeitalter, das substanzferne Denken und die Verlogenheit der Gesellschaft[272]. Aber er blieb nicht bei bloßer Reaktion stehen, sondern suchte wesenhafte Maßstäbe und Aufgaben in der vorgegebenen Ordnung. Wenn auch die Chancen für ein volles, sinnvolles Gelingen nicht sehr günstig waren[273], so genügte doch schon jugendliche Vitalität, um Neues in Bewegung zu setzen. Daß dabei Erlebnisse vor Gestaltung und Organisation rangierten, ist aus der Mentalität der Jugend heraus verständlich.

Viele Außenstehende in Kirche und Gesellschaft wurden vor den Kopf gestoßen. An die eigenen Eltern wurden mitunter hohe Anforderungen gestellt. 1971 sprach Paul Friedrichs, Thüringer Quickborner einen Dank an die Eltern, der erkennen läßt, was die Jugend ihnen zugemutet hat: »Wenn wir alle auf jene zwanziger Jahre zurückdenken, dann müssen wir unseren lieben verstorbenen Eltern herzlich danken. Was haben wir ihnen zugemutet, auch durch unsere Freunde, die so zahlreich zu uns kamen. Welche Gastfreundschaft haben unsere Eltern in reichem Maß geschenkt.« (Brief Josef Heinrich Sandmann)

Auf einigen Gebieten hat Quickborn große Leistungen erbracht, auf anderen kaum Ansätze geschaffen bzw. sogar versagt. Dies hängt mit zwei Faktoren zusammen, einmal mit der Eigenart junger Menschen, die sich dem Überschwang der Gefühle leichter hingeben als der systematisch planenden Disposition; zweitens mit dem jeweiligen Gegenüber. Auch Quickborn konnte nicht im luftleeren Raum arbeiten, er brauchte ein Pendant.

Dort, wo er auf eine geschichtliche Kraft stieß, die noch gegliederte Gemeinschaft bewahrt hatte wie die katholische Kirche, war seine Wirkung außerordentlich, weil er eine adäquate Öffentlichkeit fand, die empfänglich für seine

Impulse war und der Jugend eine geschichtliche Ordnung bot[274]. Dort hingegen, wo diese Vorbedingung nicht bestand, wo etwa neue gesellschaftliche Modelle gefordert wurden, nicht bloß personale Haltungen, war er überfordert. Das Informelle, das für einen Jugendbund reicht, ist auf soziologische Großorganisationen wie Staat oder Volkskirche nicht anwendbar[275].

Dialogische Grundstimmung

Quickborn fühlte sich vom christlichen Glauben gefordert und ergriffen. Trotz aller Schwächen der kirchlichen Wirklichkeit, Alltäglichkeit und der hierarchischen Struktur, die klar gesehen und als Herausforderung empfunden wurden, ertrug man sie in kritischer Solidarität und Besonnenheit. So fand Quickborn zu einem vertretbaren und differenzierenden Verhältnis von grundsätzlichem Ja und gebotenem Widerstand, der sich auf die Dauer als wirksam erwies[276].
Aus dieser lebendigen und dialogischen Grundstimmung heraus entstand ein neues Bewußtsein des Glaubens und des kirchlichen Seins[277]. Dort, wo Quickborn wie in der Liturgie vom Pastoralen zum Strukturalen überzugehen wagte, hat er unübersehbare geschichtliche Zeichen gesetzt. Hingegen gelang es ihm nicht, Modelle anzubieten, wie eine personal aufgebaute Pfarrgemeinde auszusehen hätte[278].

Geprägte Menschen

Sobald das Personale im Mittelpunkt stand, wußte sich Quickborn gefordert und besaß formende Kraft. Es gibt nur wenige führende Politiker, Intellektuelle und Theologen der Jahrgänge 1900 bis 1920, die nicht irgendwann einmal der

Jugendbewegung angehört haben oder von ihr gerade in den empfänglichsten Jahren beeinflußt worden sind[279]. Nicht nur jene, die dem Bund bis zum Schluß treu geblieben sind, haben in ihren Berufen und darüber hinaus gestaltende Kräfte entwickelt, sondern auch jene, die Jugendbewegung im engeren bündischen Sinn überwunden hatten, ohne ihren Geist zu verraten[280].

Zu erwähnen sind hier zunächst jene, die dem Bund das entscheidende Gepräge gegeben haben. Zu ihnen gehören neben Strehler, Neumann, Hoffmann und Guardini vor allem Dr. Lorenz Fischer, zuletzt Leiter des Statistischen Amtes und des Wahlamtes der Stadt Köln, der als Volkswirtschaftler die wirtschaftlichen Betriebe der Burg durch die Inflation zu bringen suchte, Anstöße zum wirtschaftlichen und politischen Tun der Quickborner gab und in den Stunden der Not nach der 1933 erfolgten Selbstauflösung des Bundes mit mutiger Selbstlosigkeit zu neuer Sammlung aufrief.

Professor Ludwig Neundörfer und seine Frau Klara haben bis zum Schluß das Leben des Bundes mitgestaltet, er von seiner Sozialwissenschaft her, sie von ihrer tief durchdrungenen fraulichen Eigenart. Rolf Ammann, Diplom-Ingenieur, hat bis zu seiner Auswanderung in vielen Aufsätzen und Reden für geistigen Tiefgang gesorgt. Er wurde nach 1933 einer der führenden Männer für Motoren- und Triebwerkbau in den Bayerischen Motoren Werken AG (BMW) München und nach Beendigung des Krieges mit seiner Familie wie auch andere deutsche Wissenschaftler nach den USA geholt. Kurt Döbler, der Gründer des Mitteldeutschen Quickborn-Gaues, hat den Gedanken der Diaspora im Bund lebendig erhalten.

Von den Frauen ist zunächst Ida Görres (Coudenhove) zu erwähnen. Sie war jahrelang Führerin der Mädchen und hat mit ihrer umfangreichen literarischen Arbeit wesentlich dazu beigetragen, mit ihrem feinsinnigen Verständnis für die Gegenwartslage katholischer Frömmigkeit den religiösen Erneuerungswillen der katholischen Jugendbewegung fruchtbar zu machen, auch durch ihre Kritik an erstarrten Formen, die jedoch von tiefer Gläubigkeit und Liebe getragen war. Josepha Fischer, jahrelang Führerin der Mädchen, ist über den Bund hinaus bekannt geworden als Leiterin der Eheberatungsstelle Berlin. Sie hat später Beratungsstellen im ganzen Bundesgebiet errichtet und durch ihre Vortragstätigkeit vielen Menschen Rat und Hilfe gegeben. Sie entstammt dem Großbürgertum und hatte es von den Eltern her nicht leicht, sich zur Jugendbewegung zu bekennen. Seraphie Schaneng, die treue Begleiterin Bernhard Strehlers, und Helene Helming, die für die Einführung der katholischen Reformpädagogin Maria Montessori in Deutschland sehr Entscheidendes getan hat, haben wesentlichen Anteil daran, daß Mädchen und Frauen zu neuem Selbstbewußtsein fanden. Sie und viele andere haben dazu beigetragen, das Selbstwertgefühl der Frau zu entwickeln und zu stärken. Unauffällige, aber entscheidende Arbeit leisteten außer den schon verschiedentlich Genannten u. a. Thea Trimborn und Maria Schlecht, die beide zu wahren Sammelpunkten vieler Quickborner wurden.

In den pädagogischen Berufen haben Quickborner maßgeblich gewirkt. Die Reformpädagogik ist ohne sie nicht zu denken. Von den vielen Pädagogen und Volksbildnern seien nur einige genannt, die über ihren beruflichen Wirkungskreis hinaus Bedeutung gewonnen haben: Felix Messerschmid, zuletzt Leiter der Politischen Akademie in Tutzing, hat sowohl durch seine pädagogischen wie auch seine musikalischen Arbeiten, oft in Verbindung mit Guardini, wegweisend gewirkt. Seine zahlreichen Veröffentlichungen

zeugen von einem scharfen Verstand und einer lebendigen Sprache.
In der katholischen Erwachsenenbildung bahnbrechend gearbeitet haben Heinrich Getzeny, Stuttgart, und Erich Reisch, der über den Heimgarten und die Hoheneckzentrale zum Deutschen Caritasverband nach Freiburg kam. Der profilierte Buchhändler Josef Rieck hat über sein Geschäft in Aulendorf hinaus die »Gesellschaft Oberschwaben« initiiert, die durch ihre Vortragstätigkeit nach dem Zweiten Weltkrieg viele Anregungen vermittelt hat.
Die Wirkung Quickborns ist besonders im Priestertum groß und nachhaltig gewesen. Viele hervorragende Seelsorger haben durch den Bund zu dem Amt gefunden, das sich als brüderlicher Dienst versteht. Hohe Amtsträger der kirchlichen Hierarchie zählen zu ihnen ebenso wie engagierte Priester, Kapläne und Mönche: Kardinal Hermann Volk, der früher Professor für Dogmatik war, Bischof Otto Spülbeck von Meißen, dem die Verbindung von moderner Naturwissenschaft und christlichem Glauben am Herzen lag, Bischof Heinrich Theißing von Schwerin, der Diaspora-Seelsorger, Weihbischof Ernst Tewes, München, und eine ganze Reihe von Benediktiner-Äbten.
Manfred Hörhammer, Kapuziner, hat mit seiner offenen, gewinnenden Art, seiner Fröhlichkeit und seinen tiefen Meditationen Quickborn für die Friedensbewegung gewonnen. Er war befreundet mit dem Blutzeugen Max Joseph Metzger, dem Gründer und Leiter der Christ-König-Gesellschaft und der Una-Sancta-Bewegung. Natürlich war er auch eng vertraut mit Hermann Hoffmann, den die Teilnahme am Ersten Weltkrieg als Divisionspfarrer zur Friedensbewegung geführt hatte. Hoffmann war gleichzeitig ein entschlossener Streiter für den Ökumenismus und hatte 1925 in Stockholm und 1927 in Lausanne als erster katholischer

Beobachter an den Kirchenkonferenzen teilgenommen und dabei gelernt, daß man, was das Zweite Vatikanische Konzil später ebenfalls festgestellt hat, Fernziel und Nahziel der ökumenischen Bewegung unterscheiden müsse. Mehr als eine Generation hat sich seinem Wirken geöffnet und blieb ihm eng verbunden.

In diesen Zusammenhang gehört Pfarrer Franz Fritsch. Er war nach einigen vorbereitenden Stationen Religionslehrer in Neisse, 1930 wurde er Bundespriester des Jungborn. Er mußte 1933 den ihm sehr liebgewordenen Dienst wegen seiner Einstellung zum Frieden verlassen. Die Gestapo ließ ihn nicht mehr aus den Augen, auch nicht, als er Pfarrer von Breslau-Zimpel geworden war. Zusammen mit Strehler, Neumann und Hoffmann hat er Quickborn wichtige Anstöße gegeben.

Das gilt in noch stärkerem Maße von Josef Außem, der 1922 als Burgkaplan zur Unterstützung Strehlers nach Rothenfels gekommen war. Er hat die Schildgenossen von 1923 bis 1929 mitgeprägt. Seiner schwachen Gesundheit wegen mußte er 1925 die Burg verlassen, ging in die Seelsorge und war vier Jahre lang Professor der Pastoraltheologie. Heinrich Kahlefeld, der Oratorianer, war eng befreundet mit Guardini. Ihm verdankt Quickborn die Tiefe und Unerbittlichkeit des Denkens, gleichzeitig aber auch die Besinnung auf neue Formen des Gottesdienstes. Nach dem Zweiten Weltkrieg war er bis 1959 Burgleiter und Mitglied der Perikopenkommission des Zweiten Vatikanischen Konzils.

Josef Heinrich Sandmann hat die Jungenschaft in der schweren Zeit der dreißiger Jahre mitgestaltet. Als »Feldkaplan« hat er mutig und unerschrocken die Jugend zur Einheit von Glauben und Leben geführt. Er konnte begeistern und mitreißen.

Die Pfarrer Ludwig Eggers, Josef Emonds, Christoph Allroggen suchten das Erbe des Quickborn in der Jungenschaft zu wahren und die Bewußtseinsbildung zu vertiefen. Der wortgewaltige P. Johannes Leppich SJ ist Ratiborer Quickborner und stammt aus einer kinderreichen Familie. Professor Alfred Hoffmann lehrte zuletzt an der Pädagogischen Akademie in Beuthen Religionswissenschaft. Prälat Hubert Thienel ist Apostolischer Visitator für die schlesischen Katholiken, Prälat Professor Dr. Franz Josef Wothe, Hildesheim, Visitator der Danziger Katholiken.

Der Caritas besonders verpflichtet waren Prälat Walter Baumeister, der die Trinkerfürsorge im Deutschen Caritasverband aufgebaut hat, Prälat Heinrich Czeloth, der unermüdliche Streiter für Abstinenz und Direktor der Hoheneckzentrale, und der Präsident des Deutschen Caritasverbandes, Prälat Albert Stehlin, die alle durch den Quickborn zu ihrer Aufgabe gefunden haben.

Franz Stock, Deutschenseelsorger in Paris und während des Zweiten Weltkrieges Gefängnisgeistlicher für französische Zivilisten in Fresnes, war gerade hier Exponent priesterlicher Liebe. Hunderte von gläubigen und verstockten Katholiken, Atheisten, Kommunisten und Juden hat er auf die Hinrichtung vorbereitet. Unter Lebensgefahr überbrachte er den Häftlingen Nachrichten von ihren Familien und umgekehrt. Er starb im Alter von 42 Jahren an gebrochenem Herzen, nachdem er in Chartres für kriegsgefangene deutsche Theologiestudenten ein Priesterseminar eingerichtet hatte. In seinem Haus in der Rue Lhomond wehte gerade während des Krieges echter Quickborngeist.

Dr. Werner Becker, Oratorianer, Studentenpfarrer in Leipzig, Konzilstheologe und Vorsitzender des »Sekretariats für die Einheit der Christen« in der DDR hat ebenfalls durch Quickborn seinen Weg gefunden. Prälat Bernhard Hanßler war einer der ersten Leiter der katholischen Akademie der

Diözese Rottenburg, später Geistlicher Direktor des Zentralkomitees der deutschen Katholiken und des Cusanuswerkes und hat mit seinem kritischen Denken zur Unterscheidung des Wesentlichen vom Belanglosen im Quickborn beigetragen.

P. Gregor Lang, Benediktiner, hat vor allem der süddeutsche Quickborn viel zu verdanken. Er war von 1924 bis 1962 Rektor des Humanistischen Gymnasiums St. Stephan in Augsburg. Man nannte ihn auch »Spielmann Gottes«, weil er mit seiner Musik, die ihm als eines der vielen schönen Dinge dieser Welt galt, jung und alt mitriß. Während der Herrschaft des Nationalsozialismus hat er jedes der getarnten Treffen auf der Wies zu einem freudigen Erlebnis gemacht.

Für die Musik sind vom Quickborn wichtige Anregungen ausgegangen. Dichter und Komponisten sind von ihm inspiriert worden, Schulmusik gewann ein großes Gewicht, das Volkslied alter und neuer Form wurde zu einer Selbstverständlichkeit. Eugen Jochum, Generalmusikdirektor und Dirigent vieler berühmter Orchester und Chöre, hat durch seine Arbeit bezeugt, wie die Jugendbewegung ihn beeinflußt hat. Auf ausdrücklichen Wunsch des Papstes gab er während des Konzils den Konzilsvätern ein Konzert.

Reiche Liedkompositionen stammen von Hans Kulla, der lange Zeit auch für die musikalische Gestaltung der Veranstaltungen auf Burg Rothenfels tätig war, Gerhard Kronberg, Kirchenmusiker, dem die Jungenschaft viele gute Lieder verdankt, und Pfarrer Helmut Richter. Hermann Fuhrich, aus dem Jödekreis kommend und von Klemens Neumann beeinflußt, gründete im Heimgarten Neisse eine Beratungsstelle für Volksmusik. Dr. Walther Lippmann hat sich als Musikwissenschaftler speziell für alte Musik (Neumen) einen Namen gemacht. Bernhard Binkowski, Professor an

der Musikhochschule in Stuttgart, hat die Schulmusik sowohl durch die Erziehung künftiger Musiklehrer wie auch durch seine weitverbreiteten Liederbücher für die Schulen im Geiste der Jugendbewegung wesentlich beeinflußt.
Dichter wie Georg Thurmair, Friedrich Schlüter, Wolfgang Koller und Heinrich Bachmann haben über die Zeit hinaus gültige Werke geschaffen, die vertont noch heute vielfach gesungen werden. Der niederbayerische Dramatiker Alois Johannes Lippl ist bekanntgeworden durch sein »Überlinger Münsterspiel« und seinen »Totentanz«, Elisabeth Langgässer hat den erlösten Menschen in der gefallenen Welt dargestellt. In ihren Werken hat sie versucht, die aus der gläubigen Substanz geforderte Form zu geben. Die Konvertitin Ruth Schaumann hat sich einen Namen als Dichterin, Bildhauerin und Graphikerin gemacht. Ihr Werk kreist um intensives Erleben der christlichen Lebensordnung. 1931 hat sie den Literaturpreis der Stadt München erhalten. Der früh verstorbene Domvikar Johannes Theißing hat unter dem Pseudonym Matthias Rostock ein »Deutsches Requiem« gedichtet und während seiner kurzen Tätigkeit im Haus Altenburg die katholische deutsche Jugend nach dem Zweiten Weltkrieg im Sinn des alten Quickborn mitgeformt.
Rudolf Schwarz hat mit seinen Kirchenbauten einen neuen Kirchenstil geschaffen. Ausgehend vom industriellen Werkraum hat er nach liturgischen Aufgaben geordnete Kirchenbauten von Schlichtheit und Würde geschaffen. Er war auch wegweisend in der Städtebau- und Industrieplanung. Der Künstler Siegfried Haas ist vor allem durch seine Kirchenarbeiten bekanntgeworden. Richard Süßmuth war bahnbrechend in der Arbeit mit Glas, insbesondere mit Glasschliff. Gertrudis Huber, Freiburg, hat mit ihrer Schule im Strom der liturgischen Bewegung der Kunst der Paramentenstickerei wesentliche Impulse gegeben.

Eine Reihe einflußreicher Publizisten sind aus dem Quickborn hervorgegangen. Walter Dirks hat als Redakteur der Rhein-Mainischen Volkszeitung und bei der Frankfurter Zeitung, nach dem Weltkrieg als Leiter der Kulturabteilung des Westdeutschen Rundfunks, Mitherausgeber der »Frankfurter Hefte« und Verfasser zahlreicher Bücher auf das Geistesleben Deutschlands stark eingewirkt. Heinrich Bachmann war nach dem Verbot der »Germania« Chefredakteur des Wochenblattes der katholischen Jugend »Michael« und nach dessen Verbot Herausgeber einer Kleinschriftenreihe im Herder Verlag. Karlheinz Schmidthüs war von 1928 bis 1940 Chefredakteur der »Schildgenossen«, seit 1946 Chefredakteur der »Herder-Korrespondenz« und seit 1952 Mitherausgeber der Monatszeitschrift »Wort und Wahrheit«. Rudolf Vogel, den Ida Görres wegen seiner nichtarischen Abstammung bei sich verborgen hatte, war nach dem Kriege ein wichtiger Bonner Korrespondent, der viel für die Verständigung mit Israel getan hat. Wilhelm Mogge hat als Buchhändler begonnen, später als Korrektor gearbeitet und seine eigentliche publizistische Aufgabe erst nach dem Krieg bei der »Saarbrücker Landeszeitung« gefunden. Hugo Karl Maria Schnell hat sich als Kunsthistoriker, Publizist und Verleger einen Namen gemacht. Die von ihm verlegten Kunst- und Kirchenführer sind noch heute Standardwerke. Johannes Binkowski und Konrad Theiss sind erst nach dem Verschwinden des Nationalsozialismus zur Publizistik gestoßen. Theiss hat wesentlich Anteil an dem Aufbau der Standesorganisation, dem »Verein Südwestdeutscher Zeitungsverleger«, Binkowski hat als Präsident des Bundesverbandes Deutscher Zeitungsverleger zehn Jahre lang die Geschicke der Zeitungen und ihrer Verleger entscheidend mitbestimmt. Auf seine Anregung hin wurde an der Universität Stuttgart-Hohenheim ein Studiengang Kommunika-

tionswissenschaft für künftige Journalisten eingerichtet.
Zu erwähnen sind Diplomaten wie Karl Heinrich Knappstein, der erste Botschafter der Bundesrepublik in Washington, Rudolf Vogel, Botschafter bei der OECD in Paris und später Staatssekretär im Bundesschatzministerium. Minister wie der bayerische Sozialminister Fritz Pirkl, Bürgermeister, Landräte und Abgeordnete sind aus dem Quickborn hervorgegangen. Bundesverfassungsrichter Herbert Scholtissek und August Raske waren Quickborner, ebenso Generalbundesanwalt (1956–1961) Max Güde.
Wissenschaftler der Theologie sind vor allem bei der Moraltheologie zu finden, z. B. Heinrich Fleckenstein, der kurze Zeit nach 1959 Burgleiter war und die Jugendarbeit, insbesondere in der Zeit des Nationalsozialismus, stark beeinflußt hat, und Franz Scholz. Otto Knoch, lange Zeit Leiter des Bibelwerkes in Stuttgart ist als Professor für Neues Testament in Passau verantwortlich für die Einheitsübersetzung der Bibel. Norbert Greinacher ist Professor für Pastoral-theologie in Tübingen. Joseph Gottschalk ist ein bekannter Historiker, Franz Leicht ein bedeutender Religionsphilosoph. Sie standen in der Tradition von Männern wie Romano Guardini, Hermann Platz, Kardinal Newman und P. Peter Lippert.
Ärzte gründeten unter Führung von Alf Riegel die Ärztegilde, die Medizin mit der Theologie verband.
Zu ihr gehörten auch Georg Volk und Robert Steidle.
Neben diesen Persönlichkeiten gab es viele Männer und Frauen, die für ihr Leben vom Quickborn geprägt waren und ihren Weg eines neuen, vertieften, einfachen und gläubigen Lebensstils gingen. Dies ist überhaupt das eigentliche Vermächtnis der Jugendbewegung, daß sie den wahren und edlen Menschen zu bewahren suchte, der sein Leben in Freiheit und Verantwortung führt[281], sich mit dem einmal

Erreichten nicht zufriedengibt, sondern ständig an seiner Selbstbildung arbeitet.

Das Positive und das Negative

Der Bund hat an den Grenzen der Kirche nicht haltgemacht, wie schon die Hinweise auf Quickborn in den verschiedenen Berufen erweisen. Obwohl die Tradition eines protestantisch bestimmten Deutschen Reiches noch lebendig war, hat er einen Durchbruch gewagt und jene Kooperation eingeleitet, ohne die eine demokratische Gesellschaft nicht existieren kann, soll sie nicht durch Gruppen, die sich verweigern, innerlich geschwächt, ja letztlich lebensunfähig werden[282].

Wesentlich beigetragen zu diesem demokratischen Zusammenwirken hat das Gemeinschaftserlebnis der Jugendbewegung. Sie hat den isolierten Individualismus, der damals herrschte, überwunden. Er mag ein irrationales Erlebnis der jugendlichen Gemeinschaft gewesen sein. Dennoch war die Richtung gegeben durch das soziologische Problem der Generation, durch den Protest gegen die eingeengte spätbürgerliche Lebensform im Zeichen der industriellen Massengesellschaft und gegen die ausufernden Großstädte[283].

Quickborn hat darüber hinaus das Gemeinschaftserlebnis auch im religiösen Bereich erfahren und ist gewahr geworden, daß diese Gemeinschaften Kirche sind und daß die Kirche Gemeinschaft ist[284].

Dieser bündische Gemeinschaftssinn barg die Kraft und die Möglichkeiten in sich, die auf kulturellem und religiösem Gebiet fruchtbar werden konnten[285]. Denn der Bund hatte sich einerseits nicht außerhalb der Gesellschaft angesiedelt und barg andererseits genügend vitale Kräfte in sich, um das kulturelle Leben zu beeinflussen. Es ergab sich ein geradezu dialogisches Verhältnis zwischen Widerspruch und Zustimmung, das vor allem im kirchlichen Bereich zutage trat. Befreiung von überkommenen kirchlichen Formen führte zu Opposition und Widersetzlichkeit, die jedoch durch eine umfassendere Bejahung unterfangen wurde und so vor der geräuschvollen Sterilität der bloßen Negation bewahrt blieb[286].

Der entscheidende Gewinn des Quickborn war zweifellos, daß seine Mitglieder und mit ihnen viele geistig aufgeschlossene Menschen wieder hoffen durften. Welt und Leben hatten sich gewandelt. Es lohnte sich, die Zukunft zu riskieren, weil alles nach Zukunft und Freiheit schmeckte[287].

Andererseits ist Quickborn ein wirklicher Durchbruch zu einer Neugestaltung der Gesellschaft nicht gelungen. Das hängt einmal damit zusammen, daß die Zeit seiner Wirksamkeit zu kurz war, und grundsätzlich damit, daß er sich mit einer eingeschränkten Wirklichkeit zufriedengab. Das Spannungsverhältnis zwischen sozialer Wirklichkeit und Distanz zum Raum politischer Entscheidung wurde nicht gelöst. Viele standen vor der Alternative: gesinnungswidriger Kompromiß oder Bruch mit der existierenden politischen Ordnung. Nur der Halt in der Kirche bewahrte sie vor dem Extremismus, trug aber nicht dazu bei, sich den wirkenden politischen Kräften der Zeit zu stellen[288].

Heute kann man sagen, als ein Verhängnis hat es sich im geschichtlichen Schicksal ausgewirkt, daß die Jugendbewegung und auch Quickborn den Ort des Wirkens und der Verwirklichung nicht im Staat gesucht hat. Man war überzeugt, daß Organisation in gesellschaftlichen Großgebilden den Bund nichts angehe. So ist auch Burg Rothenfels kein staatspolitisch bedeutsamer Ort geworden[289].

Trotz aller Offenheit blieb auch für Quickborn eine gewisse

Isolierung kennzeichnend. Die von ihm entwickelten neuen Formen waren im allgemeinen nicht übertragbar, sie blieben gültig für bürgerliche Jugendliche bis zu einem gewissen Alter[290]. Das führte zu einem oft sogar unklaren Elitebewußtsein. Darin barg sich die Gefahr, die Kraft des eigenen Wesens zu überschätzen, ja zu überspannen. Man war anders als die anderen und lehnte eine Massenbewegung ab[291].

Dies war verständlich, was die eigene Lebensgestaltung anging, aber gefährlich, was die Wirkung auf Gesellschaft und Staat betraf. Natürlich ist die Frage nicht eindeutig zu beantworten, ob eine Breitenwirkung erreicht worden wäre, wenn man sich grundsätzlich geöffnet hätte.

Fehlende Breitenwirkung

Dagegen sprechen zwei Fakten: Quickborn betonte das Personale menschlichen Seins und forderte Abstinenz. Zwar beinhaltet das personale Element zugleich die Hinordnung auf die Gemeinschaft. Dort jedoch, wo Gemeinschaft nicht mehr als lebendig erfahren wurde, begnügte man sich mit dem sozialen Engagement und ließ das politische außer acht. Selbstbildung führte zur Vollendung des Personalen. Wenn man auch grundsätzlich davon überzeugt war, daß Selbstbildung nicht im stillen Kämmerlein zu erreichen sei – Guardinis »Briefe über Selbstbildung« haben dies deutlich gemacht –, so fehlte doch selbst bei Guardini der Gedanke, daß sie sich gerade in den Wehen der Zeit entfaltet und festigt. Politik, z. T. auch Wirtschaft, schienen zur Selbstbildung eher hinderlich als förderlich zu sein. Wer ausschließlich auf das Personale setzt, kann leicht die soziologische und politische Wirklichkeit übersehen.

Abstinenz als Forderung bedingte von vornherein eine

Auslese. Für die Jugendlichen war sie im allgemeinen kein schwerer Verzicht, wohl aber auch für sie bereits eine Distanzierung vom Altgewohnten. Darin lag die Gefahr, sich abzukapseln und ein Sonderdasein zu führen. Abstinenz bekam nur dann ihren tiefen Sinn, wenn sie religiös begründet war. Dann konnte sie verstanden werden als stellvertretendes Opfer für die anderen, als Hilfe für die Schwachen oder ganz allgemein als Einübung in die christliche Askese. Darin drückt sich Verzicht auf ein Gut aus, das an sich nicht wertlos ist, um Gottes willen. Sie ist ein Reinigungsopfer. Der Genuß der Lebensgüter wird hintangesetzt, die Güter werden freiwillig nicht ergriffen. Askese bleibt Mittel und darf nicht zum Selbstzweck werden[292]. Quickborn hat lange gebraucht, sich zu dieser verinnerlichten, religiös motivierten Abstinenz durchzuringen. Weil sie vielfach nur als notwendige Erscheinungsform jugendlichen Lebens angesehen wurde, blieb sie außerhalb des personalen Ansatzes und konnte leicht beiseite geschoben werden.

Die Früchte

Man könnte lange darüber nachdenken, was aus Quickborn geworden wäre, wenn ihm in den turbulenten Jahren nach dem Ersten Weltkrieg eine längere Zeit des Wirkens vergönnt gewesen wäre. Insbesondere wäre zu prüfen, ob er auch auf Staat und Gesellschaft maßgebenden Einfluß hatte nehmen können. Die Erwägungen sind wie alle geschichtlichen Spekulationen nutzlos, weil die Entwicklung einen anderen Weg genommen hat. Es sind im Quickborn viele Ansätze dagewesen, die auch im Bereich der Gesellschaft und Politik zu fruchtbaren Ergebnissen hätten führen können. Allein jedes Zuspät ist ein geschichtliches Faktum, das als solches festzuhalten ist, das sich jedoch moralischer

Bewertung entzieht. Ethisch relevant ist freilich die innere Gesinnung einer Haltung, gleichgültig, ob sie zu einem positiven Erfolg geworden ist oder nicht. In dieser Hinsicht ist den Mitgliedern des Quickborn nur ein gutes Zeugnis auszustellen. Sie haben in ihren Bereichen den Boden gründlich beackert, oft ohne daß ihnen der Bund als solcher Hilfen gab, weil er sich in anderen Gebieten beheimatet fühlte.

Was bleibt vom Quickborn der zwanziger und dreißiger Jahre? Vieles ist nicht zu messen, weil es sich der genauen Beobachtung entzieht. Daß eine große Zahl einzelner von ihm personal geformt worden ist und sein Leben in innerer Erfülltheit in Beruf, Familie, Gesellschaft und Kirche lebt, ist schon ein ganz großer Gewinn. Quickborn hat manche zeitgenössische Trends gebrochen und zur Selbstbesinnung geführt. Er hat der Kirche Hoffnung vermittelt, weil er ihr eine Jugend zuführte, die in kritischer Gläubigkeit neue Formen christlichen Gemeindelebens entwickelte, das Grundproblem Freiheit und Autorität, das für die Neuzeit von fundamentaler Bedeutung ist, vom Ansatz her durchdachte und überall mit freudigem Bekennermut auftrat.

Jugendlicher Überschwang mag dabei manchmal zu weit gegangen sein. Allein ohne ihn wäre das nicht geglückt, was der tiefste Ertrag des Quickborn gewesen ist. Quickborn hat maßgebend mitgewirkt, veraltete Strukturen in Kirche und Gesellschaft zu durchstoßen. Er hat einen Aufbruch in die Wege geleitet, der eine Vollendung im Zweiten Vatikanischen Konzil gefunden hat, eine andere in einem veränderten Gemeindeverständnis und eine dritte in dem neuen Selbstbewußtsein der freien, in eine Ordnung eingebetteten Persönlichkeit, die aus der Auseinandersetzung mit den geistigen Strömungen der Zeit und dem Gemeinschaftserleben der Jugendbewegung erwachsen ist.

Anmerkungen

Das Umfeld

1 Rolf Trauzettel, Werdende Einheit und Widersprüchlichkeit der Welt, in Saeculum Weltgeschichte, Band 7, Freiburg/Br. 1975, S. 122–136
2 Arnold Gehlen, Die Seele im technischen Zeitalter, Hamburg 1957, S. 8
3 Alexander Rüstow, Ortsbestimmung der Gegenwart, 3. Band, Stuttgart 1957, S. 243
4 Hans Sachsse, Anthropologie der Technik, Braunschweig 1978, S. 85 f.
5 Johann Schasching, Kirche und industrielle Gesellschaft, Wien 1960, S. 13 f.
6 Ortsbestimmung a.a.O. S. 114 ff.
7 Hans Sachsse, a.a.O. S. 80
8 Alfred Weber, Kulturgeschichte als Kultursoziologie, 2. Aufl. München 1950, S. 414
9 Peter Jan Bouman, Kultur und Gesellschaft der Neuzeit, Olten u. Freiburg/Br. 1962, S. 220
10 Alfred Weber, a.a.O. S. 374
11 Oskar Köhler, Die Ausbildung der Katholizismen in der modernen Gesellschaft, in Handbuch der Kirchengeschichte, Band VI 2, Freiburg/Br. 1973, S. 197
12 Crane Brington, Ideen und Menschen, Stuttgart 1974, S. 426
13 Hans Sachsse, a.a.O. S. 91
14 Peter Jan Bouman, a.a.O. S. 227
15 Hans Freyer, Industrielle Gesellschaft, in Staatslexikon, hrsg. von der Görres-Gesellschaft, Band 4, Freiburg/Br. 1959, S. 220 f.
16 Crane Brington, a.a.O. S. 428
17 Alfred Weber, a.a.O. S. 396
18 ebd. S. 385
19 Zum Ganzen vergleiche Peter Jan Bouman, a.a.O. S. 165–198
20 ebd. S. 116

21 Hans Sachsse, a.a.O. S. 235 f.
22 Joseph Ratzinger, Einführung in das Christentum, München 1968, S. 39
23 Alfred Weber, a.a.O. S. 395
24 Golo Mann, Deutsche Geschichte des 19. und 20. Jahrhunderts, Frankfurt/M. 1958, S. 651
25 ebd. S. 669
26 ebd. S. 696
27 Oskar Köhler, a.a.O. S. 197
28 ebd.
29 Johann Schasching, a.a.O. S. 71 f.
30 Franz Schnabel, Deutsche Geschichte im 19. Jahrhundert, Band 4, Freiburg/Br. 1936, S. 561
31 Johann Schasching, a.a.O. S. 61
32 Vgl. Joseph Lortz, Geschichte der Kirche 11.–14. Aufl., Münster 1948, S. 381 f.
33 Friedrich Heer, Europäische Geistesgeschichte, Stuttgart 1953, S. 651
34 Friedrich Heer, Europa – Mutter der Revolutionen, Stuttgart 1964, S. 654
35 Oskar Köhler, Der Weltplan Leos XIII., in Handbuch der Kirchengeschichte, Band VI 2, Freiburg/Br. 1973, S. 12
36 Historisches Jahrbuch der Görres-Gesellschaft, Nr. 57, Köln 1937, S. 6
37 Roger Aubert, Die modernistische Krise, in Handbuch der Kirchengeschichte, Band VI 2, Freiburg/Br., S. 483 f.
38 Roger Aubert, Pius X., ein konservativer Reformpapst, ebd. S. 399
39 ebd. S. 480
40 ebd. S. 498
41 Vgl. Friedrich Heer, Europäische Geistesgeschichte, a.a.O. S. 654

Der Ursprung der Jugendbewegung

1 Walter Laqueur, Die deutsche Jugendbewegung. Eine historische Studie. Köln 1978, S. 13
2 Max Scheler, Vom Umsturz der Werte, in Gesammelte Werke, Band 3, Bern 1959, S. 344
3 Eduard Spranger, Kulturfragen der Gegenwart, Heidelberg 1953, S. 73
4 Waldemar Gurian, Die deutsche Jugendbewegung, 2. Aufl., Habelschwerdt 1923, S. 29
5 Alexander Rüstow, a.a.O. S. 237
6 Walter Laqueur, a.a.O. S. 35
7 Oskar Köhler, Jugendbewegung, in Staatslexikon, hrsg. von der Görres-Gesellschaft, Band 4, Freiburg/Br. 1959, S. 689
8 Vgl. zur Geschichte des Wandervogels: Ulrich Aufmuth, Die deutsche Wandervogelbewegung unter soziologischem Aspekt, Göttingen 1979, S. 35–43

9 Friedrich Heer, Werthers Weg in den Underground. Die Geschichte der Jugendbewegung, Gütersloh 1973, S. 63
10 Harry Pross, Jugend, Eros, Politik, Bern/München/Wien 1964, S. 63 f.
11 J. Müller, Die deutsche Jugendbewegung als deutsche Hauptrichtung neukonservativer Reform, Zürich 1971, S. 142
12 Peter Rödl, Jugend in Staat und Gesellschaft, Neuwied 1961, S. 47
13 Charlotte Lütkens, Die deutsche Jugendbewegung – ein soziologischer Versuch, Frankfurt/M. 1925, S. 130
14 Helmut Schelsky, Die skeptische Generation, Düsseldorf/Köln 1957, S. 58
15 Arno Klönne, Die deutsche Jugendbewegung, in Stimmen der Zeit, Jg. 94 (1969), S. 250
16 Felix Raabe, Die bündische Jugend. Ein Beitrag zur Geschichte der Weimarer Republik, Stuttgart 1961, S. 59
17 Ulrich Aufmuth, a.a.O. S. 49
18 ebd. S. 263
19 ebd. S. 51
20 Alexander Rüstow, a.a.O. S. 238
21 Arno Klönne, a.a.O. S. 250
22 Ulrich Aufmuth, a.a.O. S. 191
23 Karl O. Paetel, Jugend in der Entscheidung 1913/1933/1945, Bad Godesberg 1963, S. 34
24 Ulrich Aufmuth, a.a.O. S. 43
25 Felix Raabe, a.a.O. S. 30
26 ebd. S. 59
27 Max Scheler, Jugendbewegung, in Gesammelte Werke, Band 6, Bern u. München 1963, S. 392
28 Hans Joachim Schoeps, Die Freideutschen in der Situation der Zeit, Freideutscher Rundbrief Nr. 5, November 1948
29 Karl O. Paetel, Das Bild vom Menschen in der deutschen Jugendführung, Bad Godesberg 1954, S. 10
30 a.a.O. S. 241
31 ebd. S. 241
32 Felix Raabe, a.a.O. S. 30
33 Golo Mann, a.a.O. S. 715
34 Felix Raabe, a.a.O. S. 30
35 Walter Laqueur, a.a.O. S. 160 f. und 164
36 Arnold Bergsträsser und Hermann Platz, Jugendbewegung und Universität, Karlsruhe 1927, S. 3
37 Waldemar Gurian, a.a.O. S. 25 f.
38 Karl O. Paetel, Jugend in der Entscheidung, a.a.O. S. 42
39 Helmut Schelsky, a.a.O. S. 308
40 Eugen Rosenstock-Huessy, Soziologie, Band 2, Stuttgart 1958, S. 132
41 Max Scheler, Jugendbewegung, a.a.O. S. 392

42 Helmut Schelsky, a.a.O. S. 59
43 ebd. S. 61
44 Karl O. Paetel, Das Bild vom Menschen, a.a.O. S. 62 f.
45 Max Scheler, Vom Umsturz der Werte, a.a.O. S. 391
46 Helmut Schelsky, a.a.O. S. 60
47 Alexander Rüstow, a.a.O. S. 248
48 ebd. S. 242
49 Karl O. Paetel, Das Bild vom Menschen, a.a.O. S. 54
50 ebd. S. 120
51 Arno Klönne, a.a.O. S. 249
52 Ulrich Aufmuth, a.a.O. S. 42
53 Peter Mayer-Tasch, Aus grauer Städte Mauern. Von der blauen Blume zu den Lagerfeuern von Wyhl, in FAZ, Bilder und Zeiten, Nr. 46 vom 23. 2. 1980 – Heinz Kröhner, Flugblatt 50 Jahre dj. 1.11., zieht, begeistert von den alten Ideen, eine direkte Verbindung zwischen der Deutschen Jungenschaft, den Ostermärschen der 50er und 60er Jahre gegen Atomtod und Aufrüstung und den Grünen und sieht in Herbert Marcuse einen Nachfahren bündischer Jugendführer.

Das Entstehen des Quickborn

1 a.a.O. Anhang
2 ebd. S. 259
3 Felix Messerschmid, Katholische Jugendbewegung, in Werner Kindt (Hrsg.). Die Deutsche Jugendbewegung 1920–1933. a.a.O. S. 680
4 Walter Dirks, vom »Westen« in Werner Kindt (Hrsg.), Die Deutsche Jugendbewegung a.a.O. S. 680
5 Hermann Hoffmann, Professor Klemens Neumann, Der Spielmann Gottes, Breslau 1939, S. 29
6 ebd. S. 31 f.
7 Bernhard Strehler, Aus dem Werden und Leben Quickborns, Würzburg 1927, S. 8
8 Hermann Hoffmann, Bernhard Strehler, in Joseph Gottschalk (Hrsg.), Schlesische Priesterbilder, Band 5, Aalen 1967, S. 93
9 Angela Rozumek, In der Vorhut des Konzils. Franz Fritsch, Buxheim o.J. S. 56
10 Hermann Hoffmann, Im Dienste des Friedens. Lebenserinnerungen eines katholischen Europäers, Stuttgart/Aalen 1970, S. 161
11 Hermann Hoffmann, Im Dienste des Friedens a.a.O. S. 33
12 Hermann Hoffmann, Im Dienste des Friedens a.a.O. S. 163
13 Harry Pross, a.a.O. S. 259
14 Hermann Hoffmann, ebd. S. 162

15 Otto Mensing, Schleswig-Holsteinisches Wörterbuch, 4. Band, Neumünster 1933, S. 14
16 Friedrich Maurer u. Heinz Rupp, Deutsche Sprachgeschichte, Band II, 3. Aufl., Berlin 1974, S. 657
17 Bernhard Strehler, a.a.O. S. 15
18 Joseph Göttler, Geschichte der Pädagogik, 3. Aufl., Freiburg/Br. 1935, S. 351
19 Quickborn Jg. 2 (1914/15), S. 37 f.
20 Friedrich Wilhelm Foerster, Jugendseele, Jugendbewegung, Jugendziel, Zürich 1925, S. 255
21 Walter Dirks, Anfänge und Folgen katholischer Jugendbewegung, in Elisabeth Korn, Otto Suppert, Karl Vogt (Hrsg.), Die Jugendbewegung, a.a.O. S. 244
22 Bernhard Strehler, Aus dem Werden und Leben Quickborns, a.a.O. S. 9
23 P. Pfister, Abstinenz, in Bernhard Strehler, Aus dem Werden und Leben Quickborns, a.a.O. S. 10
24 Felix Messerschmid, Die Herkunft aus der Jugendbewegung, in Frankfurter Hefte, Jg. 31 (1976), S. 57
25 Bernhard Strehler, Aus dem Werden und Leben Quickborns, a.a.O. S. 11
26 So Wilhelm Mogge, 70 Jahre Quickborn, in 60 Jahre Burg Rothenfels, Rothenfels 1979, S. 58
27 Franz Henrich, Die Bünde katholischer Jugendbewegung. Ihre Deutung für die liturgische und eucharistische Erneuerung, München 1968, S. 61
28 Josef Pieper, Noch wußte es niemand. Autobiografische Aufzeichnungen 1904–1945, München 1976, S. 41
29 Quickborn, Jg. 2 (1914), S. 67 und 87
30 Quickborn, Jg. 4 (1916/17), S. 83
31 Stand der Quickbornbewegung, in Quickborn, Jg. 5 (1917/18), S. 160
32 Magdalena Musial, Die Rolle der Mädchen in der Jugendbewegung, in 60 Jahre Burg Rothenfels, Rothenfels a.a.O. S. 18
33 Felix Messerschmid, Katholische Jugendbewegung, in Werner Kindt, Die Deutsche Jugendbewegung, a.a.O. S. 681
34 Franz Henrich, a.a.O. S. 67
35 Quickborn, Heft 6/1918/19, S. 180–182
36 Bernhard Strehler, Aus dem Werden und Leben Quickborns, a.a.O. S. 24
37 Hermann Hoffmann, Im Dienste des Friedens, a.a.O. S. 165
38 Bernhard Strehler, Aus dem Werden und Leben Quickborns, a.a.O. S. 24
39 Klemens Neumann, Burg Rothenfels am Main, in Quickborn, Jg. 7 (1919), S. 12
40 Wilhelm Mogge, Burg Rothenfels am Main, 3. Aufl., Zürich 1971, S. 44

41 Hermann Hoffmann, Im Dienste des Friedens, a.a.O. S. 765
42 Hermann Hoffmann, Professor Klemens Neumann, a.a.O. S. 86
43 Romano Guardini, Parsifal in Heinrich Bachmann/Ludwig Neundörfer, Der neue Anfang, 4. deutscher Quickborntag, a.a.O.
44 Golo Mann, a.a.O. S. 638
45 ebd. S. 650
46 Hermann Hoffmann, Professor Klemens Neumann, a.a.O. S. 91 f.
47 Rudolf Jockiel, Aus der Geschichte des Quickborn in Schlesien, in Johannes Gründel (Hrsg.), Schlesisches Priesterjahrbuch, Band VII, VIII, IX, Köln 1969, S. 24
48 Klemens Neumann, Wie steht's mit unserer Burg? in Quickborn, Jg. 7 (1919), S. 50
49 Hermann Hoffmann, Im Dienste des Friedens, a.a.O. S. 166
50 Franz Henrich, a.a.O. S. 70
51 Hermann Hoffmann, Vom dreifachen Recht der Jugend, in derselbe (Hrsg.), Die Tage auf Burg Rothenfels, Rothenfels o. J., S. 42
52 ebd. S. 43
53 Werner Becker, Zum eisernen Priesterjubiläum Hermann Hoffmanns, in Werner Becker und Bruno Radom, Ökumenische Menschen. Hermann Hoffmann als Festgabe zum 90. Geburtstag gewidmet, Leipzig 1970, S. 96
54 Hermann Hoffmann, Im Dienste des Friedens, a.a.O. S. 171
55 ebd. S. 170
56 Hermann Hoffmann, Die Tage auf Burg Rothenfels, Rothenfels, a.a.O. S. 49 f.
57 Ludwig Neundörfer, Geschichte und Gestalt, in Burg Rothenfels 1919/1929, Rothenfels 1929, S. 7
58 Franz Henrich, a.a.O. S. 72
59 Felix Messerschmid, Katholische Jugendbewegung in Werner Kindt, Die Deutsche Jugendbewegung, a.a.O. S. 682
60 Felix Messerschmid, Die Herkunft aus der Jugendbewegung, a.a.O. S. 57
61 Godehard Ruppert, Burg Rothenfels, Ein Beitrag zur Geschichte der Jugendbewegung und ihres Einflusses auf die katholische Kirche, Rothenfels 1979, S. 15
62 Paul Hastenteufel, Selbstand- und Widerstand, Wege und Umwege personaler Seelsorge im 20. Jahrhundert (Handbuch der Jugendpastoral 1) Freiburg/Br. 1967, S. 77
63 Felix Messerschmid, Katholische Jugendbewegung, in Werner Kindt, Die Deutsche Jugendbewegung a.a.O. S. 682
64 Bernhard Strehler, Aus dem Werden und Leben Quickborns, a.a.O. S. 23
65 Felix Raabe, a.a.O. S. 82
66 Hermann Hoffmann, Im Dienste des Friedens, a.a.O. S. 174

67 ebd. S. 173
68 ebd. S. 174
69 ebd.
70 Franz Henrich, a.a.O. S. 100
71 Bernhard Strehler, Aus dem Werden und Leben Quickborns, a.a.O. S. 28
72 Ludwig Neundörfer, Geschichte und Gestalt in Burg Rothenfels, 1919/29, a.a.O. S. 10
73 Robert Steidle, Die innere Tagung, in Die Schildgenossen, Jg. 1 (1920), S. 21 f.
74 Hermann Hoffmann, Wehender Geist, Der zweite deutsche Quickborntag, Rothenfels 1920, S. 58
75 Robert Steidle, a.a.O. S. 19
76 Felix Messerschmid, Katholische Jugendbewegung in Werner Kindt (Hrsg.), Die deutsche Jugendbewegung, a.a.O. S. 682
77 Hermann Platz, Die katholische Jugendbewegung, in Arnold Bergsträsser und Hermann Platz, Jugendbewegung und Universität, a.a.O. S. 30
78 Felix Raabe, a.a.O. S. 61
79 Ernst Böninghaus, Zwei Arten zu beten, in Stimmen der Zeit, 100. Band (1921), S. 77
80 Hermann Hoffmann, Wehender Geist, a.a.O. S. 6
81 Quickborn und Liturgie, in Hermann Hoffmann, Wehender Geist, a.a.O. S. 16
82 Hermann Hoffmann, Wehender Geist, a.a.O. S. 75 f.
83 Der Wille der neuen Jugend: Quickborn in Hochland, Jg. 18 (1920/21), S. 216
84 Georg Wildmann, Personalismus, Solidarismus und Gesellschaft, Wien 1961, S. 68
85 Hermann Hoffmann, Wehender Geist, a.a.O. S. 77
86 ebd. S. 75
87 Vergl. Hermann Hoffmann, Im Dienste des Friedens, a.a.O. S. 175 ff.
88 Wilhelm Spael, Das katholische Deutschland im 20. Jahrhundert, Würzburg 1964, S. 56
89 Hermann Hoffmann, Im Dienste des Friedens, a.a.O. S. 176
90 Walter Dirks, Anfänge und Folgen der katholischen Jugendbewegung, a.a.O. S. 245
91 Hermann Platz, Der Wille der neuen Jugend: Quickborn, a.a.O. S. 214
92 Felix Messerschmid, Katholische Jugendbewegung, a.a.O. S. 681

Die Entfaltung

1 Hermann Hoffmann, Bernhard Strehler in Joseph Gottschalk (Hrsg.), Schlesische Priesterbilder, a.a.O. S. 94
2 Josepha Fischer-Erling, Gibt es ein Erbe der Jugendbewegung? In 60 Jahre Burg Rothenfels, Rothenfels 1979, S. 39
3 Bernhard Strehler, Aus dem Werden und Leben Quickborns, a.a.O. S. 38 f.
4 Unter der Burglinde im deutschen Quickbornhaus, in Stimmen der Zeit, Band 100 (1921), S. 267
5 a.a.O. S. 42
6 ebd. S. 41
7 Rothenfels 1921
8 Vom Geist der dritten Burgtagung, in Die Schildgenossen, Jg. 2 (1921), S. 26
9 An alle Gaue, 14. Juni 1921
10 Anton Weber, Unser Dienst am Volk, in Hermann Hoffmann, Des Königs Banner, a.a.O. S. 50
11 Walter Dirks, Fünfzig Jahre Burg Rothenfels, in Walter Dirks/Wilhelm Mogge, Burg Rothenfels a. M., Rothenfels 1968, S. 5
12 Walter Dirks, Die Werktätigenfrage, in Hermann Hoffmann, Des Königs Banner, a.a.O. S. 54 f.
13 Walter Dirks, Fünfzig Jahre Burg Rothenfels, a.a.O. S. 5
14 ebd.
15 Angela Rozumek, a.a.O. S. 87
16 ebd. S. 93
17 Jungborn 1, 1924, S. 3
18 Angela Rozumek, a.a.O. S. 87
19 Franz Fritsch, Zur Werktätigenfrage, in Hermann Hoffmann, Des Königs Banner, a.a.O. S. 58 f.
20 Josef Emonds, Dixit turbis, in Die Schildgenossen, Jg. 8 (1928), S. 205
21 Zur Ideologie der Jugendbewegung, in Die Schildgenossen, Jg. 8 (1928), S. 170
22 Franz Fritsch, Oberschlesien und unsere Seele, in Hermann Hoffmann, Des Königs Banner, a.a.O. S. 32 f.
23 Hermann Hoffmann, Im Dienste des Friedens, a.a.O. S. 229
24 Bernhard Strehler, Die Abstinenz im Quickborn, in Hermann Hoffmann, Des Königs Banner, a.a.O. S. 74
25 Maria Wagner, Die Mädchen im Quickborn, in Hermann Hoffmann, Des Königs Banner, a.a.O. S. 61 f.
26 Romano Guardini, Von Mannestum und Fraulichkeit, in Hermann Hoffmann, Des Königs Banner, a.a.O. S. 86
27 Rudolf Jockiel, a.a.O.

28 Franz Henrich, a.a.O. S. 110
29 Rothenfels 1922
30 Mainz 1921
31 ebd. S. 10 f.
32 ebd. S. 15
33 Paul Schmidt, Die pädagogische Relevanz einer anthropologischen Ethik. Eine Untersuchung zum Werk Romano Guardinis. Düsseldorf 1973, S. 123
34 ebd. S. 18
35 In Die Schildgenossen Jg. 1 (1920)
36 ebd. S. 33
37 Vom Sinn des Gehorchens, ebd. S. 114
38 ebd. S. 117
39 Neue Jugend und katholische Werthierarchie, in Die Schildgenossen Jg. 1 (1920)
40 Jugendbewegung und Katholizismus, in Die Schildgenossen, Jg. 2, (1921/22) und Jg. 2 (1922)
41 Kath. Religion u. Jugendbewegung. Eine Antwort an Max Bondy, in Die Schildgenossen, Jg. 2/1922
42 ebd. S. 97
43 ebd. S. 102
44 ebd. S. 106
45 ebd. S. 104
46 ebd.
47 Jugendbewegung vor dem Ende. Eine Abrechnung mit Romano Guardini und dem Quickborn, in Die Schildgenossen, Jg. 4, 1924
48 Jugendbewegung vor dem Ende? Eine Erwiderung an Albert Mirgeler, in Die Schildgenossen, Jg. 4, 1924
49 Eugen Biser, Interpretation und Veränderung. Werk und Wirken Romano Guardinis, Paderborn/München/Wien/Zürich 1979, S. 38
50 Albert Mirgeler, a.a.O. S. 26
51 ebd. S. 27
52 ebd. S. 95
53 ebd. S. 100
54 Pastorale Konstitution über die Kirche in der Welt von heute (Gaudium et spes), 9; 17.
55 Dogmatische Konstitution über die göttliche Offenbarung (Dei Verbum) 5
56 Max Seckler, Theologie vor Gericht. Der Fall Wilhelm Koch. – Ein Bericht, Tübingen 1972, S. 18
57 Eugen Biser, a.a.O. S. 102
58 Romano Guardini, Burg Rothenfels, Rückblick und Vorschau, in Werner Kindt, Die Deutsche Jugendbewegung, a.a.O. S. 696
59 Romano Guardini, Sorge um den Menschen, Würzburg 1962, S. 89 f.

60 Ludwig Neundörfer, Geschichte und Gestalt, in Heinrich Bachmann und Ludwig Neundörfer, a.a.O. S. 60
61 Heinrich Bachmann und Ludwig Neundörfer (Hrsg.), Der neue Anfang, a.a.O. S. 11
62 ebd. S. 17 f.
63 ebd. S. 16
64 Kurt Döbler, Diaspora, in Heinrich Bachmann und Ludwig Neundörfer (Hrsg.), Der neue Anfang, a.a.O. S. 52
65 Bernhard Strehler, Aus dem Werden und Leben Quickborns, a.a.O. S. 31
66 Ludwig Neundörfer, Geschichte und Gestalt, in Burg Rothenfels 1918–1928, a.a.O. S. 12
67 Ottmar Kerber, Wir Jüngeren und die Tagung, in Heinrich Bachmann und Ludwig Neundörfer, Der neue Anfang, a.a.O. S. 57
68 E. Filthaut O. P., Deutsche Katholikentage 1848–1958 und soziale Frage, Essen 1960, S. 275
69 Albert Müller, Katholikentag und Jugend, in Quickborn, Jg. 10 (1922/1923) S. 194
70 ebd.
71 Romano Guardini, Vom Sinn des Gehorchens, a.a.O. S. 33 ff
72 Robert Rocholl, Jüngere und Ältere im Quickborn, in Die Schildgenossen, 3. Jg. (1923), S. 167 f.
73 in Quickborn, Jg. 12 (1923), S. 37 f.
74 ebd. S. 37
75 ebd. S. 36
76 In Die Schildgenossen, Jg. 4 (1924), S. 363
77 Quickborn, Jg. 12 (1924)
78 Quickborn, Jg. 13 (1925), S. 3–6
79 Quickborn, ebd. S. 7
80 Godehard Ruppert, a.a.O. S. 25
81 Quickborn, Jg. 13 (1925), S. 8 und S. 98
82 ebd. S. 13
83 ebd.
84 Josef Emonds, Von einer Aussprache über die Abstinenz, in Die Schildgenossen, Jg. 5 (1924), S. 36
85 Quickborn, Jg. 13 (1926), S. 172 f.
86 Bericht über das Thing des Bundesrates vom 10.–11. Oktober 1926 auf Burg Rothenfels, in Quickborn, Jg. 14 (1926), S. 58
87 ebd. S. 59
88 Hermann Hoffmann, Bernhard Strehler, a.a.O. S. 94
89 Ludwig A. Winterswyl, Romano Guardini. Eigenart und Ertrag seines theologischen Werkes, in Hochland, Jg. 34 (1936/37), S. 373
90 Hermann Hoffmann, Im Dienste des Friedens, a.a.O. S. 184
91 Josepha Fischer-Erling, Gibt es ein Erbe der Jugendbewegung? S. 41

92 Bericht über das Thing des Bundesrates vom 10.–11. Oktober 1926 auf Burg Rothenfels, a.a.O. S. 54 f.
93 Bundestag Ostern 1927, in Quickborn, Jg. 15 (1927), S. 5–7
94 so Winfried M. Mogge, Der Quickborn, Kurzchronik, in Werner Kindt, Die Deutsche Jugendbewegung, a.a.O. S. 685
95 Hans Assmann, Brief an Hans Jörg Oeschger, 2. 4. 80
96 Bundesordnung, in Quickborn, Jg. 15 (1927), S. 1
97 Bundestag Ostern 1927, a.a.O. S. 5–7
98 Johannes Spörl, Kartage auf der Burg, in Quickborn, Jg. 15 (1927), S. 8 ff.
99 Bericht über Werk- und Bundestagung auf Burg Rothenfels im August 1927, in Quickborn, Jg. 15 (1927), S. 39 und 63
100 Josef Emonds, Von der Aussprache über Abstinenz, a.a.O. S. 35 f.
101 H. Z., Der Gautag des schlesischen Älterengaues, in Quickborn, Jg. 15 (1927), S. 33
102 Romano Guardini, Quickborn, Tatsachen und Grundsätze, Rothenfels 1922, S. 12
103 Anton Thill, Die Abstinenz. Das Rückgrat unseres Bundes, in Quickborn, Jg. 15 (1927), S. 77
104 Romano Guardini, Werk und Weg, in Quickborn, Jg. 15 (1928), S. 105
105 Rolf Ammann, Drei Briefe an Georg Volk, in Quickborn, Jg. 1931, S. 68
106 Romano Guardini, Das Gauleiterthing 1927, in Quickborn, Jg. 15 (1928), S. 105 f.
107 Bundestagung Quickborn 1928, in Quickborn, Jg. 16 (1928), S. 1
108 ebd. S. 6
109 Carl Degen, Gründung einer Wirtschaftsgilde, in Quickborn, Jg. 17 (1928), S. 11
110 Carl Degen, Bericht über die Werkwoche der Wirtschaftsgilde, in Rhein-Mainische Volkszeitung 1931
111 in Quickborn, Jg. 17 (1929), S. 70 f.
112 Konrad Theiss, Das Festthing – Ein Wort der Kritik, in Quickborn ebd. S. 75
113 Alexander Rüstow, a.a.O. S. 452
114 Lorenz Fischer, Zur Ostertagung, in Quickborn, Juni 1930, Seite 7–10
115 Bundesthing 1930, in Quickborn, ebd. S. 3–5
116 Herbert Hömig, Auf den Spuren der Thuringia Sacra, Kurt Döbler zum 80. Geburtstag, Würzburg 1980, S. 10
117 Toni Beck, Die heutige Aufgabe, in Quickborn, ebd. S. 185
118 Bundesthing 1930, a.a.O. S. 5
119 Walter Dirks, Der Oktoberkreis, in Quickborn, Januar 1931, S. 66–68
120 Georg Volk, Brief Rolf Ammann, in Quickborn, Januar 1931, S. 72
121 Kurt Jaroschek, Brief, in Quickborn, Januar 1931, S. 73
122 Bericht über das Thing des Bundesrates vom 10.–11. Oktober 1926 auf Burg Rothenfels, a.a.O. S. 57

123 Theodor Dietrich, Die Quickbornburg, in Ludwig Weiß, Rothenfels 1148–1948, Aschaffenburg 1949, S. 122 f.
124 Josef Außem, Tage auf Burg Rothenfels, in Die Schildgenossen, Jg. 5 (1924), S. 4 f.
125 Rudolf Schwarz, Die Bildungsstätte Burg Rothenfels am Main, in Quickborn, Jg. 14 (1926), S. 89 f.
126 Robert Keil, Burgbrief, Dezember 1929, S. 9
127 Wie wir gewachsen sind, in Quickborn, Jg. 14 (1926), S. 1
128 Romano Guardini, Die Jüngeren auf der Burg, in Burgbrief Dezember 1929, S. 12
129 Bundesschichtung und Bundesordnung in Quickborn, Jg. 13 (1925), S. 26
130 Wie wir gewachsen sind, a.a.O.
131 Bericht in Quickborn, Jg. 13 (1926), S. 168
132 Bundesführung und Bundesrat, in Quickborn, Jg. 14 (1926), S. 51–54
133 Thingbericht, in Quickborn, Jg. 14 (1926), S. 170
134 Hans Assmann, Nach Leipzig, in Rundbrief der Jungenschaft im Quickborn, Jg. 1930, Nr. 2
135 Vergl. Hans Jörg Oeschger, Dokumentation der Quickbornjungenschaft und der Deutschmeisterjungenschaft 1926–1936, Unvervöffentl. Manuskript S. 1
136 Alexander Rüstow, a.a.O. S. 457
137 Walter Laqueur, a.a.O. S. 161
138 ebd. S. 158
139 ebd. S. 193
140 Zum Ganzen Hans Jörg Oeschger, a.a.O.
141 Josef Simons, Anlage zur Dokumentation der Quickbornjungenschaft, Unveröffentl. Manuskript
142 Hans Jörg Oeschger, in Briefe der Jungenschaft Nr. 1 (1932), S. 2
143 Gaublatt der Franken-Jungenschaft, im Quickborn, Böhlgrund 1931
144 Rundbrief des Feldkaplans Anton Thill, ohne Datum
145 Walter Wilhelmi, Der Bund von 1926–1934, in Der Ringspiegel, o.J., S. 61 f.
146 Josef Simons, a.a.O.
147 ebd.
148 Walter Laqueur, a.a.O. S. 162
149 Josef Simons, a.a.O.
150 Golo Mann, a.a.O. S. 805
151 ebd. S. 837 ff.
152 Theorie des gegenwärtigen Zeitalters, Stuttgart, 1955, S. 169
153 ebd. S. 88
154 Burg Rothenfels, ohne Nummer, Juli 1933
155 Wilhelm Fiege, Burg Rothenfels von 1933–1945, in Ludwig Weiß (Hrsg.), a.a.O. S. 127

156 Arno Klönne, Gegen den Strom, Bericht über den Jugendwiderstand im Dritten Reich, Hannover u. Frankfurt/M. 1957, S. 73
157 Stichwort, Führungszeitschrift der Jugendbewegung 4/1979, S. 294 f.
158 Flugblatt 1933/34
159 Burgbrief 1939, 6/7, S. 46
160 Lorenz Fischer, Rundbrief an die Quickborn-Gauleiter und -Gauleiterinnen vom 24. März 1934
161 a.a.O.
162 Quickborn, Jg. 17 (1934), S. 43
163 Führerbrief der Quickbornjungen, Nr. 1 (29. August 1934)
164 Trudl Rettenmayer, Beim Mädchenkreis, in Quickborn, Jg. 19 (1936), S. 32
165 Quickborn, Jg. 20 (1937), S. 35
166 Quickborn, Jg. 20 (1937), Heft 5–7, S. 11 ff.
167 Quickborn, Jg. 19 (1936), S. 161
168 Wilhelm Mogge, 70 Jahre Quickborn, a.a.O. S. 71
169 Quickborn, Jg. 18 (1935), S. 6
170 ebd. S. 1
171 Quickborn, Jg. 20 (1937/38)
172 Quickborn, Jg. 17 (1934), S. 1
173 Quickborn, Jg. 20 (1938), Heft 10/12, S. 7 ff.
174 Wilhelm Mogge, Von Vierzehnheiligen zum Ludwigstein, in Wilhelm Mogge, Quickborntage auf Ludwigstein, Altenberg 1948, S. 7
175 Wilhelm Fiege, a.a.O. S. 129
176 Quelle: Erlanger Tageblatt 1939
177 Franz Cordier, Der Staatsanwalt und das Dritte Reich, in Ermlandbuch 1973
178 Quellen für diese Angaben sind Hans Jörg Oeschger, Dokumentation, Josef Heinrich Bachmann, Paul Zeller, Walter Wilhelmi und eigene Erfahrungen

Belebende Quellen

1 Die Schildgenossen, Jg. 2 (1921), S. 18 ff.
2 Quickborn, Jg. 14 (1926), S. 55
3 Quickborn, Jg. 14 (1926), S. 37
4 Quickborn, Jg. 17 (1929), S. 6
5 Felix Messerschmid, Burg Rothenfels, in Heinrich Fries und Ulrich Valeske (Hrsg.), Versöhnung, Frankfurt/M. 1975, S. 158
6 Romano Guardini, Klemens Neumann zum Gedächtnis, in Quickborn, Jg. 16 (1929), S. 37
7 Lorenz Fischer, Klemens Neumann, Schöpfer der Quickborn-Burg,

Spielmann Gottes, in Werkblätter-Bundesrundbrief des Quickborn, Jg. 1 (1948), Heft 7/8 (Juli/August), S. 10

8 Romano Guardini, Klemens Neumann zum Gedächtnis, a.a.O.

9 Lorenz Fischer, a.a.O.

10 Walter Dirks, Rede zur Abzeichenverleihung am Ende der Werkwoche der Mittelschicht des Bundes Quickborn, in Burgbrief 1954, Nr. 3/4

11 Heinrich Kahlefeld, Romano Guardini, in Burgbrief 1952, Nr. 4

12 Erich Reisch, Ein Deo Gratias für Klemens Neumann, in Heimatbrief der Katholiken des Erzbistums Breslau, 1978

13 Quickborn, Jg. 10 (1922/23), S. 31 ff.

14 Felix Messerschmid, Die Herkunft aus der Jugendbewegung, a.a.O. S. 56

15 ebd.

16 Bericht über das Thing des Bundesrates vom 10.–11. Oktober 1926 auf Burg Rothenfels, in Quickborn, Jg. 14 (1926), S. 56

17 Romano Guardini, Quickborn, a.a.O. S. 25 f.

18 Felix Messerschmid, Katholische Jugendbewegung, in Werner Kindt, Die Deutsche Jugendbewegung, a.a.O. S. 681

19 Heinrich Fleckenstein, 50 Jahre Bund Quickborn – 40 Jahre Burg Rothenfels, in Burgbrief 1960, Heft 1

20 Felix Messerschmid, Burg Rothenfels, in Heinrich Fries und Ulrich Valeske, Versöhnung, a.a.O. S. 158

21 Felix Messerschmid, Romano Guardini, in Gibt es ein Erbe Romano Guardinis?, a.a.O.

22 Helmut Kuhn, Romano Guardini, Der Mensch und sein Werk, München 1961, S. 39

23 Walter Dirks, Romano Guardini, in Hans Jürgen Schultz (Hrsg.) Tendenzen der Theologie im 20. Jahrhundert, Eine Geschichte in Porträts, a.a.O. S. 250

24 Felix Messerschmid, Romano Guardini, in Gibt es ein Erbe Romano Guardinis? a.a.O. S. 32

25 Felix Messerschmid, Burg Rothenfels, in Heinrich Fries und Ulrich Valeske (Hrsg.), Versöhnung, a.a.O. S. 158

26 Romano Guardini, Rede bei der Gedenkfeier am Pfingstmontag 1949, in Burgbrief 1949, Nr. 2

27 Josef Außem, Das Osterthing der Bundesleitung auf Burg Rothenfels, in Die Schildgenossen, Jg. 2 (1922), S. 256

28 Vgl. Georg Mahlich, Was ist Führertum? in Die Schildgenossen, Jg. 1 (1921); Anton Thill, Dürfen und können wir in der Jugendbewegung noch Führer haben? in Die Schildgenossen, Jg. 3 (1913)

29 a.a.O.

30 ebd. S. 28

31 Martin Schlütz, Führer und werdender Mensch, in Heinrich Bachmann und Ludwig Neundörfer, Der neue Anfang, a.a.O. S. 28

32 Bernhard Strehler, Aus dem Werden und Leben Quickborns, a.a.O. S. 13
33 Romano Guardini, Aus einem Jugendreich, Mainz 1921, S. 38 f.
34 Felix Raabe, a.a.O. S. 194
35 ebd. S. 91
36 Josef Pieper, a.a.O. S. 49
37 Waldemar Gurion, a.a.O. S. 44 f.
38 Robert Rocholl, Wandervogel und Quickborn, in Quickborn, Jg. 10 (1922), S. 34 ff.
39 Franz Henrich, a.a.O. S. 167
40 ebd. S. 159
41 Wilhelm Grenzmann, Geist und Gestalt des Bundes Neu-Deutschland, in Bund ND, Jg. 3, Nr. 6, S. 4
42 Franz Henrich, a.a.O. S. 178
43 a.a.O. S. 30 f.
44 Vgl. Quickborn, Jg. 7 (1919/20), S. 127
45 Romano Guardini, Katholische Jugendgemeinschaft, in Quickborn, Jg. 8 (1921), S. 242 ff.
46 in Quickborn, Jg. 8 (1921), S. 245
47 Franz Henrich, a.a.O. S. 33
48 Romano Guardini, Quickborn. Tatsachen und Grundsätze, a.a.O. S. 33
49 Walter Dirks, Rede zur Abzeichenverleihung, a.a.O.
50 Albert Burgmaier, Jungborn, Kurzchronik in Werner Kindt (Hrsg.), Die Deutsche Jugendbewegung, a.a.O. S. 719 f., und P. Schick, Jungborn, Ein selbständiger Bund, in Jungborn, Sonderheft über das 2. Bundesthing 1923 in Fulda
51 Quickborn und Jungborn, in Quickborn, Jg. 9 (1921), S. 71
52 Hugo Schnell, Hochland und Abstinenz, in Neues Studententum, Jg. 9, S. 62
53 Hochland, in Quickborn, Jg. 13 (1926), S. 7
54 Vgl. Neues Studententum, Jg. 9, Heft 2/3
55 ebd. Jg. 2, Heft 5/6; Jg. 8, Heft 3
56 ebd. Jg. 8, Heft 2 und 4; Jg. 9, Heft 4/5
57 ebd. Jg. 8, Heft 3 und 6
58 Konrad Theiss, Das Studententhing, in Quickborn, Jg. 15 (1927), S. 14 f.
59 Johannes Friedrich, Quickborn und Staffelstein, in Quickborn, Jg. 9 (1921),S. 41
60 Walter Vogels, Die deutsche Jugendbewegung und die katholische Jugend, in Sobrietas, Jg. 1963, S. 89

Auswirkungen

1 Karl Holzamer, Person, Personalismus, in Lexikon der Pädagogik, Band III, Freiburg 1962, S. 197 f.
2 Paul Schmidt, a.a.O. S. 65
3 Ignaz Zangerle, Die Situation der Kirche in der Sicht Romano Guardinis, in Gibt es ein Erbe Romano Guardinis?, a.a.O. S. 43
4 Würzburg 1952
5 Welt und Person, Würzburg 1950, S. 136 f.
6 ebd. S. 107
7 Jörg Splett, Zum Person-Begriff Romano Guardinis, in Gibt es ein Erbe Romano Guardinis?, a.a.O. S. 64
8 Hans Eduard Hengstenberg, Philosophische Anthropologie, Stuttgart 1957, S. 85
9 Romano Guardini, Freiheit und Unabänderlichkeit, in Die Schildgenossen, Jg. 7 (1927), S. 268 ff.
10 Der Heilige der Unscheinbarkeit, in Katechetische Blätter, Jg. 102 (1977), S. 677
11 Romano Guardini, Welt und Person, a.a.O. S. 110
12 ebd. S. 139
13 Ursula Berning-Baldeaux, Person und Bildung im Denken Romano Guardinis, Würzburg 1968, S. 52
14 Walter Dirks, Rede zur Abzeichenverleihung, in Burgbrief, a.a.O. S. 26
15 Mainz 1930, zuerst erschienen in Quickborn
16 Romano Guardini, Grundlegung der Bildungslehre, in Die Schildgenossen, Jg. 8/1928, S. 331
17 Eugen Biser, Interpretation und Veränderung, a.a.O. S. 107
18 a.a.O. S. 107
19 Grundlegung der Bildungslehre, a.a.O. S. 329
20 Walter Dirks, Rede zur Abzeichenverleihung, a.a.O.
21 Romano Guardini, Grundlegung der Bildungslehre, a.a.O. S. 335
22 ebd. S. 336
23 a.a.O. S. 9
24 Helene Helming, Von der Nähe der Dinge im christlichen Dasein, in Karlheinz Schmidhüs (Hrsg.), Christliche Verwirklichung, a.a.O. S. 18
25 Romano Guardini, Grundlegung der Bildungslehre, a.a.O. S. 337
26 Walter Dirks, Rede zur Abzeichenverleihung, a.a.O.
27 Lumen gentium 31
28 Josepha Fischer, Zu unserem Beginnen, in Mädchen Werkblatt im Quickborn, Jg. 1 (1929), S. 1
29 Toni Petarek, Älterenthing auf dem Gautag des Mittelrheins, in Mädchen Werkblatt im Quickborn, Jg. 2 (1930), S. 34
30 Magdalena Musial, Die Rolle des Mädchens in der Jugendbewegung, a.a.O. S. 23

31 Elisabeth Niewöhner, Der Kreis um Josepha Fischer, in Mädchen Werkblatt im Quickborn, Jg. 1 (1929), S. 33
32 Idamarie Solltmann, »Alles ist Euer, Ihr aber seid Christi«, in Karlheinz Schmidthüs (Hrsg.), Christliche Verwirklichung, a.a.O. S. 13
33 Magdalena Musial, a.a.O. S. 31
34 Vgl. Quickborn, Jg. 13, Heft 3/4
35 1. Auflage erschien Heidelberg 1936
36 Breslau 1935
37 Düsseldorf 1939
38 Heinrich Lutz, Demokratie im Zwielicht. Der Weg der deutschen Katholiken aus dem Kaiserreich in die Republik, 1914–1925, München 1963
39 Felix Messerschmid, Katholische Jugendbewegung, in Werner Kindt, Die Deutsche Jugendbewegung, a.a.O. S. 682
40 Ignaz Zangerle, a.a.O. S. 42
41 ebd. S. 41
42 Felix Messerschmid, Die Herkunft aus der Jugendbewegung, a.a.O. S. 57
43 Walther Dirks, Anfänge und Folgen katholischer Jugendbewegung, in Elisabeth Korn, Otto Suppert, Karl Vogt, a.a.O. S. 249
44 Norbert Glatzel, Soziologische Aspekte der Seelsorgerrolle, in Stimmen der Zeit, Jg. 96 (1971), S. 36
45 Paul VI., Über die Seelsorge in unserer Zeit, in Herder Korrespondenz, Jg. 18 (1963), S. 23 f.
46 Felix Messerschmid, Herkunft aus der Jugendbewegung, a.a.O. S. 58
47 Felix Messerschmid, Katholische Jugendbewegung, a.a.O. S. 682
48 Felix Messerschmid, Herkunft aus der Jugendbewegung, a.a.O. S. 36
49 Franz Henrich, a.a.O. S. 334
50 Heinrich Lutz, a.a.O. S. 94
51 Vgl. Die Dogmatische Konstitution des 2. Vatikanum über die Kirche Lumen gentium, Nr. 33
52 Felix Messerschmid, Burg Rothenfels, in Heinrich Fries und Ulrich Valeske (Hrsg.), Versöhnung, a.a.O. S. 163
53 Lumen gentium 32
54 ebd. 34
55 Anton Mayer, Liturgie und Laientum, in Wiederbegegnung von Kirche und Kultur in Deutschland, a.a.O. S. 227 f.
56 Heinrich Lutz, a.a.O. S. 93 f.
57 a.a.O. S. 184
58 Dekret über das Laienapostolat Apostolicam actuositatem, 4
59 Romano Guardini, Liturgie und liturgische Bildung, Würzburg 1966, S. 25
60 Anton Mayer, a.a.O. S. 228
61 Ignaz Zangerle, a.a.O. S. 42

62 Walter Dirks, Anfänge und Folgen katholischer Jugendbewegung, in Elisabeth Korn, Otto Suppert, Karl Vogt, a.a.O. S. 248 f.
63 Romano Guardini, Liturgische Bildung, Rothenfels 1923, S. 15
64 ebd. S. 22
65 Romano Guardini, Von heiligen Zeichen, Mainz o.J., S. 7
66 Romano Guardini, Vom Geist der Liturgie, Freiburg 1953, S. 82, zuerst erschienen 1918
67 ebd. S. 60
68 Romano Guardini, Liturgische Bildung, a.a.O. S. 44
69 Romano Guardini, Vom Geist der Liturgie, a.a.O. S. 92
70 Walter Birnbaum, Das Kultusproblem und die liturgischen Bewegungen des 20. Jahrhunderts. Band 1: Die deutsche katholische liturgische Bewegung, Tübingen 1966, S. 46
71 Franz Henrich, a.a.O. S. 78
72 Homo ludens, Versuch einer Bestimmung des Spielelementes der Kultur, Amsterdam 1949
73 Vom Spielraum der Freiheit, 2. Aufl., Basel/Stuttgart 1966
74 Gustav Bally, a.a.O. S. 101
75 Alfons Auer, Ist Unterhaltung vertane Zeit? Überlegungen zur Unterhaltung in den Massenmedien aus der Sicht einer theologischen Ethik, in Stimmen der Zeit, Jg. 105 (1980), S. 745 f.
76 Godehard Ruppert, a.a.O. S. 38
77 Romano Guardini, Vom Geist der Liturgie, a.a.O. S. 104
78 ebd. S. 45
79 ebd. S. 48
80 Hermann Hoffmann, in Quickborn, Jg. 10 (1922/23), S. 191
81 Felix Messerschmid, Liturgie in der Gemeinde, in Die Schildgenossen, Jg. 17 (1938), S. 209
82 Linus Bopp, Liturgie und Lebenserneuerung, Maitingen 1948, S. 35
83 Franz Henrich, a.a.O. S. 125
84 Godehard Ruppert, a.a.O. S. 35
85 Felix Messerschmid, Liturgie in der Gemeinde, a.a.O. S. 217
86 Felix Messerschmid, in In memoriam Heinrich Kahlefeld, Frankfurt/M. 1980, S. 19
87 Franz Henrich, a.a.O. S. 334
88 Romano Guardini, Das Bild der Gottesmutter in der Burgkapelle zu Rothenfels. Eine Ansprache, in Die Schildgenossen, Jg. 9 (1929), Seite 1 f.
89 Vgl. zum folgenden Godehard Ruppert, a.a.O. S. 29 ff.
90 Über Baukunst, in Die Schildgenossen, Jg. 4 (1924), S. 277
91 Altar, in Die Schildgenossen, Jg. 16 (1937), S. 136
92 Aus einem Lehrbuch des Kirchenbaues, in Karlheinz Schmidthüs (Hrsg.), Christliche Verwirklichung, a.a.O. S. 37
93 Neues Bauen, in Die Schildgenossen, Jg. 9 (1929), S. 214

94 Felix Messerschmid, Burg Rothenfels, in Heinrich Fries und Ulrich Valeske in Versöhnung, a.a.O. S. 165
95 Walter Dirks, Anfänge und Folgen katholischer Jugendbewegung, in Elisabeth Korn, Otto Suppert, Karl Vogt (Hrsg.), a.a.O. S. 250
96 Hermann Hoffmann, Im Dienste des Friedens, a.a.O. S. 243 f.
97 Theodor Wilhelm, Der geschichtliche Ort der deutschen Jugendbewegung, in Werner Kindt, Grundschriften der Jugendbewegung, a.a.O. S. 7–29; Erich Weniger, Die Jugendbewegung und ihre kulturelle Auswirkung, ebd. S. 525–555
98 Erste Auflage erschien 1887, 8. Aufl. 1935, Neudruck Darmstadt 1963
99 a.a.O. S. 79 f.
100 Walter Laqueur, a.a.O. S. 255
101 Max Jordan, Rückkehr nach Deutschland. Ein Brief, in Die Schildgenossen, Jg. 11 (1931), S. 169
102 Romano Guardini, Das Ende der Neuzeit. Ein Versuch zur Orientierung, Würzburg 1950, S. 98 f.
103 ebd. S. 94
104 Romano Guardini, Quickborn, a.a.O. S. 16
105 Quickborn, Jg. 1927, Heft 3/4
106 Ignaz Zangerle, a.a.O. S. 45
107 Paul Schmidt, a.a.O. S. 124
108 Karl O. Paetel, a.a.O. S. 190
109 Klaus von Bismarck, Die Geschichte von den mißbrauchten Idealisten, in Frankfurter Hefte, Jg. 4 (1949), S. 750
110 Romano Guardini, Quickborn, a.a.O. S. 9
111 ebd.
112 Vilma Mönckeberg-Kollmar, Romano Guardini auf Burg Rothenfels, Pfingsten 1924, in Katechetische Blätter, Jg. 102 (1927), S. 664
113 Felix Messerschmid, Musik in Gemeinschaft und Volk, in Die Schildgenossen, Jg. 8 (1928), S. 339
114 Klemens Neumann, Werkschaffen. Die Singewoche im Heimgarten Neisse-Neuland, in Quickborn, Jg. 13 (1925), S. 40
115 ebd. S. 41
116 Felix Messerschmid, Musik in Gemeinschaft und Volk, a.a.O. S. 403
117 Romano Guardini, Quickborn, a.a.O. S. 17
118 Felix Messerschmid, Unser Singen, in Quickborn, Jg. 16 (1928), S. 13 f.
119 Klemens Neumann, Werkschaffen, a.a.O. S. 41 f.
120 Hermann Hoffmann, Prof. Klemens Neumann, a.a.O. S. 125 f.
121 Fritz Jöde, Die singende Jugend und die Musik, in Elisabeth Korn, Otto Suppert, Karl Vogt (Hrsg.), a.a.O. S. 60
122 Felix Messerschmid, Das neue Werk, in Die Schildgenossen, Jg. 7 (1927), S. 544
123 Fritz Jöde, a.a.O. S. 63
124 ebd. S. 65

125 Quickborn, a.a.O. S. 13
126 Rudolf Christl, Die Jugend und ihre Tänze, in Elisabeth Korn, Otto Suppert, Karl Vogt (Hrsg.), a.a.O. S. 88 ff.
127 Klemens Neumann, Laßt uns singen und fröhlich sein. Ein Wort vom Werden und Ursprung des neuen Spiels, in G. Gerst (Hrsg.), Gemeinschaftsbühne und Jugendbewegung, Frankfurt/M. 1924
128 Vom Laienspielkreis, in Quickborn, Jg. 16 (1928), S. 42 f.
129 Alwin Müller, Laienspiel – Spiel der Gemeinschaft, in Elisabeth Korn, Otto Suppert, Karl Vogt (Hrsg.), a.a.O. S. 70
130 ebd. S. 74
131 ebd.
132 Die Schildgenossen, Jg. 5/1924, S. 88–91
133 Hermann Fuhrich, Der Heimgarten, Dülman o.J., S. 124 ff.
134 Franz Pöggeler, Katholische Erwachsenenbildung, Ratingen 1957, S. 47
135 Ernst Laslowski, Der Heimgarten, in Erwachsenenbildung, Jg. 6 (1960), S. 153
136 Erich Reisch, Die Dozenten der 4. Hochschulwoche, in Der Oberschlesier, 1926, S. 8
137 Ernst Laslowski, Der Heimgarten, a.a.O. S. 155
138 Hermann Fuhrich, a.a.O. S. 180
139 Felix Messerschmid, Aus der Herkunft der Jugendbewegung, a.a.O. S. 57
140 Mainz 1927
141 Erich Reisch, Zu zeitlichen und inneren Anfängen von Erwachsenenbildung, in Franz Henrich, Hermann Kaiser (Hrsg.), Erwachsenenbildung, a.a.O. S. 40
142 1. Auflage Mainz 1925
143 Eugen Biser, a.a.O. S. 29
144 Eugen Biser, ebd.
145 Erich Reisch, Zu zeitlichen und inneren Anfängen von Erwachsenenbildung, a.a.O. S. 37 f.
146 Ludwig A. Winterswyl, a.a.O. S. 266 f.
147 Paul Schmidt, a.a.O. S. 38
148 ebd. S. 63
149 ebd. S. 183 f.
150 Walter Dirks, Anfänge und Folgen katholischer Jugendbewegung, in Elisabeth Korn, Otto Suppert, Karl Vogt (Hrsg.), a.a.O. S. 248
151 Hans Bohnenkamp, Jugendbewegung und Schulreform, in Elisabeth Korn, Otto Suppert, Karl Vogt (Hrsg.), a.a.O. S. 37 ff.
152 H. M. Elzer, Jugendbewegung, in Pädagogisches Lexikon, Band 1, Gütersloh 1970, S. 1363
153 Paul Hastenteufel, Verlorenes Paradies? Die Jugendbewegung in heutiger Sicht, in Hochland, Jg. 58 (1965), S. 47

154 ebd. S. 44
155 Erich Reisch, Ein Deo Gratias für Klemens Neumann, a.a.O.
156 Carl Amery, »Vergiß nicht das Feuer«, Sendung im 2. Programm des Bayerischen Rundfunks, 1. 3. 1964
157 Walter Laqueur, a.a.O. S. 256
158 Rolf Trauzettel, a.a.O. S. 173 f.
159 Waldemar Besson, Württemberg und die deutsche Staatskrise 1928–1933, Stuttgart 1959, S. 11
160 Heinrich Lutz, a.a.O. S. 119
161 Walter Z. Laqueur, a.a.O. S. 150
162 Romano Guardini, Rettung des Politischen, in Die Schildgenossen, Jg. 4 (1924), S. 112
163 Max Jordan, a.a.O. S. 171
164 Felix Raabe, a.a.O. S. 192
165 Heinrich Lutz, a.a.O. S. 121
166 Friedrich Heer, Werthers Weg in den Underground, a.a.O. S. 75
167 Felix Messerschmid, Burg Rothenfels, in Heinrich Fries und Ulrich Valeske, Versöhnung, a.a.O. S. 161
168 Walter Dirks, Jugendbewegung vor dem Ende? in Walter Dirks, Erbe und Aufgabe. Gesammelte kulturpolitische Aufsätze, Frankfurt/M. 1931, S. 28
169 Toni Beck, Die heutige Aufgabe, a.a.O. S. 185 f.
170 Helmut Schelsky, a.a.O. S. 55
171 Jugendbewegung vor dem Ende? a.a.O. S. 29
172 August H. Berning, Die realpolitischen Zustände, in Die Schildgenossen, Jg. 3/1923, S. 185
173 Vgl. Kurt Döbler, Sachliche und unsachliche Politik, in Herbert Hömig, Thuringia Sacra, a.a.O. S. 25
174 Friedrich Heer, Werthers Weg in den Underground, a.a.O. S. 66
175 Walter Dirks, Rede zur Abzeichenverleihung, a.a.O.
176 Bernhard Hanßler, Das alte und das neue Rothenfels, in Burgbrief 2/1960
177 Karl Dietrich Bracher, Die Auflösung der Weimarer Republik, Stuttgart u. Düsseldorf 1955, S. 129
178 Paul Hastenteufel, Selbstand und Widerstand, a.a.O. S. 77
179 Rettung des Politischen, a.a.O. S. 117
180 Klaus Breuning, Die Vision des Reiches. Deutscher Katholizismus zwischen Demokratie und Diktatur (1928–1934), München 1969, S. 89
181 Ignaz Zangerle, a.a.O. S. 48
182 Josef Außem, Aus einem politischen Arbeitskreis, in Die Schildgenossen, Jg. 4 (1924), S. 111
183 Karl Buchheim, Der deutsche Verbandskatholizismus. Eine Skizze seiner Geschichte, in Bernhard Hanßler, Die Kirche in der Gesellschaft, a.a.O. S. 81

184 Felix Raabe, a.a.O. S. 113
185 Albert Wissler, Demokratie und Massenstaat als Problem staatsbürgerlicher Bildung, in Die Schildgenossen, Jg. 6 (1926), S. 352
186 Werner Becker, Demokratie und moderner Massenstaat, in Die Schildgenossen, Jg. 5/1925, S. 477
187 August H. Berning, Politik und Jugend, in Die Schildgenossen, Jg. 2 (1922), S. 246
188 Godehard Ruppert, a.a.O. S. 73
189 W. Engel, Godesberger Merkwürdigkeiten, in Die Schildgenossen, Jg. 2 (1922), S. 367
190 Romano Guardini, Staat in uns, in Briefe über Selbstbildung, Mainz o. J. S. 162 f.
191 Hans Jörg Oeschger, Nationaler Sozialismus, in Werkblatt der Älteren im Quickborn, 1931, S. 167
192 Rolf Ammann, Die Aufgabe, in Werkblatt der Älteren im Quickborn, 1930, S. 5 f.
193 Die Demokratie, in Werkblatt der Älteren im Quickborn, 1930, S. 25
194 ebd. S. 28 f.
195 ebd. S. 29
196 Karl Dietrich Bracher, a.a.O. S. 93
197 Golo Mann, a.a.O. S. 784
198 Alexander Rüstow, a.a.O. S. 444
199 Ernst Laslowski, Katholische Jugendbewegung und Politik, in Fest und Arbeit. Vom Schaffen des schlesischen Groß-Quickborn, a.a.O. S. 31
200 Ernst Niffka, Deutsche katholische Jugend und Politik, in Richard Thurnwald (Hrsg.), Die neue Jugend IV, a.a.O. S. 92
201 Josef Außem, Aus einem politischen Arbeitskreis, a.a.O. S. 108
202 Felix Raabe, a.a.O. S. 109
203 August H. Berning, Politik und Jugend, a.a.O. S. 249
204 August H. Berning, Politische Jugend, in Die Schildgenossen, Jg. 3 (1923), S. 180
205 August H. Berning, Von politischen Grundkräften. Gedanken über Staat und Partei, in Die Schildgenossen, Jg. 4 (1924), S. 143
206 Felix Raabe, a.a.O. S. 109
207 ebd. S. 113
208 Jungenschaft und Politik, in Quickborn, Jg. 14 (1926), S. 45
209 Josef Stegmann, Um Demokratie und Republik. Zur Diskussion im deutschen Katholizismus der Weimarer Zeit, in Wilhelm Weber (Hrsg.), Jahrbuch für christliche Sozialwissenschaften, a.a.O. S. 123
210 Heinrich Lutz, a.a.O. S. 102
211 Josef Emonds, Dixit turbis, a.a.O. S. 205
212 Romano Guardini, Rettung des Politischen, a.a.O. S. 114
213 ebd. S. 115
214 Romano Guardini, Staat in uns, a.a.O. S. 160

215 Romano Guardini, Liturgische Bildung, a.a.O. S. 49
216 Romano Guardini, Rettung des Politischen, a.a.O. S. 115
217 Klaus Breuning, a.a.O. S. 89 f.
218 Karlheinz Schmidthüs, Deutschland in Europa. Zu den Büchern Giselher Wirsings, in Die Schildgenossen, Jg. 13 (1933–34), S. 536
219 Christian Graf von Krockow, Die Entscheidung. Eine Untersuchung über Ernst Jünger, Carl Schmitt, Martin Heidegger, Stuttgart 1958, S. 95 f.
220 Karl Neundörfer, Politische Form und religiöser Glaube. Eine Bücherschau, in Die Schildgenossen, Jg. 5 (1925), S. 331
221 Werner Becker, Demokratie und moderner Massenstaat, a.a.O. S. 477
222 Josef Stegmann, a.a.O. S. 124
223 Eine politische Partei der Jugend? in Die Schildgenossen, Jg. 8 (1928), S. 133
224 Heinrich Lutz, a.a.O. S. 155 f.
225 Paul Arnold van Leewen, Moeller van den Bruck, in Die Schildgenossen, Jg. 6 (1926), S. 92
226 Josef Stegmann, a.a.O. S. 123 f.
227 ebd.
228 Heinrich Lutz, a.a.O. S. 113
229 ebd. S. 110
230 ebd. S. 116
231 Oskar Köhler, Jugendbewegung, a.a.O. S. 690
232 Eduard Spranger, a.a.O. S. 75
233 Klaus von Bismarck, a.a.O. S. 750
234 Heinrich Lutz, a.a.O. S. 103 f.
235 Walter Laqueur, a.a.O. S. 215
236 Klaus von Bismarck, a.a.O. S. 755
237 Walter Dirks, 50 Jahre Burg Rothenfels, a.a.O. S. 4
238 Walter Dirks, Anfänge und Folgen der katholischen Jugendbewegung, a.a.O. S. 247
239 Vgl. E. R., Vom Gehorchen, in Quickborn, Jg. 18 (1935), S. 27; L. u. J. Funk, Gedanken aus einem Arbeitskreis, in Quickborn, Jg. 18 (1935), S. 6
240 Werner Ferber, Romano Guardini (1885–1968) in Rudolf Morsey (Hrsg.), Zeitgeschichte in Lebensbildern. Aus dem deutschen Katholizismus des 20. Jahrhunderts, a.a.O. S. 293
241 Paul Hastenteufel, Jugend und Jugendseelsorge, Geschichte und Probleme der katholischen Jugendarbeit im 20. Jahrhundert, München 1962, S. 28
242 Friedrich Heer, Werthers Weg in den Underground, a.a.O. S. 72
243 Karl O. Paetel, a.a.O. S. 174
244 Rolf Ammann, Ins 3. Reich, in Werkblatt der Älteren im Quickborn, o.J., 1930/31, S. 102

245 ebd.
246 Jungenschaft und Politik, a.a.O. S. 44
247 Felix Raabe, a.a.O. S. 97
248 Heinrich Lutz, a.a.O. S. 119
249 Romano Guardini, Gedanken über politische Bildung, in Die Schildgenossen, Jg. 13 (1933/34), S. 177 u. 180; zuerst veröffentlicht 1926 in dem Sammelband Staatsbürgerliche Erziehung
250 ebd. S. 180
251 Felix Messerschmid, Katholische Jugendbewegung, a.a.O. S. 683
252 Angela Rozumek, a.a.O. S. 119
253 Romano Guardini, Gedanken über politische Bildung, a.a.O. S. 117
254 Walter Dirks, 50 Jahre Burg Rothenfels, a.a.O. S. 5
255 Doris Knab, Zum Tode von Felix Messerschmid, in Christ in der Gegenwart, Jg. 33 (1981), 5. April, S. 116
256 Felix Raabe, a.a.O. S. 99
257 Hermann Hoffmann, Klemens Neumann, a.a.O. S. 154
258 Hermann Hoffmann, Im Dienste des Friedens, a.a.O. S. 220
259 Karl O. Paetel, a.a.O. S. 91
260 Paul Hastenteufel, Verlorenes Paradies? Die Jugendbewegung in heutiger Sicht, a.a.O. S. 45
261 Johannes Beil, In Urwald und Großstadt Brasiliens. Ein Menschenleben im Dienste der Seelsorge und der sozialen Entwicklung, Aalen 1967, S. 21 ff; Konrad Theiss, Jugend-Gemeinschaftssiedlung »Heimat« Brasilien, Freiburg/Br. 1933
262 Ludwig Neundörfer, Arbeitsdienst, in Quickborn 1931, S. 140 f.
263 Konrad Theiss, Kameraden im Arbeitsdienst, Freiburg/Br., o.J.
264 Theodor Wilhelm, Einleitung zu Werner Kindt (Hrsg.), Grundschriften der Jugendbewegung, a.a.O. S. 29
265 Daniel Bell, Die Zukunft der westlichen Welt, Frankfurt/M. 1976, S. 103
266 Kurt Sontheimer, Der Bewußtseinswandel in unserer Gesellschaft, Sonderdruck o.J.
267 Werner Becker, Zum Eisernen Priesterjubiläum von Hermann Hoffmann, a.a.O.
268 Hansdieter Reimer, Die neuen »Jugendreligionen«, in Herder Korrespondenz, Jg. 31 (1977), S. 262 f.
269 Walter Dirks, Quickborns Kampf um den Bund, in Werner Kindt (Hrsg.), Die Deutsche Jugendbewegung, a.a.O. S. 693
270 Felix Raabe, a.a.O. S. 45
271 Felix Messerschmid, Herkunft aus der Jugendbewegung, a.a.O. S. 57
272 Zur Ideologie der Jugendbewegung, a.a.O. S. 169
273 Heinrich Lutz, a.a.O. S. 93
274 Oskar Köhler, Jugendbewegung, a.a.O. S. 691
275 pl. Das Erbe der Jugendbewegung in Kirche und Welt, in Christ in der Gegenwart, Jg. 32 (1980), Nr. 12 vom 23. 3. 1980, S. 100

276 Felix Messerschmid, Katholische Jugendbewegung, a.a.O. S. 682
277 Heinrich Lutz, a.a.O. S. 112
278 pl. a.a.O.
279 Walter Laqueur, a.a.O. S. 7
280 Walter Dirks, Anfänge und Folgen der katholischen Jugendbewegung, in Elisabeth Korn, Otto Suppert, Karl Vogt (Hrsg.), a.a.O.
281 Felix Raabe, a.a.O. S. 201 f.
282 Felix Messerschmid, Katholische Jugendbewegung, a.a.O. S. 685
283 Karl Bracher, a.a.O. S. 129
284 R. G. in Quickborn, Jg. 10 (1922/23), S. 17
285 Felix Raabe, a.a.O. S. 50
286 Josef Pieper, a.a.O. S. 43
287 ebd. S. 41
288 Karl Bracher, a.a.O. S. 130
289 Bernhard Hanßler, Das alte und das neue Rothenfels, a.a.O.
290 Walter Laqueur, a.a.O. S. 255
291 Franz Henrich, a.a.O. S. 106
292 Vgl. Hans Eduard Hengstenberg, Christliche Askese, a.a.O.

Literatur und Quellen

Amery, Carl: »Vergiß nicht das Feuer.« Sendung im 2. Programm des Bayerischen Rundfunks, 1. 3. 1964
Ammann, Rolf: Die Aufgabe, in Werkblatt der Älteren im Quickborn, 1930
–: Ins Dritte Reich, in Werkblatt der Älteren im Quickborn, 1930/31
–: Drei Briefe an Georg Volk, in Quickborn, Jg. 1931
Assmann, Hans: Brief an Hans Jörg Oeschger, 2. 4. 1980, unveröffentlicht
–: Nach Leipzig, in Rundbrief der Jungenschaft, in Quickborn, 1930, Nr. 2
Aubert, Roger: Die modernistische Krise, in Handbuch der Kirchengeschichte, Band VI, 2, Freiburg/Br. 1973
–: Pius X., ein konservativer Reformpapst, ebd.
Auer, Alfons: Ist Unterhaltung vertane Zeit? Überlegungen zur Unterhaltung in den Massenmedien aus der Sicht einer theologischen Ethik, in Stimmen der Zeit, Jg. 105 (1980)
Aufmuth, Ulrich: Die deutsche Wandervogelbewegung unter soziologischem Aspekt, Göttingen 1979
Außem, Josef: Das Osterthing der Bundesleitung auf Burg Rothenfels, in Die Schildgenossen, Jg. 2 (1922)
–: Krise der Jugendbewegung, in Die Schildgenossen, Jg. 4 (1924)
–: Aus einem politischen Arbeitskreis, in Die Schildgenossen, Jg. 4 (1924)
–: Tage auf Burg Rothenfels, in Die Schildgenossen, Jg. 5 (1924/25)
Bachmann, Heinrich: Vom Amt, in Quickborn, Jg. 20 (1937), Heft 5–7
–: Das Geheimnis ist groß, Düsseldorf 1939
Bachmann, Heinrich und Neundörfer, Ludwig: Der neue Anfang, 4. Quickborntag 1922, Burg Rothenfels 1922
Ballmann, Willibrord, OSB: Quickborn und Liturgie, in Hermann Hoffmann, Wehender Geist, a.a.O.
Bally, Gustav: Vom Spielraum der Freiheit, 2. Aufl. Basel/Stuttgart 1966
Beck, Toni: Die heutige Aufgabe, in Quickborn, Juni 1930
Becker, Werner: Demokratie und moderner Massenstaat, in Die Schildgenossen, Jg. 5 (1925)

–: Zum eisernen Priesterjubiläum Hermann Hoffmanns, in Werner Becker und Bruno Radom (Hrsg.), Ökumenische Menschen, a.a.O.
Becker, Werner und Bruno Radom: Ökumenische Menschen. Hermann Hoffmann als Festgabe zum 90. Geburtstag gewidmet, Leipzig 1970
Beil, Johannes: In Urwald und Großstadt Brasiliens. Ein Menschenleben im Dienste der Seelsorge und der sozialen Entwicklung, Aalen 1967
Bell, Daniel: Die Zukunft der westlichen Welt, Frankfurt/M. 1976
Bergsträsser, Arnold u. Hermann Platz: Jugendbewegung und Universität, Karlsruhe 1927
Bericht über das Thing des Bundesrates vom 10.–11. Oktober 1926 auf Burg Rothenfels, in Quickborn, Jg. 14 (1926)
Bericht über Werk- und Bundestagung auf Burg Rothenfels im August 1927, in Quickborn, Jg. 15 (1927)
Berning, August H.: Politik und Jugend, in Die Schildgenossen, Jg. 2 (1922)
–: Die realpolitischen Zustände, in Die Schildgenossen, Jg. 3 (1923)
–: Politische Jugend, in Die Schildgenossen, Jg. 3 (1923)
–: Von politischen Grundkräften. Gedanken über Staat und Partei, in Die Schildgenossen, Jg. 4 (1924)
Berning-Baldeaux, Ursula: Person und Bildung im Denken Romano Guardinis, Würzburg 1968
Besson, Waldemar: Württemberg und die deutsche Staatskrise 1928–1933, Stuttgart 1959
Birnbaum, Walter: Das Kultusproblem und die liturgischen Bewegungen des 20. Jahrhunderts. – Band 1: Die deutsche katholische liturgische Bewegung, Tübingen 1966
Biser, Eugen: Interpretation und Veränderung. Werk und Wirken Romano Guardinis, Paderborn/Wien/Zürich 1979
von Bismarck, Klaus: Die Geschichte von den mißbrauchten Idealisten, in Frankfurter Hefte, Jg. 4 (1949)
Bohnenkamp, Hans: Jugendbewegung und Schulreform, in Elisabeth Korn, Otto Suppert, Karl Vogt (Hrsg.), Die Jugendbewegung, a.a.O.
Bondy, Max: Jugendbewegung und Katholizismus, in Die Schildgenossen, Jg. 2 (1921/22) und Jg. 2 (1922)
Böninghaus, Ernst: Zwei Arten zu beten, in Stimmen der Zeit, 100. Band, (1921)
Bopp, Linus: Liturgie und Lebenserneuerung, Maitingen 1948
Boumann, Peter Jan: Kultur und Gesellschaft der Neuzeit, Olten und Freiburg/Br. 1962
Bracher, Karl Dietrich: Die Auflösung der Weimarer Republik, Stuttgart und Düsseldorf 1955
Breuning, Klaus: Die Vision des Reiches. Deutscher Katholizismus zwischen Demokratie und Diktatur (1928–1934), München 1969
Brington, Crane: Ideen und Menschen, Stuttgart 1974
Buchheim, Karl: Der deutsche Verbandskatholizismus. Eine Skizze seiner

Geschichte, in Bernhard Hanßler (Hrsg.), Die Kirche in der Gesellschaft, a.a.O.
Bundesschichtung und Bundesordnung, in Quickborn, Jg. 13 (1925)
Bundestag Ostern 1927, in Quickborn, Jg. 15 (1927)
Bundestagung Quickborn 1928, in Quickborn, Jg. 16 (1928)
Bundesthing 1930, in Quickborn, Juni 1930
Burg Rothenfels 1919/1929, Rothenfels 1929
Burgmaier, Albert: Jungborn, Kurzchronik, in Werner Kindt (Hrsg.), Die Deutsche Jugendbewegung, a.a.O.
Christl, Rudolf: Die Jugend und ihre Tänze, in Elisabeth Korn, Otto Suppert, Karl Vogt, die Jugendbewegung, a.a.O.
Cordier, Franz: Der Staatsanwalt und das Dritte Reich, in Ermlandbuch 1973
Degen, Carl: Gründung einer Wirtschaftsgilde, in Quickborn, Jg. 17 (1928)
–: Bericht über die Werkwoche der Wirtschaftsgilde, in Rhein-Mainische Volkszeitung 1931
Dietrich, Theodor: Die Quickbornburg, in Ludwig Weiß, Rothenfels 1148–1948, Aschaffenburg 1949
Dirks, Walter: Vom »Westen«, in Werner Kindt (Hrsg.), Die Deutsche Jugendbewegung, a.a.O.
–: Quickborns Kampf um den Bund, in Werner Kindt (Hrsg.), Die Deutsche Jugendbewegung, a.a.O.
–: Anfänge und Folgen katholischer Jugendbewegung, in Elisabeth Korn, Otto Suppert, Karl Vogt (Hrsg.), Die Jugendbewegung, a.a.O.
–: Die Werktätigenfrage, in Hermann Hoffmann, Des Königs Banner, a.a.O.
–: Die Demokratie, in Werkblatt der Älteren im Quickborn, 1930
–: Jugendbewegung vor dem Ende? in Walter Dirks, Erbe und Aufgabe. Gesammelte kulturpolitische Aufsätze, Frankfurt/M. 1931
–: Der Oktoberkreis, in Quickborn, Januar 1931
–: Romano Guardini, in Hans Jürgen Schultz (Hrsg.), Tendenzen der Theologie im 20. Jahrhundert, a.a.O.
–: Fünfzig Jahre Burg Rothenfels, in Walter Dirks/Wilhelm Mogge, Burg Rothenfels am Main, a.a.O.
–: Burg Rothenfels am Main, Rothenfels 1968
–: Rede zur Abzeichenverleihung am Ende der Werkwoche der Mittelschicht des Bundes Quickborn, in Burgbrief 1954, Nr. 3/4
Dirks, Walter und Wilhelm Mogge: Quickborn, Jg. 10 (1922/23)
Döbler, Kurt: Diaspora, in Heinrich Bachmann und Ludwig Neundörfer (Hrsg.), Der neue Anfang, a.a.O.
–: Sachliche und unsachliche Politik, in Herbert Hömig, Auf den Spuren der Thuringia Sacra, a.a.O.
Doms, Herbert: Vom Sinn und Zweck der Ehe, Breslau 1935
von Dunin-Borkowski, Stanislaus: Unter der Burglinde im deutschen Quickbornhaus, in Stimmen der Zeit, Band 100 (1921)
Eine politische Partei der Jugend? in Die Schildgenossen, Jg. 8 (1928)

Elzer, H. M.: Jugendbewegung, in Pädagogisches Lexikon, Band 1, Gütersloh 1970
Emonds, Josef: Von einer Aussprache über die Abstinenz, in Die Schildgenossen, Jg. 5 (1924)
–: Bundesführung und Bundesrat, in Quickborn Jg. 14 (1926)
–: Dixit turbis, in Die Schildgenossen, Jg. 8 (1928)
Engel, W.: Godesberger Merkwürdigkeiten, in Die Schildgenossen, Jg. 2 (1922)
Ermlandbuch 1973
Ferber, Werner: Romano Guardini (1885–1968), in Rudolf Morsey (Hrsg.), Zeitgeschichte in Lebensbildern, a.a.O.
Fest und Feier. Vom Schaffen des schlesischen Groß-Quickborn, Habelschwerdt 1922
Fiege, Wilhelm: Burg Rothenfels von 1933–1945, in Ludwig Weiß (Hrsg.), Rothenfels 1148–1948, a.a.O.
Filthaut, E., O.P.: Deutsche Katholikentage 1848–1958 und soziale Frage, Essen 1960
Fischer, Lorenz: Zur Ostertagung, in Quickborn, Juni 1930
–: Rundbrief an die Quickborn-Gauleiter und -Gauleiterinnen vom 24. 3. 1934
–: Klemens Neumann, Schöpfer der Quickborn-Burg, Spielmann Gottes, in Werkblätter – Bundesrundbrief des Quickborn, Jg. 1 (1948), Heft 7/8 (Juli/August)
Fischer-Erling, Josepha: Zu unserem Beginnen, in Mädchen Werkblatt im Quickborn, Jg. 1 (1929)
–: Gibt es ein Erbe der Jugendbewegung? In 60 Jahre Burg Rothenfels, a.a.O.
Fleckenstein, Heinrich: 50 Jahre Bund Quickborn – 40 Jahre Burg Rothenfels, in Burgbrief 1960, Heft 1
Foerster, Friedrich Wilhelm: Jugendseele, Jugendbewegung, Jugendziel, Zürich 1925
Freyer, Hans: Theorie des gegenwärtigen Zeitalters, Stuttgart 1955
–: Industrielle Gesellschaft, in Staatslexikon, hrsg. von der Görres-Gesellschaft, Band 4, Freiburg/Br. 1959
Friedrich, Johannes: Quickborn und Staffelstein, in Quickborn, Jg. 9 (1921)
Fries, Heinrich und Ulrich Valeske: Versöhnung. Gestalten – Zeiten – Modelle, Frankfurt/M. 1975
Fritsch, Franz: Zur Werktätigenfrage, in Hermann Hoffmann, Des Königs Banner, a.a.O.
–: Oberschlesien und unsere Seele, ebd.
Führerbrief der Quickbornjungen, Nr. 1, 29. August 1934
Fuhrich, Hermann: Der Heimgarten, Dülmen o.J.
Funk, L. u. J.: Gedanken aus einem Arbeitskreis, in Quickborn, Jg. 18 (1935)
Gaublatt der Franken-Jungenschaft im Quickborn, Böhlgrund 1931
Gehlen, Arnold: Die Seele im technischen Zeitalter, Hamburg 1957

Gerst, G. (Hrsg.): Gemeinschaftsbühne und Jugendbewegung, Frankfurt/M. 1924
Gibt es ein Erbe Romano Guardinis? Rothenfels 1978
Glatzel, Norbert: Soziologische Aspekte der Seelsorgerrolle, in Stimmen der Zeit, Jg. 96 (1971)
Göttler, Joseph: Geschichte der Pädagogik, 3. Aufl., Freiburg/Br. 1935
Gottschalk, Joseph: Schlesische Priesterbilder, Band 5, Aalen 1967
Grenzmann, Wilhelm: Geist und Gestalt des Bundes Neu-Deutschland, in Bund ND, Jg. 3, Nr. 6
Gründel, Johannes (Hrsg.): Schlesisches Priesterjahrbuch, Band VII, VIII, IX, Köln 1969
Guardini, Romano: Aus einem Jugendreich, Mainz 1921
–: Neue Jugend und Katholischer Geist, Mainz 1921
–: Quickborn. Tatsachen und Grundsätze, Rothenfels 1922
–: Liturgische Bildung, Rothenfels 1923
–: Liturgie und liturgische Bildung, Würzburg 1966
–: Von heiligen Zeichen, Mainz o.J.
–: Vom Geist der Liturgie, Freiburg 1953
–: Briefe vom Comer See, Mainz 1927
–: Briefe über Selbstbildung, Mainz o.J.
–: Der Gegensatz, Mainz 1925
–: Das Ende der Neuzeit. Ein Versuch zur Orientierung, Würzburg 1950
–: Welt und Person, Würzburg 1952
–: Sorge um den Menschen, Würzburg 1962
–: Katholische Jugendgemeinschaft, in Quickborn, Jg. 8 (1921)
–: Vom Geist der dritten Burgtagung, in Die Schildgenossen, Jg. 3 (1921)
–: Von Mannestum und Fraulichkeit, in Hermann Hoffmann, Des Königs Banner, a.a.O.
–: Katholische Religion und Jugendbewegung, in Die Schildgenossen, Jg. 1 (1921)
–: Parsifal, in Heinrich Bachmann und Ludwig Neundörfer, Der neue Anfang, a.a.O.
–: Vom Sinn des Gehorchens, in Die Schildgenossen, Jg. 1 (1920/21)
–: Katholische Religion und Jugendbewegung. Eine Antwort an Max Bondy, in Die Schildgenossen, Jg. 2 (1922)
–: Jugendbewegung vor dem Ende? Eine Erwiderung an Albert Mirgeler, in Die Schildgenossen, Jg. 4 (1924)
–: Rettung des Politischen, in Die Schildgenossen, Jg. 4 (1924)
–: Burg Rothenfels. Rückblick und Vorschau, in Werner Kindt (Hrsg.), Die Deutsche Jugendbewegung, a.a.O.
–: Volk und Europa, in Quickborn, Jg. 12 (1923)
–: Freiheit und Unabänderlichkeit, in Die Schildgenossen, Jg. 7 (1927)
–: Das Gauleiterthing 1927, in Quickborn, Jg. 15 (1928)
–: Grundlegung der Bildungslehre, in Die Schildgenossen, Jg. 8 (1928)

–: Werk und Weg, in Quickborn, Jg. 15 (1928)
–: Klemens Neumann zum Gedächtnis, in Quickborn, Jg. 16 (1929)
–: Die Jüngeren auf der Burg, Burgbrief Dezember 1929
–: Das Bild der Gottesmutter in der Burgkapelle zu Rothenfels. Eine Ansprache, in Die Schildgenossen, Jg. 9 (1929)
–: Gedanken über politische Bildung, in Die Schildgenossen, Jg. 13 (1933/34)
–: Rede bei der Gedenkfeier am Pfingstmontag 1949, in Burgbrief 1949, Nr. 2
–: Der Heilige der Unscheinbarkeit, in Katechetische Blätter, Jg. 102 (1977)
Gurion, Waldemar: Die deutsche Jugendbewegung, 2. Aufl., Habelschwerdt 1923
Hanßler, Bernhard: Das alte und das neue Rothenfels, in Burgbrief 2/1960
– *(Hrsg.):* Die Kirche in der Gesellschaft, Paderborn 1961
Hastenteufel, Paul: Jugend und Jugendseelsorge. Geschichte und Probleme der katholischen Jugendarbeit im 20. Jahrhundert, München 1962
–: Verlorenes Paradies? Die Jugendbewegung in heutiger Sicht, in Hochland, Jg. 58 (1965)
–: Selbstand und Widerstand. Wege und Umwege personaler Seelsorge im 20. Jahrhundert (Handbuch der Jugendpastoral 1), Freiburg/Br. 1967
Heer, Friedrich: Europäische Geistesgeschichte, Stuttgart 1953
–: Europa – Mutter der Revolutionen, Stuttgart 1964
–: Werthers Weg in den Underground. Die Geschichte der Jugendbewegung, Gütersloh 1973
Helming, Helene: Von der Nähe der Dinge im christlichen Dasein, in Karlheinz Schmidthüs (Hrsg.), Christliche Verwirklichung, a.a.O.
Hengstenberg, Hans Eduard: Christliche Askese, Heidelberg 1939
–: Philosophische Anthropologie, Stuttgart 1957
Henrich, Franz: Die Bünde katholischer Jugendbewegung. Ihre Bedeutung für die liturgische und eucharistische Erneuerung, München 1968
Henrich, Franz und Hermann Kaiser (Hrsg.): Erwachsenenbildung. 25 Jahre Entwicklung im Spiegel einer Zeitschrift, Düsseldorf 1980
Hoffmann, Hermann (Hrsg.): Die Tage auf Burg Rothenfels, Rothenfels o.J.
–: Vom dreifachen Recht der Jugend, in derselbe, Die Tage auf Burg Rothenfels, a.a.O.
–: Professor Klemens Neumann. Der Spielmann Gottes, Breslau 1939
–: Bernhard Strehler, in Joseph Gottschalk (Hrsg.) Schlesische Priesterbilder, a.a.O.
–: Im Dienste des Friedens. Lebenserinnerung eines katholischen Europäers, Stuttgart/Aalen 1970
– *(Hrsg.):* Wehender Geist. Der zweite deutsche Quickborntag, Rothenfels 1920
– *(Hrsg.):* Des Königs Banner. Der dritte Quickborntag, Rothenfels 1921
Holzamer, Karl: Person, Personalismus, in Lexikon der Pädagogik, Band 3, Freiburg/Br. 1962

Hömig, Herbert: Auf den Spuren der Thuringia Sacra. Kurt Döbler zum 80. Geburtstag, Würzburg 1980
Huizinga, Johan: Homo ludens. Versuch einer Bestimmung des Spielelementes der Kultur, Amsterdam 1949
Jantsen, Walther: Die soziologische Herkunft der Führungsschicht der deutschen Jugendbewegung, in Führungsschicht und Eliteproblem (Jahrbuch der Ranke-Gesellschaft) a.a.O.
Jaroschek, Kurt: Brief, in Quickborn, Januar 1931
Jedin, Hubert (Hrsg.): Handbuch der Kirchengeschichte, Band VI, 2, Freiburg/Br. 1973
Jockiel, Rudolf: Aus der Geschichte des Quickborn in Schlesien, in Johannes Gründel (Hrsg.), Schlesisches Priesterjahrbuch, a.a.O.
Jöde, Fritz: Die singende Jugend und die Musik, in Elisabeth Korn, Otto Suppert, Karl Vogt (Hrsg.), Die Jugendbewegung, a.a.O.
Jordan, Max: Rückkehr nach Deutschland. Ein Brief, in Die Schildgenossen, Jg. 11 (1931)
Jugend und Politik, in Quickborn, Jg. 14 (1926)
Jungenschaft und Politik, in Quickborn, Jg. 14 (1926)
Kahlefeld, Heinrich: Romano Guardini, in Burgbrief 1952, Nr. 4
Keil, Robert: Burgbrief Dezember 1929
Kelber, Wilhelm: Vom Sinn des Gehorchens, in die Schildgenossen, Jg. 1 (1920/21)
Kerber, Ottmar: Wir Jüngeren und die Tagung, in Heinrich Bachmann und Ludwig Neundörfer (Hrsg.), Der neue Anfang, a.a.O.
Kindt, Werner (Hrsg.): Grundschriften der Jugendbewegung, Düsseldorf/Köln 1963
– *(Hrsg.):* Die Deutsche Jugendbewegung 1920–1933, Die bündische Zeit, Düsseldorf/Köln 1974
Klönne, Arno: Gegen den Strom. Bericht über den Jugendwiderstand im Dritten Reich, Hannover und Frankfurt/M. 1957
–: Die deutsche Jugendbewegung, in Stimmen der Zeit, Jg. 94 (1969)
Knab, Doris: Zum Tode von Felix Messerschmid, in Christ in der Gegenwart, Jg. 13 (1981), 5. April
Köhler, Oskar: Jugendbewegung, in Staatslexikon, hrsg. von der Görres-Gesellschaft, Band 4, Freiburg/Br., 1959
–: Die Ausbildung der Katholizismen in der modernen Gesellschaft, in Hubert Jedin (Hrsg.), Handbuch der Kirchengeschichte, Band VI 2, a.a.O.
–: Der Weltplan Leos XIII., ebd.
Korn, Elisabeth, Otto Suppert und Karl Vogt (Hrsg.): Die Jugendbewegung. Welt und Wirkung. Zur 50. Wiederkehr des freideutschen Jugendtages auf dem Hohen Meißner. Düsseldorf/Köln 1963
von Krockow, Christian Graf: Die Entscheidung. Eine Untersuchung über Ernst Jünger, Carl Schmitt, Martin Heidegger, Stuttgart 1958
Kröhner, Heinz: Flugblatt 50 Jahre dj. 1. 11. o.J.

Kuhn, Helmut: Romano Guardini. Der Mensch und sein Werk, München 1961

Laqueur, Walter: Die deutsche Jugendbewegung. Eine historische Studie, Köln 1978

Laslowski, Ernst: Katholische Jugendbewegung und Politik, in Fest und Arbeit. Vom Schaffen des schlesischen Groß-Quickborn, a.a.O.

–: Der Heimgarten, in Erwachsenenbildung, Jg. 6 (1960)

van Leewen, Paul Arnold: Moeller van den Bruck, in Die Schildgenossen, Jg. 6 (1926)

Lortz, Joseph: Geschichte der Kirche, 11.–14. Aufl., Münster 1948

Lütkens, Charlotte: Die deutsche Jugendbewegung – ein soziologischer Versuch, Frankfurt/M. 1925

Lutz, Heinrich: Demokratie im Zwielicht. Der Weg der deutschen Katholiken aus dem Kaiserreich in die Republik, 1914–1925, München 1963

Mahlich, Georg: Was ist Führertum? In Die Schildgenossen, Jg. 1 (1921)

Mann, Golo: Deutsche Geschichte des 19. und 20. Jahrhunderts, Frankfurt/M. 1958

Maurer, Friedrich und Heinz Rupp: Deutsche Sprachgeschichte, Band II, 3. Aufl., Berlin 1974

Mayer, Anton: Liturgie und Laientum, in Wiederbegegnung von Kirche und Kultur in Deutschland, a.a.O.

Mayer-Tasch, Peter: Aus grauer Städte Mauern. Von der blauen Blume zu den Lagerfeuern von Wyhl, in Frankfurter Allgemeine Zeitung, Bilder und Zeiten, Nr. 46 vom 23. 2. 1980

Mensing, Otto: Schleswig-Holsteinisches Wörterbuch, 4. Band, Neumünster 1933

Messerschmid, Felix: Katholische Jugendbewegung, in Werner Kindt (Hrsg.), Die Deutsche Jugendbewegung, a.a.O.

–: Das neue Werk, in Die Schildgenossen, Jg. 7 (1927)

–: Unser Singen, in Quickborn, Jg. 16 (1928)

–: Musik in Gemeinschaft und Volk, in Die Schildgenossen, Jg. 8 (1928)

–: Liturgie in der Gemeinde, in Die Schildgenossen, Jg. 17 (1938)

–: Romano Guardini, in Gibt es ein Erbe Romano Guardinis? a.a.O.

–: Die Herkunft aus der Jugendbewegung, in Frankfurter Hefte, Jg. 31 (1976)

–: Burg Rothenfels, in Heinrich Fries und Ulrich Valeske (Hrsg.), Versöhnung, a.a.O.

–: In memoriam Heinrich Kahlefeld, Frankfurt/M. 1980

Mirgeler, Albert: Jugendbewegung vor dem Ende. Eine Abrechnung mit Romano Guardini und dem Quickborn, in Die Schildgenossen, Jg. 4 (1924)

Mogge, Wilhelm: Von Vierzehnheiligen zum Ludwigstein, in derselbe, Quickborntage auf Ludwigstein, Altenberg 1948

–: Burg Rothenfels am Main, 3. Aufl., Zürich 1971

–: 70 Jahre Quickborn, in 60 Jahre Burg Rothenfels, a.a.O.

Mogge, Winfried M.: Der Quickborn, Kurzchronik, in Werner Kindt (Hrsg.), Die Deutsche Jugendbewegung, a.a.O.
Mönckeberg-Kollmar, Vilma: Romano Guardini auf Burg Rothenfels, Pfingsten 1924, in Katechetische Blätter, Jg. 102 (1927)
Morsey, Rudolf (Hrsg.): Zeitgeschichte in Lebensbildern. Aus dem deutschen Katholizismus des 20. Jahrhunderts, Mainz 1973
Müller, Albert: Katholikentag und Jugend, in Quickborn, Jg. 10 (1922/23)
Müller, Alwin: Laienspiel – Spiel der Gemeinschaft, in Elisabeth Korn, Otto Suppert, Karl Vogt (Hrsg.), Die Jugendbewegung, a.a.O.
Müller, J.: Die deutsche Jugendbewegung als deutsche Hauptrichtung neukonservativer Reform, Zürich 1971
Musial, Magdalena: Die Rolle des Mädchens in der Jugendbewegung, in 60 Jahre Burg Rothenfels, a.a.O.
Neumann, Klemens: Burg Rothenfels am Main, in Quickborn, Jg. 7 (1919)
–: Wie steht's mit unserer Burg? in Quickborn, Jg. 7 (1919)
–: Laßt uns singen und fröhlich sein. Ein Wort vom Werden und Ursprung des neuen Spiels, in G. Gerst (Hrsg.), Gemeinschaftsbühne und Jugendbewegung, a.a.O.
–: Werkschaffen. Die Singewoche im Heimgarten Neisse-Neuland, in Quickborn, Jg. 13 (1925)
Neundörfer, Karl: Politische Form und religiöser Glaube. Eine Bücherschau, in Die Schildgenossen, Jg. 5 (1925)
Neundörfer, Ludwig: Abstinenz, in Quickborn, Jg. 14 (1925)
–: Arbeitsdienst, in Quickborn 1931
–: Geschichte und Gestalt, in Burg Rothenfels 1919/1929, a.a.O.
Niewöhner, Elisabeth: Der Kreis um Josepha Fischer, in Mädchen Werkblatt im Quickborn, Jg. 1 (1929)
Niffka, Ernst: Deutsche katholische Jugend und Politik, in Richard Thrunwald (Hrsg.), Die neue Jugend IV, a.a.O.
Oeschger, Hans Jörg: Nationaler Sozialismus, in Werkblatt der Älteren im Quickborn, 1931
–: Briefe der Jungenschaft Nr. 1 (1932)
–: Dokumentation der Quickbornjungenschaft und der Deutschmeisterjungenschaft 1926–1936, unveröffentlichtes Manuskript
Paetel, Karl. O.: Das Bild vom Menschen in der deutschen Jugendführung. Bad Godesberg 1954
–: Jugend in der Entscheidung 1913/1933/1945, Bad Godesberg 1963
Paul VI.: Über die Seelsorge in unserer Zeit, in Herder Korrespondenz, Jg. 18 (1963)
Petarek, Toni: Älterenthing auf dem Gautag des Mittelrheins, in Mädchen Werkblatt im Quickborn, Jg. 2 (1930)
Pfister, Paul: Abstinenz, in Die Schildgenossen, Jg. 2 (1921)
–: Abstinenz, in Bernhard Strehler, Aus dem Werden und Leben Quickborns, a.a.O.

Pieper, Josef: Noch wußte es niemand. Autobiographische Aufzeichnungen 1904–1945, München 1976
pl.: Das Erbe der Jugendbewegung in Kirche und Welt, in Christ in der Gegenwart, Jg. 32 (1980), Nr. 12. vom 23. 3.
Platz, Hermann: Der Wille der neuen Jugend: Quickborn, in Hochland, Jg. 18 (1920/21)
–: Die katholische Jugendbewegung, in Arnold Bergsträsser und Hermann Platz, Jugendbewegung und Universität, a.a.O.
Pöggeler, Franz: Katholische Erwachsenenbildung, Ratingen 1957
Pross, Harry: Jugend, Eros, Politik, Bern/München/Wien 1964
Raabe, Felix: Die bündische Jugend. Ein Beitrag zur Geschichte der Weimarer Republik, Stuttgart 1961
Ranke-Gesellschaft: Führungsschicht und Eliteproblem, Jahrbuch Band 3, Frankfurt/M. 1958
Ratzinger, Joseph: Einführung in das Christentum, München 1968
Reimer, Hansdieter: Die neuen »Jugendreligionen«, in Herder Korrespondenz, Jg. 31 (1977)
Reisch, Erich: Abstinenz, in Quickborn, Jg. 14 (1926)
–: Die Dozenten der 4. Hochschulwoche, in Der Oberschlesier 1926
–: Vom Gehorchen, in Quickborn, Jg. 18 (1935)
–: Zu zeitlichen und inneren Anfängen von Erwachsenenbildung, in Franz Henrich, Hermann Kaiser (Hrsg.), Erwachsenenbildung, a.a.O.
–: Ein Deo Gratias für Klemens Neumann, in Heimatbrief der Katholiken des Erzbistums Breslau, 1978
Rettenmayer, Trudl: Beim Mädchenkreis, in Quickborn, Jg. 19 (1936)
Rocholl, Robert: Wandervogel und Quickborn, in Quickborn, Jg. 10 (1922)
–: Jüngere und Ältere im Quickborn, in Die Schildgenossen, Jg. 3 (1923)
Rödl, Peter: Jugend in Staat und Gesellschaft, Neuwied 1961
Rosenstock-Huessy, Eugen: Soziologie, Band 2, Stuttgart 1958
Rozumek, Angela: In der Vorhut des Konzils – Franz Fritsch, Buxheim o.J.
Ruppert, Godehard: Burg Rothenfels. Ein Beitrag zur Geschichte der Jugendbewegung und ihres Einflusses auf die katholische Kirche, Rothenfels 1979
Rüstow, Alexander: Ortsbestimmung der Gegenwart, 3. Band, Stuttgart 1957
Sachsse, Hans: Anthropologie der Technik, Braunschweig 1978
Schamoni, Victor: Flugblatt »An alle Gaue«, 14. Juni 1921
Schasching, Johann: Kirche und industrielle Gesellschaft, Wien 1960
Scheler, Max: Vom Umsturz der Werte, in Gesammelte Werke, Band 3, Bern 1959
–: Jugendbewegung, in Gesammelte Werke, Band 6, Bern und München 1963
Schelsky, Helmut: Die skeptische Generation, Düsseldorf/Köln 1957
Schick, P.: Jungborn. Ein selbständiger Bund, in Jungborn, Sonderheft über das zweite Bundesthing 1923 in Fulda

Schlütz, Martin: Führer und werdender Mensch, in Heinrich Bachmann und Ludwig Neundörfer, Der neue Anfang, a.a.O.
Schmidt, Paul: Die pädagogische Relevanz einer anthropologischen Ethik. Eine Untersuchung zum Werk Romano Guardinis, Düsseldorf 1973
Schmidthüs, Karlheinz: Europa und die neue Welt, in Die Schildgenossen, Jg. 7 (1927)
–: Deutschland in Europa. Zu den Büchern Giselher Wirsings, in Die Schildgenossen, Jg. 13 (1933–34)
– *(Hrsg.):* Christliche Verwirklichung. Romano Guardini zum 50. Geburtstag, Rothenfels 1935
Schnabel, Franz: Deutsche Geschichte im 19. Jahrhundert, Band 4, Freiburg/Br. 1936
Schnell, Hugo: Hochland und Abstinenz, in Neues Studententum, Jg. 9
Schoeps, Hans Joachim: Die Freideutschen in der Situation der Zeit, Freideutscher Rundbrief Nr. 5, November 1948
Schultz, Hans Jürgen (Hrsg.): Tendenzen der Theologie im 20. Jahrhundert. Eine Geschichte in Porträts. Stuttgart/Olten 1966
Schultz-Hancke, Harald: Neue Jugend und katholische Werthierarchie, in Die Schildgenossen, Jg. 1 (1920)
Schwarz, Rudolf: Über Baukunst, in Die Schildgenossen, Jg. 4 (1924)
–: Die Bildungsstätte Burg Rothenfels am Main, in Quickborn, Jg. 14 (1926)
–: Neues Bauen, in Die Schildgenossen, Jg. 9 (1929)
–: Altar, in Die Schildgenossen, Jg. 16 (1937)
–: Aus einem Lehrbuch des Kirchenbaus, in Karlheinz Schmidthüs (Hrsg.), Christliche Verwirklichung, a.a.O.
Sechzig Jahre Burg Rothenfels, Rothenfels 1979
Seckler, Max: Theologie vor Gericht. Der Fall Wilhelm Koch. Ein Bericht, Tübingen 1972
Simons, Josef: Anlage zur Dokumentation der Quickbornjungenschaft, Unveröffentl. Manuskript
Solltmann, Idamarie: »Alles ist Euer, Ihr aber seid Christi«, in Karlheinz Schmidthüs (Hrsg.), Christliche Verwirklichung, a.a.O.
Sontheimer, Kurt: Der Bewußtseinswandel in unserer Gesellschaft, Sonderdruck o.J.
Spael, Wilhelm: Das katholische Deutschland im 20. Jahrhundert, Würzburg 1964
Splett, Jörg: Zum Person-Begriff Romano Guardinis, in Gibt es ein Erbe Romano Guardinis? a.a.O.
Spörl, Johannes: Kartage auf der Burg, in Quickborn, Jg. 15 (1927)
–: Historisches Jahrbuch der Görres-Gesellschaft, Nr. 57, Köln 1937
Spranger, Eduard: Kulturfragen der Gegenwart, Heidelberg 1953
Stegmann, Josef: Um Demokratie und Politik. Zur Diskussion im deutschen Katholizismus der Weimarer Zeit, in Wilhelm Weber (Hrsg.), Jahrbuch für christliche Sozialwissenschaften, a.a.O.

Steidle, Robert: Die innere Tagung, in Die Schildgenossen, Jg. 1 (1920)
Stichwort Führungszeitschrift der Jugendbewegung 4 (1979)
Strehler, Bernhard: Aus dem Werden und Leben Quickborns, Würzburg 1927
–: Die Abstinenz, in Quickborn, Jg. 2 (1914/15)
–: Die Abstinenz im Quickborn, in Hermann Hoffmann, Des Königs Banner, a.a.O.
Theiss, Konrad: Das Studententhing, in Quickborn, Jg. 15 (1927)
–: Das Festthing – Ein Wort der Kritik, in Quickborn, Jg. 17 (1929)
–: Kameraden im Arbeitsdienst, Freiburg/Br. o.J.
–: Jugend-Gemeinschafts-Siedlung »Heimat« Brasilien, Freiburg/Br. 1933
Thill, Anton: Dürfen und können wir in der Jugendbewegung noch Führer haben? In Die Schildgenossen, Jg. 3 (1923)
–: Die Abstinenz, das Rückgrat unseres Bundes, in Quickborn, Jg. 15 (1927)
–: Abstinenz, in Quickborn, Jg. 17 (1929)
–: Rundbrief des Feldkaplans, o.D.
Thurnwald, Richard (Hrsg.): Die neue Jugend IV, 1, Leipzig 1927
Tönnies, Ferdinand: Gemeinschaft und Gesellschaft. Grundbegriffe der reinen Soziologie. Darmstadt 1963 (Nachdruck der 8. Aufl.)
Trauzettel, Rolf: Werdende Einheit und Widersprüchlichkeit der Welt, in Saeculum. Weltgeschichte, Band 7, Freiburg/Br. 1975
Vogels, Walter: Die deutsche Jugendbewegung und die katholische Jugend, in Sobrietas, Jg. 1963
Volk, Georg: Brief an Rolf Ammann, in Quickborn, Januar 1931
Wagner, Maria: Die Mädchen im Quickborn, in Hermann Hoffmann, Des Königs Banner, a.a.O.
Weber, Alfred: Kulturgeschichte als Kultursoziologie, 2. Aufl. München 1950
Weber, Anton: Unser Dienst am Volke, in Hermann Hoffmann, Des Königs Banner, a.a.O.
Weber, Wilhelm (Hrsg.): Jahrbuch für christliche Sozialwissenschaften, Band 10, Münster 1969
Weiss, Ludwig: Rothenfels 1148–1948, Aschaffenburg 1949
Weniger, Erich: Die Jugendbewegung und ihre kulturelle Auswirkung, in Werner Kindt (Hrsg.), Die Deutsche Jugendbewegung, a.a.O.
Wie wir gewachsen sind, in Quickborn, Jg. 14 (1926)
Wiederbegegnung von Kirche und Kultur in Deutschland. Eine Gabe für Karl Muth, München 1927
Wildmann, Georg: Personalismus, Solidarismus und Gesellschaft, Wien 1961
Wilhelm, Theodor: Der geschichtliche Ort der deutschen Jugendbewegung, in Werner Kindt (Hrsg.), Grundschriften der Jugendbewegung, a.a.O.
Wilhelmi, Walter: Der Bund von 1926–1934, in Der Ringspiegel, o.J.
Winterswyl, Ludwig A.: Romano Guardini – Eigenart und Ertrag seines theologischen Denkens, in Hochland, Jg. 34 (1936/37)
Wissler, Albert: Demokratie und Massenstaat als Problem staatsbürgerlicher

Bildung, in Die Schildgenossen, Jg. 6 (1926)
Zangerle, Ignaz: Die Situation der Kirche in der Sicht Romano Guardinis, in Gibt es ein Erbe Romano Guardinis? a.a.O.
Z. H. Der Gautag des schlesischen Älterengaues in Quickborn, Jg. 15 (1927)
Zur Ideologie der Jugendbewegung, in Die Schildgenossen, Jg. 8 (1928)

Namenregister

Allroggen, Christoph 145, 244 f.
Ammann, Grete 108, 111
Ammann, Rolf 77, 132, 241
Aquin, Thomas von 142
Assmann, Hans 129, 130
Außem, Josef 100, 105, 106, 107, 244
Augustinus, hl. 184
Avenarius, Ferdinand 54

Bachmann, Heinrich 100, 138, 141, 142, 143, 150 f., 188, 231, 247, 248
Ballmann, Willibrord 78
Bally, Gustav 196
Balthasar, Urs von 31
Baumeister, Walter 245
Baumgärtner, Alfons 147
Becker, Karl 148
Becker, Werner 191, 245
Behn, Siegfried 121, 210
Beil, Johannes 234
Bergson, Henry 42
Bergsträsser, Arnold 46
Bertram, Adolf, Erzbischof von Breslau 31, 76, 109, 134, 135
Binkowski, Bernhard 246 f.
Binkowski, Johannes 248
Böhm, Dominikus 121
Böhringer, Hans 148, 149
Bondy, Max 96
Bruck, Moeller van den 130, 226
Brünning, Heinrich 221
Burkem, Ernst 46
Buske, Ernst 125

Caussade, Jean Pierre 181
Cordier, Franz 147 f.
Coudenhove → Görres, Ida
Czeloth, Heinrich 245

Damaschke, Adolf 121
Dante, Alighieri 184, 201
Degenhardt, Christel 137
Dempf, Alois 210
Dengler, Theo 126
Dilthey, Wilhelm 11
Dirks, Walter 89, 90, 91, 120, 156, 217, 218, 221, 231, 232, 248
Döbler, Kurt 119, 201, 229, 241
Doms, Herbert 187
Dostojewski, Fjodor Michajlowitsch 184
Dunin-Borkowski, Stanislaus von, SJ 87

Eggers, Ludwig 107, 108, 123, 244
Ehlen, Nikolaus 121, 173, 174, 233, 234
Ehrhardt, A. 27
Emonds, Josef 105, 107, 123 f. 144
Erzberger, Matthias 92
Esch, Ludwig, SJ 171, 173
Eulenbruch, Maria 198 f.

Fichte, Johann Gottlieb 36
Fischer, Josepha 132 f., 142, 242
Fischer, Karl 37 f., 39
Fischer, Lorenz 103, 105, 132, 135, 136, 138, 141, 142, 218, 231, 241

Fleckenstein, Heinrich 142, 148
Foerster, Friedrich Wilhelm 54, 58, 81
Freudenberger, Georg 232
Freyer, Hans 46, 132, 202
Fried, Ferdinand 130
Friedrichs, Paul 239
Fritsch, Franz 55, 90, 91, 92, 100, 244
Fuhrich, Hermann 246

Gass, Ernst 147
George, Stefan 127
Getzeny, Heinrich 218, 226, 243
Geyer, Bernhard 30 f.
Görres, Ida 120, 135, 137, 142, 146, 186, 241, 248
Goethe, Johann Wolfgang von 72, 209
Gottschalk, Joseph 249
Graf, Willi 148
Greinacher, Norbert 148, 248
Grosche, Robert 121
Groth, Klaus 57
Guardini, Romano 68, 74, 75, 80, 86, 87, 91, 93, 94, 95, 96, 97 f., 99, 100, 101, 103, 104, 105, 106, 109, 110, 111, 112, 113, 117, 122, 127, 132, 142, 155, 159, 162, 172, 180, 181, 182, 183, 184, 188, 191, 192, 193, 194, 195, 197, 198, 199, 200, 204, 208, 209, 211, 212, 219, 223, 225, 229, 241, 242, 244, 249, 252
Gurian, Waldemar 218, 232
Gurlitt, Ludwig 38
Gusinde, Martin 210

Haas, Siegfried 148, 247
Haecker, Theodor 180
Hanßler, Bernhard 245
Hartmann, Eduard von 54
Hartmann, Felix von, Kardinal 65, 171
Hartmann, Gymnasialprofessor 56
Haubrich, Paul 127
Hauptmann, Gerhart 13
Heidegger, Martin 130
Helming, Helene 107, 242
Hengstenberg, Hans Eduard 183, 187, 232
Henrich, Franz 193
Hensel, Walther 207
Herder, Johann Gottfried 19
Hespers, Theo 146
Hindenburg, Paul von 215 f., 222
Hlond, August, Kardinal 145
Hölderlin, Friedrich 184
Hörhammer, Manfred 233, 243
Hoffmann, Alfred 245
Hoffmann, Hermann 37, 56, 59, 60 f., 67, 68, 71 f., 74, 75, 78, 82, 87, 93, 100, 154, 155, 166, 201, 233, 241, 243, 244
Hoffmannsthal, Hugo von 13
Hofmann, Joseph 66
Huber, Gertrudis 247
Huizinga, Johan 196

Jansen, Willi 39
Jochum, Eugen 121, 246
Jöde, Fritz 207, 246
Joos, Josef 121
Jünger, Ernst 130
Jung, Theo 126, 144

Kahlefeld, Heinrich 112, 151, 191, 198, 244
Kant, Immanuel 96, 97, 98
Kelber, Wilhelm 95
Ketteler, Wilhelm von, Bischof 26
Kierkegard, Sören 97
Kloidt, Franz 145
Klug, Ignaz 59, 75
Knappstein, Karl Heinrich 249
Knoch, Otto 148, 249
Koch, Wilhelm 99
Köbel, Eberhard 125 f.
Koller, Wolfgang 247
Kolping, Adolf 26
Konstantin, der Große 23, 32
Kosziol → Kronberg, Gerhard
Krabbel, Gerta 121
Kramp, Josef, SJ 121
Kraus, F. X. 27
Krebs, Engelbert 210
Kronberg, Gerhard 137, 149, 246
Kulla, Hans 246

Lagarde, Paul 42
Lang, Gregor OSB 78, 110, 135, 246
Langbehn, Julius 42

Langgässer, Elisabeth 247
Le Fort, Gertrud von 180
Leicht, Franz 249
Leicht, Fritz 134
Leinpacher, Studienprofessor 102
Leist, Fritz 148
Lenz-Medoc, Paulus 145, 180
Leppich, Johannes SJ 245
Lippert, Peter 180, 249
Lippl, Alois Johannes 247
Lippmann, Walther 246
Löwenstein, Alois Fürst von 67, 75
Loisy, Alfred 27
Lück, Robert 38
Luckner, Gertrud 147

Machura, Willi 137
Marcell, Gabriel 31, 180
Mandrella, Rudolf 146
Maritain, Jacques 31
Marx, Karl 18, 20
Marx, Wilhelm 92
Mertens, Heinrich 232
Messerschmid, Felix 127, 198, 213, 231, 242
Metzger, Max Josef 146, 201, 233, 243
Michel, Ernst 106, 121, 232
Mirbt, Rolf 209
Mirgeler, Albert 94, 97, 232
Mittnacht, Alfons 100
Möhler, Johann Adam 142
Mogge, Wilhelm 151, 248
Moltke, H. J. Graf von 146
Montessori, Maria 242
Mosterts, Carl 82
Muckermann, Friedrich 201, 210
Müller, Max 184

Nadler, Josef 156
Niekisch, Ernst 130
Nietzsche, Friedrich 19, 42
Neumann, Klemens 53, 54, 56, 58, 59, 60, 63, 67, 69, 70, 74, 83, 110, 154, 155, 201, 207, 208, 233, 241, 244, 246
Neundörfer, Karl 218
Neundörfer, Klara 241
Neundörfer, Ludwig 100, 108, 120, 154, 241
Newman, John Henry, Kardinal 249

Oeschger, Hans Jörg 126, 128, 134, 145

Papst Johannes XXIII. 191
Papst Leo XIII. 25 f., 28
Papst Pius IX. 22, 25 f.
Papst Pius X. 26, 27, 28, 29 f., 78
Papst Pius XI. 101, 184
Pascal, Blaise 142 184
Pfiegler, Michael 177
Pfister, Bernhard 218, 232
Pfister, Paul 154
Pieper, Josef 87
Pirkl, Fritz 148, 249
Platz, Hermann 80, 121, 249
Pomikau, Gymnasialprofessor 56
Pross, Harry 52
Przywara, Erich SJ 121, 180, 210

Raske, August 249
Reisch, Erich 89, 108, 136, 142, 154, 243
Reisch, Meta 108
Rettenmayer, Trudl 137
Richter, Helmuth 142, 149, 246
Rieck, Josef 243
Riegel, Alf 249
Rilke, Rainer Maria 14, 184
Rogier, Karl 134, 135
Rosenstock-Huessy, Eugen 31, 46
Rosner, Erwin 108
Rosner, Maria 108
Rostock, Matthias → Theißing, Johannes
Roter, Paulus 146
Rousseau, Jean-Jacques 17, 19
Rudolf, Karl 177
Rüstow, Alexander 16, 45, 48
Rummel, Alois 148

Sagnier, Marc 233
Sandmann, Josef Heinrich 137, 142, 145 f., 239, 244
Schamoni, Victor 88, 89
Schaneng, Seraphie 100, 107, 136, 141, 142, 242
Schaumann, Ruth 247

Scheler, Max 180
Schell, Hermann 27, 53, 54, 58, 60
Schlecht, Maria 242
Schlüter, Fritz 138, 149, 151, 247
Schmidt, Paul 183
Schmidthüs, Karlheinz 232, 248
Schmitt, Bertram 232
Schmitt, Carl 225 f.
Schneiderwirth, Matthäus 121
Schnell, Hugo Karl Maria 248
Schnitzler, Arthur 14
Schoeps, Hans Joachim 44
Scholl, Geschwister 148, 229
Scholtissek, Herbert 108, 249
Scholtissek, Maria 108
Scholz, Franz 249
Schultz-Hancke, Harald 95 f.
Schwarz, Rudolf 122, 199, 200, 247
Sokrates, griech. Philosoph 184
Sommer, Josef 111
Sonnenschein, Carl 210
Spörl, J. 27
Spülbeck, Otto 191, 243
Stahler, Domkapitular 71
Stehlin, Albert 245
Steidle, Robert 100, 102, 249
Steinbüchel, Theodor 121
Stock, Franz 144, 245
Strehler, Bernhard 52, 53, 54 f., 56, 57, 58, 59, 60, 62, 63 f., 66, 67, 68, 72, 76, 77, 86, 88, 89, 90, 91, 93, 100, 101, 106, 107, 108, 109, 110, 113, 128, 134, 135, 141, 142, 143, 151, 153, 154, 155, 164, 168, 173, 241, 242, 244
Süßmuth, Richard 247

Tausig, Bruno 148
Tewes, Ernst 243
Theiss, Konrad 139, 146 f., 188, 234, 235, 248
Theißing, Heinrich 243
Theißing, Johannes 247
Thienel, Hubert 245
Thill, Toni 100
Thrasold, Ernst 174
Thurmair, Georg 149, 247
Tönnies, Ferdinand 202
Trimborn, Thea 134, 242

Ungnad, Superintendent 201
Utz, Emil 145, 235

Verkade, Willibrord OSB 121
Völkl, Kriminalinspektor 143
Vogel, Rudolf 147
Vogel, Rudolf 248, 249
Volk, Georg 249
Volk, Hermann, Kardinal 243

Wachsmann, Alfons Maria 146
Weber, Alfred 16, 88, 89
Weiergans, Elpidius 55, 57
Weinrich, Franz-Johannes 121, 141
Weißmantel, Leo 121
Westphal, Vikar 100
Wilhelm II., Kaiser 13
Wilhelmi, Walter 129, 134, 135, 136, 137, 138, 145
Winterswyl, Ludwig A. 121, 232
Wirsing, Giselher 225
Wittig, Josef 30
Wolker, Ludwig 134
Wothe, Franz Josef 245
Wortmann, Adolf 105
Wust, Peter 180, 219
Wyneken, Gustav 47

Die Aufnahmen zu diesem Buch wurden von Artur Pfau, Heidelberg zur Verfügung gestellt.
Das Farbbild auf dem Schutzumschlag wurde von Christof Pfau, Mannheim fotografiert.
Bild 13 stellte KNA-Bild, Frankfurt/Main